国家出版基金项目
NATIONAL PUBLICATION FOUNDATION

中国磬史

张传伦 著

天津出版传媒集团
百花文艺出版社

图书在版编目（CIP）数据

中国磬史 / 张传伦著. —— 天津：百花文艺出版社，
2016.12
　ISBN 978-7-5306-7132-0

　Ⅰ. ①中… Ⅱ. ①张… Ⅲ. ①编磬-古乐器-研究-
中国 Ⅳ. ①K875.54

中国版本图书馆 CIP 数据核字(2016)第 273271 号

选题策划：高　为
责任编辑：高　为　王　欣
　　　　　孙　静
装帧设计：郭亚红

出版人：李勃洋
出版发行：百花文艺出版社
地址：天津市和平区西康路 35 号　　邮编：300051
电话传真：　+86-22-23332651（发行部）
　　　　　　+86-22-23332656（总编室）
　　　　　　+86-22-23332478（邮购部）
主页：http://www.baihuawenyi.com
印刷：天津长荣健豪云印刷科技有限公司
开本：787×1092 毫米　　1/8
字数：200 千字　　图数：263 幅
印张：32
版次：2016 年 12 月第 1 版
印次：2016 年 12 月第 1 次印刷
定价：239.00 元

作者近照

摄影:张毅康

张传伦　当代散文名家、专栏作家、书法家、收藏鉴赏家、美食评论家。散文曾入选季羡林主编的《百年美文》。出版《柳如是与绛云峰》、《张传伦说供石》(2004年版、2016年修订版)、《文玩架座欣赏》、《肖谦中专辑》、《铁如意》、《张传伦墨迹》。多年来在海内外报纸杂志发表论文数百篇。

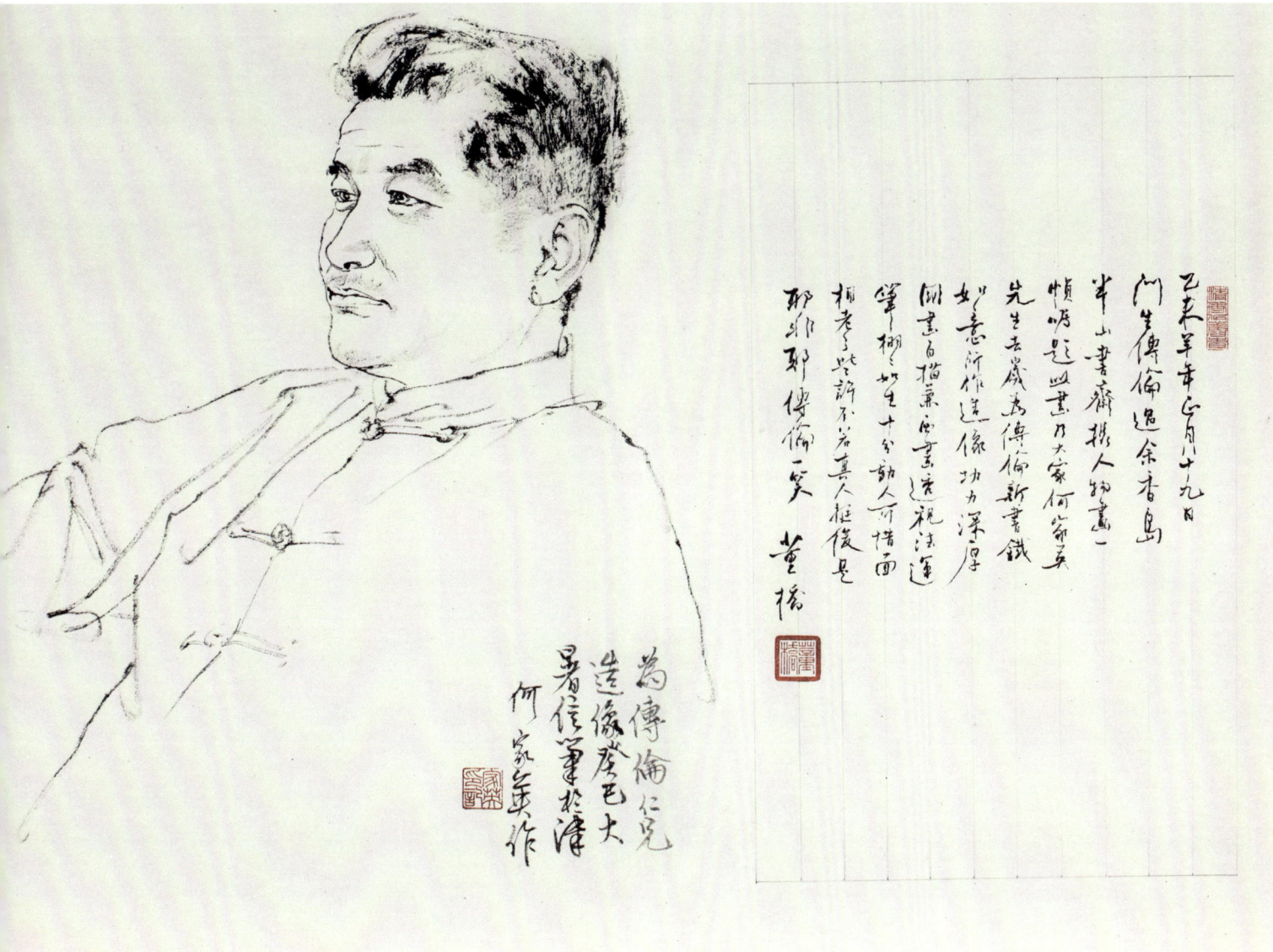

乙未羊年正月十九日
何生傳倫過余香島
半山書齋攜人物畫一
幀囑題此畫乃大家何家英
先生去歲為傳倫新書《鐵
如意》所作造像功力深厚
國畫白描兼西畫透視法運
筆栩栩如生十分動人可惜面
相老了些許不若真人挺俊是
耶非耶傳倫一笑 董橋

為傳倫仁兄
造像癸巳大
暑信筆於津
何家英作

何家英先生为作者造像

　　为传伦仁兄造像。癸巳大暑,信笔于津。何家英作

董桥先生题跋

　　乙未羊年正月十九日,门生传伦过余香岛半山书斋,携人物画一帧嘱题。此画乃大家何家英先生去岁为传伦新书《铁如意》所作造像,功力深厚,国画白描兼西画透视法运笔,栩栩如生,十分动人。可惜面相老了些许,不若真人挺俊。是耶非耶,传伦一笑。董桥

董桥先生行书陆游联句：『寄怀楚水吴山外，得意唐诗晋帖间。』

边跋：传伦仁棣巨著《中国磬史》付梓，欣逢花甲吉庆，聊书此联颂贺林下岁月静好。丙申芒种香岛 董桥

得意唐诗晋帖间

寄怀楚水吴山外

少史卞名鳥
傑誠展不鼎
玏佳可意爰
於緣壯神鍥
津也磬技書

友先余平郍
黃生基於云
鎧此喜我既
鈔伯傳磬和
蒙清倫聲且

賀史發楫磬
也之三行史
詩覆十天歲
商良丰下丙
頌可磬一申

生真家文吾
巨張牧丈華
菩傳藏家當
中倫家書代
國先玄法散

王少杰先生制铜印镌锲《中国磬史》及边跋拓片

目　录

中国磬史

中国磬史余编

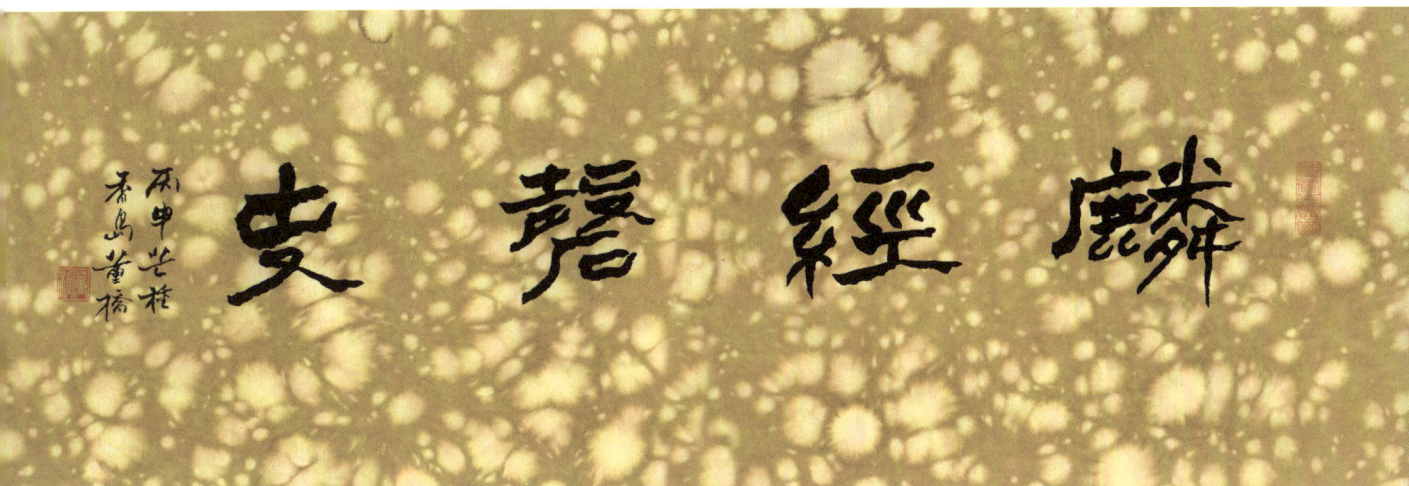

题《中国磬史》

○ 董桥

明代高濂《遵生八笺》卷之十四《燕闲清赏笺》里引《澄怀集》云：江南李建勋，尝蓄一玉磬尺余，以沉香节按柄扣之，声极清越。客有谈及猥俗之语者，则起击玉磬数声，曰：聊代清耳。一竹轩，榜曰"四友"：以琴为峄阳友，磬为泗滨友，《南华经》为心友，湘竹为梦友。

峄阳在山东邹县南峄山之南，古时候山南多桐树，可为琴材，峄阳是琴的别名。泗滨是《尚书》里说的泗滨浮磬，说泗水涯水中见石，可以为磬。《南华经》是《南华真经》，是《庄子》，贾岛《病起》诗"灯下南华卷，祛愁当酒杯"，难怪是心友。湘竹是湘妃竹，是斑竹，说舜皇帝死了，娥皇女英姊妹二妃泪下，染竹成斑，她死为湘水神，所以叫湘妃竹。这样浪漫，合该是梦友了。

专书写磬，从来没有，万籁俱寂之际，张传伦新著《中国磬史》成了《诗·商颂·那》说的"既和且平，依我磬声"。这部书猎涉之广，征引之博，恍如明代刘基诗句"觉来却怪庄周梦，绕尽残枝过别枝"，迟早会是古董文化爱好者的梦友。

自 序

王世襄终归对得起陈梦家。陈先生的确了不起，民国年间的大才子，五四新文化时期"新月派"的诗人，还是古文字学家、考古学家和收藏家，按时下说法老早就是名闻海外的文博专家。20世纪40年代，陈梦家在美国讲学之余，精覃搜集流散在欧美的商周青铜器资料，玩古深雅有如此，有谁不佩服?! 陈梦家的书，我所能读到的并不多，他的白话诗，诗意清新晓豁，研古之文笔，高迥修洁。上下两册《西周铜器断代》，是他们那一代文人所能写出的玩古鉴古证文证史的绝尘妙撰。我瞻仰了大半个世纪之前1955年商承祚为陈梦家拍摄的一张文房肖像照片，养成这个样子的人在生义殊难两全之际，必然誓不受辱的英气深深震撼了我。"文革"期间，先生正值壮岁，愤而自杀。

二十年后，陈梦家的藏友王世襄于1985年在香港出版了一本在中国古典家具研究领域具有司南意义的教科书——《明式家具珍赏》，扉页上端然写明"谨以此册纪念陈梦家先生！"此之前及其后的好多年，王世襄先生多次说过"如果梦家还活着，轮不到我写这本书"。话语中透出的谦逊，蔼然现出"浊世佳公子"的敦厚教养，更是王世襄先生对陈梦家先生精鉴睿识明式家具的高品位、高格调的深情赞喟。从兹始，豈安老人于雅藏一道，又何其孤独求败，华山论剑再无敌手。

《珍赏》一书收录了陈梦家、赵萝蕤伉俪收藏的24件明式家具，尤其是檀梨巨构，激赏者、偏嗜者有谓品式、路份之高或可在王世襄藏品之上。此论毫无疑问地属于乐山乐水见仁见智，遇事特爱矫情的那两种人的"较真"而已，我每每聆之，辄付之一笑，别有会心。

十八年前的前后几年，我与范曾过往甚密。十翼先生见我嗜古日深，迷恋收藏愈发不可收拾，鼓励我说"假以时日，你可以做王世襄"。期望之殷切，我闻之不禁心旌微动，意下却颇有几分不以为然，拳拳多所勾摄者，皆系于我少既喜国故文史，微吾书生若我，若于个人志趣取诸王世襄、陈梦家两位大师之间，我则更慕陈梦家。名山事业，梦想着像他那样可以去做一些诸如甲骨文字学、三代青铜器断代及简牍研究方面的工作，但这些，早已由不得我来做，那我能做什么呢？

"上穷碧落下黄泉，动手动脚找东西"。最是天道酬勤，我终于找到磬，这一古老的承担着数千年礼乐文化意义的重要载体，执意为磬写一本专著——《中国磬史》。不惜"为伊消得人憔悴"，写磬的种种原委已于本史之《缘起》一章，大致交代清楚，本序不另赘述。然而，必须要写上，借以表达我最诚挚感恩之情的是，假使没有范曾先生当年那两句最能催我奋进的励志之语"假以时日，你可以做王世襄""不使白扬眉吐气，激昂青云耶？"或许在今日世界著述界，《中国磬史》，仍付阙如。然而，还须要写上两句，以豈后学仰敬先辈尊贤重德之义："巍然大自在，世襄自世襄"。

2011年，传伦拜识董桥师，"程门立雪"，愚钝顿开。数年内，每遇大事，辄有不解，竭思月余，偶得端绪，方敢请益，往往不待愚弟子余音落地，先生传教一语直入如来境，刹那间天朗气清。

乙未（2015年）年初，传伦冗务纷扰，"心遽体留"，翰墨因缘，间有不逮之虞，遂于是岁三月，躅浮春风，排浪香江，过半山董桥书房，进呈新作，吾师阅后曰"心不静，六十岁就好了"。此前我似曾小有自省，实因近二三年来，常思早日开笔叙写准备了多年的《中国磬史》一书，迟迟未下决心，烦在每天都在想，不断为此而困扰。值此师生聚首，我将此心迹尽悉袒露，吾师教曰："你六十岁时写成磬史，远比八十岁写成好，回去后少应酬，少经营，安心写磬史。"返津后，与先生数次短信往来，说及《磬史》，先生都是勖勉有加，难忘7月18日来信里的几句话，"你的磬史一定成功，耐心慢慢写吧！怎么耕耘怎么收获，用心便佳！"殷殷期望，谆谆教诲，化作巨大动力，克服了案牍劳乏产生的"情怠手阑"。

由乙未（2015年）三月入丙申（2016）早春，感良辰之飙驰，东风发荣，岸柳枝柔。《中国磬史》亦告杀青，而序、记、题、跋之属，向来引重于古今文坛，"养成笔力可扛鼎"，非董桥大师莫能办也！传伦翘首南天，诚惶诚恐，谨于2016年3月9日驰书一封：

董公存爵先生钧鉴：学生自去年四月开始动笔写《中国磬史》，至今岁三月完成文稿十三万余字及两百余张图片。去年三月出版社与我签订了本版书的正式出版合同，这便促使我拿起了笔。为这本磬史，学生也准备了二十年，写书之前又万分荣幸地得到了先生的关心，或当面或短信教导，您的鼓励，给了我巨大的动力。成书的过程很累，查阅了大量古籍，有一阵子，因用眼过度，左眼视力下降（现已好）。当我又困又累时，每每感念老师当年一周要写五篇文章，还要赶期限，且篇篇皆为传世之美文，传伦敢不用功！这半年多来，无一日不是清晨5时即起，写作的过程也真是一个学习的过程，磬史的脉络才逐渐清晰了起来。书稿写至大半时，传来了喜讯——《中国磬史》一书获得了国家出版基金。据出版业人士云，此基金是为国家三大基金之一，而且以往多为研究机构、文化集团、大学所得。这等好事竟然拍到了我这样一个"个体户"著作上，也让学生着实高兴，文友们也多来祝贺，连浮了几日大白。传伦浅浮，又让老师见笑了。有了这个基金，书会出得好一些，至少出版社也会赢利，我也会心安许多。学生自写《磬史》的那一天起，心底就企盼先生赐序，一直不敢说，怕太劳累先生。写成了，思想了多日，斗胆拜求先生一赐华章，先生随笔写来，文字多少都是大好！出版社非常仰重吾师大名，从订合同起，再三让我请求先生拨冗赐序，读者亦无一不期待，之于传伦更是要一生报答先生的。今先传上《磬史》的"缘起"，请您清闲时看看，叨扰清思，惶恐万分。传伦叩首。

董桥师阅后，连夜动笔，翌日，顷接先生赐传大作"题《中国磬史》"。运笔苍润，得虚实兼到之妙，凡四百字，令传伦感铭五内，喜极不能自持者竟日。文虽短而意境高远，前呼后应，无一虚笔，字字相扣。

《中国磬史》，得以猴年（2016年）行世，可以毫不夸张地说高为先生起了促进作用。兄与我乃是有深文相交、深邀鉴赏之文友，更兼三日一微醺、五日一酣醉的"高阳酒徒"，"意气相逢为君饮"！某日匏樽酒热，正逸情云上之时，兄知我廿载蓄志，一心撰修《磬史》，欲发三千年之覆，不禁击节赞赏，薄醪尽倾！即思早日梓行天下而诚约此书，由百花文艺出版社作为本版书编辑出版。越三日，在我一字未写的情况下，甲乙双方签订了正式出版合同。金钟清磬，致有爽气，庶令传伦顿生野曳入世，当尽忱报效国家之念。

作为本史责编的高为先生，备尝艰苦。平日已是编务冗繁，拙作《中国磬史》无论引文、正文疏漏之处，兄一一匡正，工作量之大，恒逾辑编"群籍"倍蓰之数，校芜文之劳烦耗时，想我兄定然生出东坡之感叹"日月何促促，尘世苦局来"。非不敏狠心劳累仁兄，殊不知此书采择校雠，条分缕析、锁要紧密，欲求精审，非仁兄高才不可为！细若只字、句点之确切，仁兄均悉加勘定，略无罅漏，其严谨可知，其辛勤可佩，其学识之渊博可敬，其于传伦之深情厚顾，愚弟更当长揖磬折者三！

杨国驰女士，热心赞襄本史，且邀得青年才俊崔克刚、周恩博，特于图片设计等种种技术性工作，描摹精赅。国驰女士于磬学中难以辨清之"磬折"，此一先秦时代即已存在之数学问题阐述明达，古之学者注"磬折"，往往强为牵合，不得要归。国驰具21世纪科学头脑，学本工理，于数算尤为精擅，撷拾大略，寻绎要眇，发乾嘉大儒之所未发者，矩迭规重，无不迎刃而解，豁然贯通，不唯泽润本史，亦可见著于学林。顾其睿鉴之高蹈，起程瑶田于地下，当正冠揖手曰："真庄生所谓大惑终身不可解者，今日得解。"

本史力求文图并茂，图片形式有三，拓片、照片、线描。篆刻家王少杰先生秉持精湛之技艺，以蝉翼、乌金拓法，分别拓出摩石精舍收藏适宜传拓之古磬十六品，雅韵流美，尽出于毫末之间，有现代摄录术所不能及者。尤应鸣谢少杰兄古风深蔚，篝灯中夜，奏运昆吾刻刀，不拘许郑旧说，妙篆鸟虫，神技乍展，白文大字，一锲书名，壮我磬史。

京都文雅堂主人、篆刻家、收藏家、出版家杨广泰先生，乃我卅年挚友，雅人高逸，惠我良多，慨然以其山东金石友庋藏春秋刻铭编磬拓片图像10幅贻赠，洵为古磬最新资料之一，真识者自有分教，殊可贵也！杨君古道热肠，亦颇可钦可敬。

摄影家张毅康先生，精娴摄影术，再现摩石精舍磬藏真趣，承蒙青顾，复赠衣长衫像照十数张，并亲择其中一张，嘱做封面人物，其云："传伦此照神情朗然，目中流露傲睨不屑之情，正心雄万夫之状也。"康兄雅谑，可备日后茶余谈资，录之一哂而已。

西南才女、作家胡延芝女士青顾本史，悉心校雠文稿数通，举凡文字、标点、图号之误，即其所见，均加勘正，且无一处不精审通达。在此恭致谢忱之意！

新华社原记者吴广生先生，曾亲至津门，采访摩石精舍玩石、清磬雅藏之事。返京后未几日，君将采访稿以新华社电讯形式发布全世界，首次透露张传伦将有著磬之作问世云云，策我骎骎然，骅骝争道，奋鬣奔驰。岁历十载寒暑，今朝一渡江春，磬史已付梨枣。传伦不欲夸为己之乐事，岂有乐哉！

感荷薄克礼、伍立杨、祝勇、龚军、李伟、刘兢、杨明、赵海丽、张晏、林容樱诸君襄赞之高义，请受愚一拜！佳惠本磬史之高士名媛，良有多矣，若有不及标举贵姓尊名者，致有失礼，俟来日当面揖谢，且愚将自领罚笞，停浮大白十日，不做金谷酒数之想。

传伦少年得意，邃密群科，文道独行。不有佳作，何伸雅怀?！及长，幸遇赵宝琪老师，先生后来做得文教高官。公见我剑走偏锋，一意孤行，恐我将来困于雄心而不能自拔，误入歧途，失为一己梦想之牺牲者。忧我个性偏执，做事决绝，不为君子，便为奸慝。尝以一语相激励："传伦来日不是做最好的人，就是做最坏的人。"此之后卅载人生路，足以印证个性坚强，有助于传伦克勤克敬、允文允能，求做世上最好之人，一意醉心文事，非关别情。林语堂说："有人告诉我们，说个性坚强是一种重要的美德，但是却需要予以精确的说明：就是说坚强的个性是用去做什么事。"

个性乃决心之张扬，决心乃成功之秘诀，此情耿耿固执于正道，亦是好事。传伦退扫闲轩，独辟蹊径，凿空磬史，兴蔚磬事，发弘古调。撰为《中国磬史》一卷，初奉规模，八方贤达，咸存观省，幸赖有以教我，拓广磬学深奥之宏旨，岂非佳事乎？君子何乐而不为！

耳顺之年写记。

凡　例

一、本书意在修撰古老磬史，广征博引，古籍所载有关古磬之辞章，多有迻录阐述，虑其文体为文言，为使本书文体与之相谐和、语言相映发，故乃本史行文，文白兼用；当文则文，当白则白，以利融会贯通。

二、本书"释磬"一章，深契古磬古义，即令浅释"磬"字，"说文解字"，宜以文言出之，无违雅驯，故本史行文粹然述之以文言，唯此一章。

三、本书中出现个别生僻字、异读字、通假字，一律不加注音、注释，知者自知。

四、本书简文版，当用简化字，缘此产生歧义，酌用繁体字或异体字，亦不做注音。

五、本书述及甲骨、钟鼎文，遇有当世尚不可解之字，只造其字形，亦不妄测其字义。

六、本书为规范磬之量词，凡述及特磬之量词用"件"，编磬用"枚"。

七、本书"磬史"章不依中国历代纪元表所示，遍列朝代。例"汉唐时代"，其间存国有两晋、南北朝、隋等朝代，均不一一设立。文中有否叙及某朝代之磬事，按行文之需及获历史资料有无、多寡、真伪而定。若本书无一字言及某朝代，请勿视之为该朝代礼乐不继，钟磬无存。

八、本书"古磬三十六品赏析"章、"磬架及其他磬饰"章，有磬型、磬形之分别，凡磬之式样多见于世，具典型意义称磬型，反之则称磬形，例"对称曲尺型""对称云朵型"，"肺石形""斧形"。

九、本书乃作者个人研究之成果，除却书中已特别加以标注、致谢之处，不含其他人之观点。

十、磬史中已多有写明磬之于儒教意义，故不另设"磬之于儒教"章。

缘 起

磬为古代最古老的石质乐器及中国礼乐文化的重要载体,历史之悠久,意义之重大,可与之比权量力,唯三代青铜鼎彝尔!即是钟磬联称之钟者,考其历史,亦远远晚于磬。磬功用之大,虽然涵盖社会生活诸多层面,但观磬之实体,传世数量非常稀少,原因不一,然于磬本身之高贵,所涉最多,阳春白雪,曲高和寡。古代可以拥磬者——王、诸侯、卿、士,士之下广大庶民阶层无此资格。

磬大多出土于古墓遗址。十墓九空,多为盗墓贼所为。此辈眼中只识金玉,石质之磬常遭弃如敝屣。年代愈久远之磬,制作愈粗疏,更被视为无用累赘之物,人为破坏严重,今人无从多见古磬。乃至中国发现最古老乐器之头筹,被河南舞阳贾湖遗址出土的八千年前骨笛所拔得。古磬之出现必早于骨笛,多年以来,即使是有些专业考古工作者亦轻视对残石断磬之研究,坐拥宝山而不明就里。沈从文先生,借丰厚之学养,睿目善识,早年先生得见长方形玉片上有穿孔,当即断言:此物为金缕玉衣所缀之玉片。后果被考古发现所证实。

春秋战国之后,磬不复礼乐文化重要载体之地位。磬为乐乐赏玩之物,明代最为流行。及至有清一代、民国年间,此风虽曰绵延不断,亦只为达官贵人文人高士所独赏。佳磬更亦难得。磬之最佳者是灵璧石磬,其音清越,无它石可比。唐时,白居易已感叹灵璧一石难求,只好以华阳石代之,然其声色差之多矣。清代中叶,灵璧石磬山一带磬石旧坑不复出石。安徽巡抚进贡清宫的石磬,已无大器,"大率不逾尺也"。

摩石精舍主人藏古鉴古证古卅载以还,深知磬之珍稀难得。文史工作者、古董商人竟有不知磬为何物者。二十年前,摩石精舍主人在其收藏古代灵璧奇石过程中,偶阅古籍,良有所悟,始知灵璧石最早之用途,并非作为石山清供,皱透漏瘦,其形娱目而已。尧舜时代之先人不慕其形,独取其音,发现灵璧石,扣击之下可发八音,正孟子所云"金声玉振"者也。

玩古日深,益知古磬之难得。在当世收藏大热之前十数年,一位成熟,饶有经验,精于古玩杂项买卖之古董商人,以数年计之,至多购磬一两件而已。自兹始,摩石精舍主人以执着之信念、浓厚之兴趣,借微薄之财力,不惜东支西绌,一意纳磬,靡费不菲,且只进不出,岿然挺经。开山动力在于作者发现:磬——如此"庞然大物",其在全世界范围之内,竟无一本写磬专著问世,不禁惊喜莫名,感谢彼苍者天,恩赐传伦此一填补中国古代艺术研究之处女地,更复倾心收集磬和与磬有关之古籍资料。虽艰难备尝,犹能以苦中作乐为幸事。宋欧阳公曰:"物尝聚于所好。"能不信哉!由是而知,人凡生痴念偏嗜,必沉湎其中,而不欲自省者,天下事往往如斯,亦可以深长思也。

细审此事,实应由国家组织有关部门牵头实施,国大事多,千头万绪,顾不及此。再者应由雄富资金之大亨擘力为之,无奈此辈多有惘然不知此中妙趣者,又何足待也。唯苦哉传伦一人耳,家贫而其志不隳,忝以一介寒素书生,摄生搏节,陆续购得自新石器时代至民国年代各种材质之特磬、编磬、清玩之磬,凡数十件。

古艺之研究,是以证古证文证史为要宗,亟须从实物入手。传伦以此为凭借,发三千年磬史之覆,达人览此书,若可曰:虽不中而不远,则传伦近道焉。

此书之前,纵观国内外,长久以来之于中国磬史更无系统全面之专项研究。磬的历史沿革以及伴随时代变迁其实际功用之变化状况,尤其磬之于礼乐文化重要意义,至今无人著书立论。国内历年发表论钟磬文章，大率为某地出土钟磬之考古工作报告。稍稍深入者也不过是磬的某一单方面功用阐述。"关于石磬的研究，目前大体进行了两个方面：一是对出土编磬进行测音，考察其音律、音阶构成和分组编悬等；二是应用现代技术手段，考察编磬的声学物理特性等。这些研究主要侧重于部分东周编磬，对于西周以前的磬则涉及甚少。"后来也有多篇论述商前和商代、西周磬的文章发表在专业刊物上，只对在当代出土的钟磬古物做出许多技术性方面的鉴定工作。

较为深入些的亦不过是论证"先秦音乐美学思想对曾侯乙钟磬发展的影响"等诸如此类文章而已。未见有国外学者专业致力于磬的研究，亦很少见国外学者有关"磬学"研究之只言片字。审此诸端，可以断言：国内外研究机构或个人对"磬学"此一古老重大课题做全面系统之专项研究，尚无先例。

磬之为学为史题材特大，最是关乎国学重要组成部分——礼乐文化。礼乐重要载体之一乃为磬。磬常与钟合称钟磬。磬为石制，钟以铜铸。钟磬合奏之声，古人认为乃世间最美妙之声音，天籁人籁，悦耳动听，古贤赞之为"其声若钟磬中出"。磬之出现及其功用之初，源于原始先民祭祀和原始乐舞。依据传统史学观念，礼乐传统文化经历夏、商、周三代一脉相承，至周代而大盛，孔子赞之为："周监于二代，郁郁乎文哉！吾从周。"(《论语·八佾》)周代贵族子弟大多受"礼、乐、射、御、书、数"之六艺训教，以礼乐两艺最为重要，体现古人高度文化艺术教养。即使是征战攻伐之事，亦遵循文之以礼乐，乃因礼乐，"德之则也"。

磬之出现，远在夏之前，原始石磬大率制作粗犷，因材施力，毫无修饰或极少修饰，只洞穿一孔以便系绳悬挂敲击聊发其声。迨至商代，用磬制度已完全融合于礼乐文化之中，磬的制作已非常精美，如大近一米之虎形纹饰特磬。特磬有别于编磬，磬广而分之为特磬、编磬两大类。此时磬之使用

制度及至春秋早期皆有严格规定，祭祀宴乐等国事活动无一不做钟磬演奏，"国之大事在祀与戎"。祀礼中钟与磬合奏之美妙结合，成为必需，乃因钟磬之声缓慢、威严，既可表达祭神祭祖无上崇敬之意，又借以教化子民服从统治，所谓"凡音乐通乎政"。

用磬制度有类用鼎，即从用磬数量上观之，亦依等级而各不相同。伴随周王权日渐衰落，"礼崩乐坏"，虽然磬之使用不复往昔礼乐文化盛景，而磬并未从此消失。先秦时期诸侯小国曾国曾侯乙钟磬使用，大逾古制。曾侯乙墓出土钟磬，以其史无前例之大型架悬、繁复精密之乐律铭文，加之种种阔大精巧设计，在大为突破礼乐制度之同时，亦对繁荣先秦时期音乐文化、美学思想做出巨大贡献。

传音清越动听之磬，为中国历代王朝所珍赏。

例如，明初洪武年间朝廷命取灵璧浮磬山石做磬，赐予各府文庙，"立则磬折垂佩"，磬折喻弓腰如磬，表示恭敬之意。文庙悬磬，此为明太祖定国初始，教化士民，复周礼之尊古举措。上有行焉，下必效之，文人士大夫阶层纷纷斫石制磬，选紫檀、黄花梨木等名贵木材制成各种磬架，装饰精美，中悬石磬，供置于厅堂雅室条案桌几之上。大如毂轮之石磬，则要特制落地插屏式大型磬架挂悬。人们如此喜爱磬，实为清赏之雅物，本史对明清以来在文人士夫中大为流行的玩磬之风尚，特别加以浓墨重彩之描写，更是对远逝良久之礼乐文化倾心追慕，聊发思古之幽情。

古磬之上历史文化积淀，蕴藏深厚，意义之大，远非寻常古艺古器可比，足以构成"磬学"。"磬学"一说，乃由本书第一次提出，并率先进行研究成书。磬之为物无论是从国学、古代音乐学、三教、民俗学等诸多方面，影响至深至大，遗憾数千年以来竟无一本"磬学"专著问世。鉴于此，但愿此书可以填补此项古典艺术研究空白，以传磬学广大深邃之宏旨，使之发扬于盛世今朝。

Foreword

Stone chimes are the oldest ancient stone musical instruments in China and an important medium of Chinese ritual and court music. They date back to ancient times and carry utmost significance. Stone chimes are commonly paired together with bronze bells as the sounds produced when they are struck together were considered by ancient Chinese literati as the most harmonious on earth.

According to historical studies, stone chimes first appeared in pre-Xia dynasty. The earliest stone chimes were largely stones in crude form, with little or no modification to the stones except for a hole opening for the rope to hold the stone in suspension for producing sound. They were originally used by primitive Chinese in music, sacrificial rituals and burial ceremonies and became prevalent in Xia, Shang and Zhou dynasties.

By Shang dynasty, stone chimes had become an integral music instrument in Chinese rituals and court music. They were no longer stones in crude form, but were intricately designed in fine and exquisite details, such as the "*hu xing wen shi te qing*" stone chime. There are broadly two types of stone chimes, namely *teqing* and *bianqing*. The uses of different stone chimes were well defined by Shang dynasty, and no events of national scale were complete without them. Stone chimes and bells were used together in all spiritual rituals and ceremonies, as their harmonious sounds were at once soft and gentle, yet powerful and somber. This uniqueness allowed the sounds created to represent the utmost respect for gods and ancestors, as well as to influence obedience and compliance to political parties.

As a Chinese saying goes, *fan yin yue tong hu zheng*, meaning all music are linked to politics.

The popularity of stone chimes as a medium in Chinese rituals and court music peaked in Zhou dynasty, and fell with the power of Zhou kings. Although stone chimes were not as widely used as before, they did not disappear and remained an important medium of Chinese rituals and court music until the end of the Spring and Autumn period. By then, they were increasingly used as a musical instrument, with their popularity as a musical instrument reaching its zenith in Ming dynasty. They remained popular in Qing dynasty and the first half of the 20th century, although they were only enjoyed by the privileged court officials and wealthy scholars. Despite their popularity, good stone chimes were hard to find. The best stone chime is the lingbi stone chime, made from lingbi stones found in Lingbi, Anhui province. Its clear sound can not be rivaled by any other stone musical instrument. Bai Juyi, a renowned Chinese poet and Tang dynasty government official, once lamented that he had no choice but to make do with the comparatively inferior sound produced by huayang stone chimes as it was very difficult to find lingbi stones. By the middle of Qing dynasty, lingbi stone mountain had become depleted of lingbi stones.

Every Emperor throughout Chinese dynasties had great appreciation of the melodious sound produced from stone chimes. Take for example, Hongwu Emperor who ordered a lingbi stone chime to be displayed in the Temple of Culture at the beginning of his reign in Ming Dynasty so as to educate his people as well as to continue the tradition of using stone chimes in Chinese rituals and court music. The high regard for stone chimes thus transcended the royalty. Scholars and officials scoured for stones to make stone chimes, and used high quality wood such as red sandalwood and fragrant rosewood to build the frame to hang the stone chimes. The smaller stone chimes were usually displayed on the tables in the living room, while the bigger ones as big as the wheels of a vehicle were displayed on the living room floor. The Chinese admired stone chimes not just for its beauty and harmonious sound, but also the sense of nostalgia for its rich history.

Despite the multi-purpose uses of stone chimes in Chinese society, very few pieces of stone chimes remain today. One of the main reasons for this is that stone chimes were highly valued possessions which only royalty and aristocrats were deemed worthy enough to behold.

The stone chimes that remain today were mostly excavated from ancient tombs. The biggest and most intricate of them were excavated from the Tomb of Marquis Yi of Zeng in pre-Qin dynasty. The exquisitely designed large stone chimes were an eye opener and played an important role in aiding our understanding of Chinese ritual and court music in ancient times.

Today, nine out of ten ancient tombs are empty, no thanks to tomb thieves. To the untrained eyes of tomb thieves, stone chimes were nothing but stones and hence, only gold and jade were looted by them. In fact, the more ancient the stone chimes, the rougher the workmanship, and the lesser value the tomb thieves gave them. Most of the stone chimes were damaged as a result of their reckless handling. Many people in this generation have never seen a stone chime. Unfortunately, due to the lack of exposure to and knowledge of stone chimes, some modern scholars

mistakenly view the Jiahu Gudi or "bone flutes" as the most ancient musical instrument in China. Jiahu bone flutes were excavated from an early Neolithic tomb in Jiahu, Wuyang County, Henan Province and have been dated back 8,000 years. Stone chimes have been dated back even further in time. For many years, some archeologists have neglected the study of broken stone chimes, not knowing that they are sitting on a pot of treasures.

The author is an avid antique collector who has been appraising and authenticating antiques for thirty years, and is deeply aware of the rarity of stone chimes which historians and antique dealers have little knowledge of. About twenty years ago, the author was collecting ancient lingbi stone chimes when he chanced upon an ancient book and realized that lingbi chime stones were not originally admired for their unique physical appearances, but were instead admired for their unique sound when struck, as well as the ability to produce an octave when struck at different parts.

The rarity of stone chimes became more apparent to the author as years passed by. Despite the surging popularity of the Chinese antique industry, over a decade ago an experienced miscellaneous antique dealer could only get his hands on one to two chimes within a year. The author could not believe that such a rare and valuable antique has not been researched and written about in the global context. Writing a book on stone chimes to document this little known antique should have been a project spearheaded by the Chinese government, however China is a big country with more urgent and important issues on hand and has understandably deployed resources elsewhere. The alternative would be for wealthy Chinese to provide financial support to conduct research on stone chimes, unfortunately the wealthy Chinese have little knowledge of stone chimes, much less do something about it. This created a golden op—portunity for the author to explore this virgin territory, so he tasked upon himself this heavy responsibility despite his humble background. He devoted his time and limited financial re—sources to research and collect stone chimes so that he could study them. Despite the chal—lenges faced, he found joy in the journey. A notable poet of the Song Dynasty Ouyang Xiu once said, good things will find their way to those who like them. This is indeed true for the author. He managed to amass a collection of stone chimes dating from Neolithic Age all through to the first half of the 20th century.

The research on antique encompasses au—thenticating the physical antique, the ancient documents and history itself. After researching thousands of years of stone chimes' history, the author is ready to publish the first book on stone chimes in human history. No one has written a book on the origins of stone chimes, its changing role over time, and in particular its importance in Chinese rituals and court music. Most of the written documentations in China on stone chimes thus far are excavation reports, the rest being articles describing the physical and technical aspects of stone chimes in particular the sounds they produce, with very few articles delving deeper beyond.

The history of stone chimes in China focuses mainly on the ancient Chinese history of stone chimes. Since this is the first book on stone chimes, the author included many vi—sual materials on stone chimes and its acces—sories. The book begins at prehistoric China, taking the reader from Xia, Shang, Zhou dy—nasties to the end of Qing dynasty, explaining the historical documents of stone chimes and the different uses and functions of stone chimes in each period. The book also docu—ments the history and special characteristics of frames and suspension chords that are integral to the usage and display of stone chimes.

The author has deep respect for history,

and upholds the highest moral standards in collecting authentic artifacts and doing due diligence in authenticating research materials. He documents his research accurately and meticulously with the hope of creating a book that can be used as a reference book and as a Chinese art and antique appreciation book.

The challenge of writing this book lies with historical records that are scarce and vague. Most of the stone chimes that remain today are in the hands of the Chinese govern—ment, museums, temples and private collec—tors. Unfortunately, the visual materials re—leased by the Chinese government are mostly unclear and fail to meet the image quality re—quirements of the publisher to be included in the book. It is also impossible to access these stone chimes without special permission from the Chinese government. The remaining stone chimes are scattered in museums and temples all over the world, making these stone chimes even more difficult to trace and research on.

Publishing *The history of stone chimes in China* itself is a milestone. No other musi—cal instruments played a more important role in Chinese history and culture than stone chimes. Unfortunately, stone chimes have somehow fallen through the cracks of litera—ture on Chinese history, Chinese culture, Buddhism, ancient music instruments etc. Hopefully, this book will fill in the void and re —ignite the interest in the study of stone chimes.

With extensive research and modern vi—sual images, this book is at the same time nostalgic and new. This is an important study material for anyone looking to study Chinese traditional culture, history, music, and an—tique.

Lim Rong Ying
Singapore
May 2016

中国磬史

释 磬

　　"摩石精舍"主人博赅磬学，精覃磬艺，搜罗卅载，所获良多，于历代磬事典故尤深洞悉。乙未年（2015）春，蒙邀修撰《中国磬史》，念斯文坠地之厄，发覆箦为山之思，悦尔应之，慨然以磬史自任。欲解磬义，须先释磬。

　　磬，甲骨文作"𣪊"，金文作"𢼻"。东汉许慎《说文解字》释磬：

　　　　磬，乐石也。从石、殸，象悬虡之形。殳，击之也。古者母句氏作磬。殸，籀文，省。硁，古文从巠。

　　"研经室"主人、清代金石家阮元按："殸之为字，声象形，殳指事，从石乃后人所加，其形象石之虚悬。"
　　《书经·益稷》：

　　　　夔曰："於，予击石、拊石，百兽率舞，庶尹允谐。"蔡沈传：重击曰击，轻击曰拊。石，磬也。有大磬，有编磬，有歌磬。磬有大小，故击有轻重。八音独言石者，盖石音属角，最难谐和。记曰："磬以立辨。"夫乐以合为主，而石声独立辨者，以其难和也。石声既和，则金、丝、竹、匏、土、革、木之声，无不和者矣。诗曰："既和且平，依我磬声。"则知言石者，总乐之和而言之也。或曰：玉振之也者，终条理之事。故举磬以终焉。

　　《孟子·万章章句下》，以钟、磬于礼乐演奏中，承前启后，借以赞喻孔子儒经集天下学问之大成，"孔子之谓集大成。集大成也者，金声而玉振之也。金声也者，始条理也；玉振之也者，终条理也。"朱熹释"金"为钟，"声"乃宣启之意；"玉"为磬，"振"乃结束之意。
　　"摩石精舍"解磬声"玉振之也者"，振之意不独喻物之声，《诗经》有"振振公子"之谓。考"振振"有五解："盛大、仁爱、信义、

群飞、得意"。而磬声之蕴藉者，靡不备具。
　　阮元又按："物虚悬未有不空者，故磬又训空，从缶为罄，器中空也。"《尔雅》训此罄字曰："罄，尽也。"《说文》"窒，空也。从穴，至声。诗曰：瓶之窒矣。""然则凡物悬空之义，皆从此殸字之声出矣。"
　　《左传》乃曰："室如悬磬"，《国语》又作："悬罄"，此之义明矣。
　　明徐渭《七律·某君见遗石磬》，有句曰："老去固难腰似折，贫来直到室如悬。"
　　后汉刘熙《释名》："磬，罄也，其声罄罄然，坚致也。"传磬声之悦耳，亦可作其声磬磬然，"磬罄"二字借声而通假之义可释也。《说文》声字所以从殸得音者，殸有耳闻之义。闻属耳，鼻之所嗅得，目之所见得，二者可借声闻以概之。"目得者可概以声闻，鼻得者亦可概以声闻"，故《说文》曰："馨，香之远闻者。从香，殸声。殸，籀文磬。"《毛传》曰："言声之远闻也。"磬音清越，可声传数里之远，香借磬之特性表达远闻之属性。"声字与馨字音义相近，汉人每相假借。故汉《衡方碑》亦借声为馨矣。"
　　训"磬"字之义，亦应存文王世子之释："公族其有死罪，则磬于甸人。"郑注："悬缢杀之曰磬。磬者，经死之，即虚悬之义。"
　　《礼记·乐记》曰：

　　　　"石声磬，磬以立辨，辨以致死。君子听磬声，则思死封疆之臣。"陈澔注：其声音磬磬然，所以为辨别之意。死生之际，非明辨于义而刚介如石者，不能决。封疆之臣，致守于彼此之限，而能致死于患难之中。

　　古之疆臣大吏借磬之义相与砥砺。死国之际，闻磬声之清越，效磬立之虚悬。炳其节操，全其忠悃。此情后世之人知之不多。磬之义虽广，独取祥和之意。
　　古贤有灵，慨当以歌，"鸣球"击磬，"固庆其喜"，佑我子孙万世！磬之功其大也乎！

第一章　新石器时代及古磬之概况

　　远古人类产生的艺术及其在特定时期内的发展，无不与原始宗教、巫术的关系至为密切。石磬应运而生，作为宗教、巫术祭祀活动中的重要道具，形制随着先民的原始宗教图腾群体信仰的不同，纹饰上呈多样化，摆脱了对生产工具崇拜的一元化倾向。鱼纹、虎纹、凤鸟纹、梯形纹石磬等多种形制的出现，是多元化文化背景下结成之硕果。

　　磬于新石器时代之意义，泛古乐器之一种而已，当与后世之礼乐文化所涉无多。选材大多为石质，兼有玉质，先民之于玉的概念虽很宽泛，却能总结出玉磬声谐，有别于石磬。

　　中华人民共和国成立后，有历史学家、考古工作者、音乐家等国内专业研究人员，对磬的某一方面进行了卓有成效的学术研究，做了许多有益的工作。如李纯一先生在《中国上古出土乐器综论》中，将古磬分为"4型10式"，其弟子方建军也有多篇研磬论文发表。杨荫浏先生在《中国古代音乐史稿》中，较为详尽地阐述了古磬在中国古代音乐形式发展的历史沿革中的微妙变迁。李学勤先生之于春秋战国编磬之历史断代、铭文释解，确论无疑，可为定鼎。还有不少学者的论文于磬学，皆有裨益，兹不一一列举详析诸名家之高文大义。

　　本磬史不欲对古磬技术史着墨过多，要在以挖掘蕴藏于古磬之上悠久深厚的历史、文化积淀为首务，是为本磬史之主旨。

　　磬的历史悠久，可以上溯到旧石器时代。五万年前先民们在猎兽、捕鱼的活动中，在制造生产、生活工具之时，发现有些板状的石片，在不经意间的敲击下，会发出清亮悦耳的声音，借以娱情娱乐。这就是原始古磬，可惜先民们浑然不知。

　　石磬的出现与农耕、狩猎活动中石制工具(石犁、石刀)的运用有关，《尔雅》注："(磬)形似犁錧，以玉石为之。"可以证明磬的出现以及它的形制，来源于石器时代的犁、斧类的石器。

　　石磬的祖源，亦其直系祖先，应为仰韶文化晚期出现的长方形单孔石刀，此论可以成立的一个重要依据是：后期出土的石磬宛如石刀者，不一而足，致令考古工作者难以一时遽定是石刀还是石磬。

　　磬有多种形制，生产工具之崇拜，产生了似犁如刀形状的石磬。磬的起源无疑与生产工具有关。然而，模仿石制生产工具形状的石磬，在迄今为止出土的远古石磬中

的数量是很小的，更多的则是与生产工具无关的形制。可见石磬的起源是多元的，不唯是源于生产工具之崇拜。

　　石磬的发展经历了三个阶段：一、生产工具崇拜或宗教祭祀活动中的通神施法工具。二、象征宗教权力的礼器。三、礼乐器性质进一步强化。

　　这三个阶段，虽已被包括专家学者在内的许多识磬之士广为认可，但磬学研究止于此，磬之历史则大有失绪断代之虞，其必有第四个阶段：历代文房清供之妙物。作为文房清供的玩磬、金磬、玉磬、古磬、清磬、吉磬、福磬、山磬、秋磬、冷磬、霜磬、幽磬、供磬等，名称多多，实乃一类，统而称之为玩磬。奉为斋堂燕室中的赏心爱物，而被近代从事考古工作、音乐工作的专家学者，多年疏忽不计的原因，是这一时期相对长久，始自青铜文化渐趋衰落之两汉，殆至于今。惮此巨大的历史跨度，历代磬器实物又难以搜寻、难成系列、难以专业对口，从事

研究,困难很多,乃至于世人对玩磬方面的探索研究,又远不及对远古石磬和礼乐用磬研究之深入,专论专著,更其叹付阙如。

石器时代,先民使用最多的是石制生产、生活工具。这些石器在上升为艺术形式之前,不过是一件简单的器物。那个时代生产力水平极低,人们需要通过原始宗教和巫术来增强战胜大自然的信心。而石磬作为最原始的打击乐器在烘托、渲染气氛方面的作用是肯定存在的,故而被原始宗教所采用。此时的石磬作为远古的史料价值,已然显示出原始艺术品的特性——某种原始宗教观念、巫术或某种图腾信仰符号。

远古人类产生的艺术及其在特定时期内的发展,乃至商代,无不与原始宗教、巫术的关系至为密切。石磬应运而生,作为宗教、巫术祭祀活动中的重要道具,形制随着先民的原始宗教图腾群体信仰的不同,纹饰上呈多样化,摆脱了对生产工具崇拜的一元化倾向。鱼纹、虎纹、梯形纹石磬等多种形制的出现,是多元化文化背景下结成之硕果。

此际的鱼纹、虎纹石磬是某些部落图腾信物的形象需求,是祭祀活动中不可或缺的寄寓祥和的重要载体。比如虎纹石磬表示先人对猛兽超出人力的敬畏,以求获得战胜大自然的超人力量;而鱼纹石磬则是先民祈望可以捕获到鱼;梯形纹磬更进一步体现出先民对房屋、堤坝平安无损的善良愿望。

石磬作为最古老乐器存在之历史,大大早于八千年前即已出现在华夏大地的骨笛。古代乐器,发展至周朝,约有七十种之多,明确见著于《诗经》的,就有二十九种。乐器增多,材质不同,于是产生了分类的需要。周人共分为金、石、土、革、丝、木、匏、竹八类,始作八音。从八种乐器的演奏性能分析,打击乐器居多,丝、匏除外,占八音中的六音。

自二十世纪七十年代末期至今日的三十余年间,中国音乐考古学接连有三次重大发现:湖北曾侯乙墓乐器群、河南舞阳贾湖骨笛和山东洛庄汉墓乐器坑。音乐考古学专家认为:"这三次戏剧性的发现,促使传统的音乐史学受到了严峻的挑战。从叶伯和的第一部《中国音乐史》算起,数代学者用了半个多世纪建立起来的一部中国音乐史,有了彻底重新认识的必要。"特别需要指出的是:在湖北和山东的二次发现中,都有磬的跃然出土,加之别处之发现,研究材料日趋丰富,对磬这一古老乐器的认识有所提高,证实了磬在古代社会中曾经占有的崇高地位。虽然这些专项研究内容,大多侧重于磬体及其音乐性能方面的考证和科学测试,凡此种种,不经意间却为"磬学"这一前所未有的崭新学科,在当代之建立,奠定了某些学术基础。

以石为材质的磬,为古代第一打击乐器,可以认为是华夏先民发明种种利于生产、生活的诸多石器中的衍生品。后之意义扩而大之。人们最早倾听到远古乐器的妙音,毫无疑问发自于石磬。此时的磬,还只是一种石制粗疏的原始乐器。

新石器时代之前的原始文化遗址中,曾出土过上有钻孔的石片,形似磬的打制器物,惜其残缺,不可确定为实质意义之石磬。然考古之功,勾微探玄,显幽烛隐,亦当重其格物致理,正不必效宋儒每于理所无者,即断其必无之陋。

中国古代曾有人认为:音乐之起源,由于宇宙中一种超人的力量——"太一"。此种说法只适用于公元前21世纪夏禹传位于其子启的时代。因为不久之后,磬同钟将上升至中国礼乐文化重要载体之地位。

"太一"之论出自《吕氏春秋·仲夏纪·大乐》:"音乐之所由来者远矣:生于度量,本于太一。太一出两仪,两仪出阴阳,阴阳变化,一上一下,合而成章。……先王定乐,由此而生。"显然与原始磬之作用不相侔合。先民发明磬之动机不外两个:其一,磬音悦耳娱人;其二,人们对自然现象不能理解,无法战胜自然力量,便用占卜祭祀去祈求神明护佑的同时,业曾有过更为积极的作为,利于趋吉避邪,即制器以祈和。

磬与五弦瑟的发明，同于一理。《吕氏春秋·仲夏纪·古乐》载："昔古朱襄氏之治天下也，多风而阳气蓄积，万物散解，果实不成，故士达作为五弦瑟，以来阴气，以定群生。"五弦瑟之发明，原用之于求雨，以期安定人民生活。

古籍中多有磬的记载：《尚书》（益稷、禹贡）、《诗经·商颂·那》、《礼记》（月令、明堂位、乐记）、《周礼》（春官、考工记）、《仪礼·大射仪》、《尔雅·释乐》、《山海经·西山经》。及其后的《隋书》《唐书》《宋史》等诸书释磬，虽可曰简明扼要，却未能贯穿成史。

读《尚书·益稷》，知磬在古时曾称"鸣球"，"夔曰：'戛击鸣球，搏拊琴瑟，以咏。'"蔡沈注："戛击，考击也。鸣球，玉磬名也。""夔曰：'於，予击石、拊石，百兽率舞，庶尹允谐。'"

读《礼记·明堂位》，知叔之作"离磬"。何为离磬？因"石声磬，磬以立辨。辨者，离之音也，故谓之离磬。……世本曰：无句作磬。皇氏云：无句，叔之别名。"（陈澔）

《通礼义纂》记黄帝使伶伦造磬。

《路史》记黄帝的长子"少昊，青阳氏……立建鼓，制浮磬，以通山川之风。""帝喾，高辛氏……命柞卜……制沉鸣之磬。伶人咸抃，凤皇天翟，舞之以康帝功。"

《吕氏春秋·古乐》记："帝尧立，乃命质为乐。质……乃拊击石，以象上帝玉磬之音，以致舞百兽。"

《通鉴前编》记："禹揭钟、鼓、磬、铎、鼗，以待四方之士，为铭于簴，曰：'……启以忧者击磬。'"为治水，三过家门而不入的大禹，礼遇天下士，立五种乐器应奉东西南北，于磬架之上刻制六字铭文："启以忧者击磬。"此乃在磬器上镌刻铭文之最早记录，意义非同寻常。大禹之磬，敬尊人本，而非祭祀神祇。忧郁之士击磬叩虚，泠然一声，似黄帝琴鸣，孤桐飒裂，以破岑寂，除郁解忧，怡然而乐之。大禹此举开文人磬供之先河，后人当奉大禹为清磬雅玩之鼻祖。

迄今为止，考古发现最早的石磬，皆为黄河中上游出土的新石器时代的古老标本，为比较典型的黄河中原文化产物。

磬于新石器时代之意义，泛古乐器之一种而已，当与后世之礼乐文化所涉无多。选材大多为石质，兼有玉质。先民之于玉的概念虽很宽泛，却能总结出玉磬声谐，有别于石磬。

石磬以徐州所产泗滨浮磬最佳，《尚书·禹贡》记录最早。大禹划分天下为"九州"：冀州、兖州、青州、徐州、扬州、荆州、豫州、梁州、雍州。徐州所产泗滨浮磬，为磬之正朔，其声最为清越。自尧舜时，始以为磬。数千年时光递嬗，各种材质的磬始终无法超过泗滨浮磬无与伦比的卓越音质。

《淮南子》卷四"地形训"所记"九州"，不同于大禹所划分，是以南西中北东对应不同土壤而划分，其曰："天地之间，九州八极……何谓九州？东南神州曰农土，正南次州曰沃土，西南戎州曰滔土，正西弇州曰并土，正中冀州曰中土，西北台州曰肥土，正北泲州曰成土，东北薄州曰隐土，正东阳州曰申土。"

而后世泛称之九州，当为大禹所划之"九州"。大禹重视山川方位、走向、土壤性质、物产分布等贡赋之级别。九州为中国四千多年前划分最早之行政区域，中国称为九州，盖源于此。古人又将中国称为"禹域"。

《禹贡》实谓大禹时期之"贡赋"，即土地税。田赋乃国家主要收入，但凡地之所产，有用于当时社会，均在《禹贡》之内。徐州土壤属于二等，贡赋属于五等，然令徐州名扬九州的是域中出产泗滨浮磬，地理环境之特殊造就了泗滨浮磬之神奇。《禹贡》载"泗滨浮磬"，其注释曰："泗，水名，出……陪尾山。源有泉四，四泉俱导，因以为名。……滨，水旁也。浮磬，石露水滨，若浮于水然。或曰非也。泗滨非必水中，泗水之旁近浮者。石浮生土中，不根著者也。今下邳有石磬山，或以为古取磬之地。曾氏曰：'不谓之石者，成磬而后贡也'。"

《禹贡》为《尚书》中的一篇，成书年代，王国维在《古史新证》一书中考证为周人所作。周人发现石磬山为古人取磬之地，可以推知古籍中记录最早使用泗滨浮磬乃尧舜之说，当非没有道理。

古时乐器，石磬最为重要，而玉磬之声有别于石磬之理何在?《诗经·商颂·那》，言之明确，"'既和且平，依我磬声。'磬，玉磬也。堂上升歌之乐，非石磬也。孔氏曰:磬非乐之主，而云依我磬声，明此异于常磬，非石磬也。张子曰:玉磬，声之最和平者，可以养心，其声一定始终如一，无隆杀也。临川王氏曰:依我磬声，言与堂下之乐谐也。"

近百年来，主要在中国北方地区，古磬器屡出屡新，早商磬和商磬出土地以河南安阳为中心，旁及四周的秦、晋、冀、鲁、辽等北方地区，不断推翻先前之鉴识，如断代等等。

2000年地处甘肃、青海交界的喇家村出土一只被誉为"黄河磬王"的石磬，长91厘米，宽61厘米，呈长方形，有琢制穿孔以便于悬挂，边缘有象征性刃部，是仿制同时代长方形石刀形状而制成，与后来出土所常见之弓背形、曲尺形磬不同。此磬形状，脱胎于齐家文化之石刀、玉刀。喇家村遗址因其早年曾出土齐家文化大型玉璧、玉刀，始被发现。"黄河磬王"出土一年后，曾有专家学者研究认定此乃中国考古发现最大之石磬。

此记录只保持数年，中国第一大石磬即出土于襄汾，长约138厘米。较之黄河磬王的长度91厘米，多出近50厘米。

摩石精舍收藏灰黑色大石磬一件，长度亦达100厘米，可知古之大石磬长逾1米，并不十分罕见(图1-1)。宝贵的是此件长100厘米的石磬，有两大特征:其一，年

图1-1 新石器时代或商代石磬

代约在新石器时代至传说中的黄帝时期。整体打制成型后，磬两面又加磨制，两面右上部位均刻有简约云气纹。黄帝氏族以云为图腾，《左传》昭公十七年："昔者黄帝氏以云纪，故为云师而云名。"古人击磬常与舞蹈相结合，黄帝的乐舞，称作云门，见《周礼·春官·大司乐》。

因暂且无从考证此磬确切出土地域及其他证据链，虽曾有某专家指为商代，亦不足以为定论。然其下限不会晚于殷商，则无可怀疑。

其二，此磬左右两头尖，右上部隆起，状如两头，下部略呈弧形，上中部下约 3 厘米处，前后两面对冲钻圆孔。孔呈覆斗形，外径约 5 厘米，内径约 2 厘米，可系绳条以悬磬，形制像一只古人耕田的农具铧犁。此种形制的大磬古人称作䃂。并非所有体积大的磬皆可统称䃂，二者区别固有䃂比小尺寸磬大许多之特点，更重要的也是界定磬或䃂的唯一标准，䃂形必呈铧犁状。那么至少要多大方可称为䃂呢？要与先民的农耕工具铧犁之长短高矮相仿佛，并无一定的准确尺寸，长度当在周尺五尺左右（一周尺等于 23.1 厘米），大率不逾今之 120 厘米。

䃂因何要做成古老的农具的模样，《考工记》未加记载，罗振玉虽曾考䃂，亦叹其注释不详。《尔雅·释乐》："大磬谓之䃂。"郭璞注："䃂形似犁錧，以玉石为之。"此玉石之标准非常宽泛，古人以石之美者为玉。

铧犁尖头在农夫推力下划然"破土"，䃂仿其形，有如万籁俱寂，乐人搏之拊之，戛然"破岑"。符合石磬用途三个发展阶段

图1-2 榆中马家山石磬

图1-3 禹县阎砦石磬

之一的生产工具之崇拜……至今令人遗憾的是，世人甚至有些专业的文物考古工作人员，只知有磬而不知有礜，如在山西夏县东下冯夏代文化遗址发现一石礜，考古工作报告及其后的新闻报道称其"形状像耕田用的石犁，其斜上方，有一圆孔用于悬挂，整体打得非常粗糙，有的棱角还十分锐利，敲击时仍能发出清脆的声音"。分明是礜的特征，各类报道仍称"发现了一石磬"。

无独有偶，古代乐器中还有一种乐器，称作"言"，是大箫的名称，《尔雅·释乐》："大箫谓之言。"箫乃中国最古老之吹奏乐器，先民发明箫虽在埙和笛之后，然其在古音乐活动中，作用至大，名气仅逊于钟磬之鸣。

相传四千余年前，舜帝之时，曾表演一种称作"韶"的乐舞，见著于《尚书·益稷》《庄子·天下篇》。主要伴奏乐器即是由若干管子编缀而成的一种吹奏乐器，名"箫"。鉴于此，又称为"箫韶"。因其舞蹈段落包含九

次变化，故称《九辩》。因其乐唱内容包含九次段落，故又称《九歌》。屈原千古名作《离骚》中有句："启九辩与九歌兮，夏康娱以自纵。……奏九歌而舞韶兮，聊假日以媮乐。"借此象征诗人"其物洁而其志芳"的精神气象。

古人制器必格其物，考其工，通其理，而成名器。正如磬不能只以器形体量大，便可称作礜，其状还要呈铧犁样的磬方可称作礜一样，郭沫若先生则认为言有别于普通的箫，乃是一种单管的吹奏乐器。

五六千年前磬材之选，大率为石质，多取材于当地。如1976年甘肃省兰州市榆中县马家山遗址出土马家山石磬（图1-2），打制而成，未加磨制，磬面较为粗糙。石磬呈黑灰色，磬长74厘米，高33.5厘米，现藏兰州市博物馆。

1983年河南省禹县阎砦遗址出土阎砦石磬（图1-3），磬材所用石种系当地石灰岩。石磬呈绛黄色，磬长78厘米，高28.5

图1-4a 马家山文化时期五边形石磬正面

图1-4b 马家山文化时期五边形石磬背面

厘米，石质紧致密栗，击之，发声清亮，现藏河南省考古研究所。

2001年，摩石精舍自北京潘家园古玩市场购得一马家山文化时期五边形石磬（图1-4a、4b）。磬面经磨制，较平整。磬背面保留原石形态，凹凸不平，五边均未经打制、磨制，嶙峋自然，古韵尽出。材质与上述马家山石磬相同，长50厘米，高45厘米，厚3.5厘米。

1978年至1985年，山西省襄汾县陶寺3002号墓出土一件石磬（图1-5），磬长95厘米，高32厘米，厚度随形而不齐，厚薄不均，唯底部平直，经人工打制。考其年代，专业人士一直鉴定为约夏代。然而情况在2015年6月发生了变化。

当年6月间中国社会科学院在北京召开"山西陶寺遗址发掘成果新闻发布会"，向世界宣布陶寺遗址考古新收获。会上考古研究所所长语出惊人，尧舜古国时代从此不再是传说，而有了信史的证明，中国历史教科书需要改写云云。其论据来自陶寺遗址考古在年代、地理位置、规模、等级和它所反映之文明程度等一系列证据链，皆与尧都相契合。

中国历代纪元表表明，夏、商、周之前存在一个五帝时代，历史学家称作古史时代或传说时代，考古学上归属龙山文化时代。尧在历史上真实存在还是神话传说，究竟是一人还是一个部族，此次考古新收获，并未能提供确实证据。

图1-5 陶寺石磬

而历代学人好讲唐尧虞舜，皆因对现实不满，每以神游旷古出之，表现出对人类社会理想境界的向往之情。也有些人认为夏、商、周三代为中国文化精神的最高境界，胡适先生视此则不尽信然。民国初年，胡适受聘北大，接手陈汉章讲授《中国哲学史》，重编讲义，"有截断众流的魄力"，以西周时代产生的《诗经》为材料，"略去了从远古到夏商的可疑而又不胜其烦的一段历史"。胡适先生特别推崇西周时代，是其一整套关于国故整理的信仰、价值中的一个历史取向，斯言竟亦成教，端赖于得到了当时曾旁听了几次胡氏讲课的傅斯年、顾颉刚等人的理解和认同。

将陶寺遗址定为尧都，当下确有许多难以释清的疑问，需要破解，不足为怪，因为考古也须证史。

社科院考古所"把陶寺遗址定为'尧都'，是从'夏都'反推出来的，而'夏都'又是从'商都'反推出来的。河南安阳小屯遗址出土甲骨卜辞记载的商王世系和《史记》记载基本吻合，所以小屯遗址被认作盘庚迁殷以后的都城，国内外学术界尚无异议。河南偃师二里头遗址是'夏都'，这种说法至今没有出土文字与历史文献相互印证，所以得不到国内外学术界的一致认可。在这种情况下，由尚不确定的'夏都'反推出来的'尧都'，明显带有逻辑方面的缺陷。"

实不可以轻言有大规模"尧都"之存在，长久以来，史学界认为殷商之前，史难置信。黄帝"'邑于涿鹿之阿。迁徙往来无常处，以师兵为营卫'，当时显然未有固定之

图1-6 榆中马家山不规则形石磬

城郭宫室。至尧之时，则'堂崇三尺，茅茨不剪'，后世虽以此颂尧之俭德，实亦可解为当时技术之简拙。"真正意义上的都城宫室形成于商代末年，至舜所居，"宾于四门，四门穆穆"，不过后世一县邑而已。商纣王益广囿苑，"'南踞朝歌，北据邯郸及沙丘，皆为离宫别馆'。然周武王革命之后，已全部被毁。箕子自朝鲜'朝周，过故殷墟，感宫室毁坏生禾黍。箕子伤之'"。

社科院考古所在新闻发布会上，将陶寺遗址分为三期，老的分期是早晚两期，并未讲明新分期与老分期如何分别对应，三期是同一文化之延续，抑或是不同文化之更迭。

所以然之故，陶寺遗址即为尧都，至少目前不可为铁板定论。

有鉴于此，陶寺遗址出土此件石磬年代，究竟为约夏代还是约尧代，还是一个大约数，亦不可遽然而定。

中央音乐学院教授郑祖襄先生撰写《出土磬和编磬的考古类型学分析》一文，正确认识到"古乐器的考古类型学分析与出土古器物的考古类型学分析原理是一样的"，试用"考古学的类型学方法，从音乐性能角度出发，对出土磬和编磬划分出'不规则形''钝三角形''倨句形'三大类型（图1-6、图1-7、图1-8），由此认识磬和编磬的产生、演变有'悬石为乐'的音高无意识阶段、钝三角形的音高可设计阶段和倨句形的特磬编磬阶段。三个阶段的历史时期大致为新石器时代、夏商西周时期和春秋战国时期。"

郑先生发现李纯一先生《中国上古出土乐器综论》一书中，对出土磬和编磬的研究评论，似有意犹未尽之处，因为是开创性的研究，尚须解决的问题很多。郑先生的尝试虽云大而化之，且只局限于几个历史时期，止于春秋之世，故不能对其后磬之于礼乐文化及后世派生各种文房玩磬之意义，稍作些微研究。然其宗旨与之专文绪论无伤，适有高义存焉，亦可录其一家之言，存之于本磬史。

郑祖襄先生此文指导思想来自于历史学家、考古学家俞伟超先生对"考古类型学"所下定义，允称不二法门。"考古学中的类型学最初是为了解决年代学问题而产生的……直到现在类型学方法还主要被用来研究器物的演化过程。""物品所以做成某种形态，主要是由其用途、制作技术、使用者生活过的生产环境、制作和使用者的心理情况或审美观念这几种因素所决定的。"因此，郑祖襄认识到："虽然出土磬和编磬的形制、大小不一，但从类型学角度分析，从乐器的性能来划分其类型是比较科学的。也最有可能从中认识他们之间的演变过程。"

如此划分，较准确简明地将远古—商周—春秋战国三个历史阶段中三种类型形制之磬的演变，以及钟磬音乐从开始到发展、兴盛三个不同时期的历史脉络展现清楚。

为了丝毫不曲解郑祖襄将磬分为不规则形、钝三角形、倨句型这三种类型的研究成果，本史一字不易，摘录其要点如下：

不规则形是相对于后两种规则而言。从磬的历史来看，它属于磬的产生时期，是"悬石为乐"的阶段，是磬的最初阶段。这一阶段的石磬形状无定、敲击部位无定，制作者也无音高意识。仅仅是把石头凿挖、打制成片状，钻上悬挂孔即是。从年代看，大体是从新石器时代至夏朝时期出土的磬。有的研究者对一些早期的出土石磬测音，提出

图 1-7 偃师二里头钝三角形石磬

图1-8 曾侯乙墓倨句形编磬

磬在敲击点存在两个击点。本文以为不然。石磬的发音是板振动原理，并且只是平面的板振动，一件磬只能敲击一个音，它不可能有意识地设计出两个音高。从磬发展的成熟阶段来看，更是这样，一件磬只是一个音。早期的磬，由于打制的水平原因，磬的表面高低不平，有厚有薄，不同部位敲击的音，出现高低不一的现象，不能以为他有两个或多个音。

钝三角形是磬发展的第二阶段。磬的形状基本呈现为三角形，顶部是一个钝三角形，底下两个三角形一大一小。这一阶段的主要特征是形状固定、敲击部位固定，石磬的表面趋向光滑。根据故宫所藏商代编磬的音高和《周礼·考工记》的记载，可以判定钝三角形的磬不仅能设计、调试出一组音高不同的编磬来，夏朝的磬已显露出钝三角形的特点来。商朝的特磬和编磬都已有明显、固定的钝三角形形状。西周编磬则继承了商磬的特点。

倨句形是磬发展的第三阶段。磬的顶部仍为钝三角形，三角形的底边则为向上的弧线，后又演变为与顶部钝三角形线相平行的折线。倨句形在外观上比钝三角形更为美观。因为磬的两端是平直的，调音和敲击也就更为合理、方便。

郑祖襄先生确定属于第一阶段不规则形的出土磬有陶寺文化特磬，从其分析"陶寺文化又可分早中晚三期，各期的年代跨度约在一二百年间。其早期相当我国历史上的尧舜时期，晚期则已进入夏代纪年范围"可知郑氏知晓山西襄汾陶寺遗址最新考古成果。此外还有山西几处出土的特磬，兹不一一列举。

郑氏指出此一阶段出土若干石磬之中的顶部已约略显出第二阶段钝三角形的钝角特征。

石磬的形制渐渐趋向三角形，其顶部又为一钝角。这是石磬作为乐器而定型的阶段。这样的形制决定了石磬使用的三个基本问题：确定磬的悬挂位置，挂孔在钝角。确定磬的敲击部位在锐角较小的一端，后来称为鼓。建立磬的调音方法，《周礼·考工记》磬氏曰："已上则摩其旁，已下则摩其端。"顶部是钝角的三角形磬才会有底线的两个角端。所以这样的调音方法只能在三角形，尤其是钝角三角形的磬上才能施行。

此识见精准之极，说理明晰，郑氏此论，倘非方家难出此言。

从磬的历史分析钝三角形的形制是特磬发展到编磬的前提。因为如果不是钝三角形，音高的设计和调试都很困难。所以也就是说磬的形制发展到钝三角形时，才会产生成组成套的编磬。

考古发现的西周编磬仍保留了商代编磬钝三角形。

西周以后，钝三角形又发展为上倨句形、下弧形的形制，以后又进而演变为上下倨句形的形制。

春秋时期的编磬多出现上倨句形、下弧形的形制，最有典型意义、制作最为精美

图 1-9　秦公一号大墓编磬

的是湖北随县曾侯乙墓出土的战国初期编磬。

陕西凤翔县秦公一号大墓出土春秋中期编磬,表现出秦人独特的审美情趣,底边上凹,将上倨句形的鼓边、股边,由直线改为弧线,荦荦大端,偶一观之,风棱兀傲,神采焕发(图1-9)。

事实上,从西汉起,倨句形的磬不再有新的发展,而是持续了两千多年直至清代。

六七千年前为远古史上的一个重要时期,人们使用的工具已是经过磨制的新石器。人类学会了用火烧土,制作较为精美的陶质实用器和乐器陶埙。处在这一时期的浙江余姚河姆渡文化与陕西西安半坡的仰韶文化遗址都曾有陶埙的出土,器高约六七厘米。埙的器形多样,如河姆渡陶埙为卵形,半坡陶埙为橄榄形,此外还有圆形、管形等。埙的出现与先民的劳动生活有关,初为模仿鸟兽叫声而制作,用以诱捕猎物。后来演变为乐器。从只有吹孔、无音孔的形制到有音孔,并逐渐增加音孔,成为旋律乐器的发展历史长达数千年,也曾用于宫廷雅乐,与磬、钟一样至今仍在世间流传。只是磬的地位远远高于埙,埙始终不曾上升至中国礼乐文化重要载体之高度。虽然如同磬的传承一样,到了殷商时代,埙的制造已

然十分精美,材料的选择上呈多样性,有象牙制、石制。磬自远古延续至夏、商、周及至西汉,大多以石质为主,出土过少量的木磬和陶磬。

1957年河南信阳长台关出土木磬18件。

1983年浙江海盐长川坝乡丰山村出土陶磬4件。

1991年安徽六安县城西窑厂出土陶磬12件。

木磬、陶磬非为实用,不能演奏,纯作明器使用。

中华人民共和国成立后,有历史学家、考古工作者、音乐家等国内专业研究人员,对磬的某一方面进行了卓有成效的学术研究,做了许多有益工作。如李纯一先生在《中国上古出土乐器综论》中,将古磬分为"4型10式",其弟子方建军也有多篇研磬论文发表。杨荫浏先生在《中国古代音乐史稿》中,较为详尽地阐述了古磬在中国古代音乐形式发展的历史沿革中的微妙变迁。李学勤先生之于春秋战国编磬之历史断代、铭文释解,确论无疑,可为定鼎。还有不少学者的论文于磬学,皆有裨益,兹不一一列举详析诸名家之高文大义。

本磬史不欲对古磬技术史着墨过多,要在以挖掘蕴藏于古磬之上悠久深厚的历史、文化积淀为首务,是为本磬史之主旨。

第二章 夏 代

在夏代遗址考古中，至今尚未发现至少三个为一组的编磬。由是可以说有夏一代，磬始终未曾上升至礼乐文化主要载体之崇高地位。石质之磬与铜质之钟，奏响于殿堂之上，是取夏朝而代之的商朝宫廷雅乐。

二三千年后，夏代统治者，尽情享受音乐的情形已比较普遍，乐器在历代夏王生活享乐中，一日不可或缺。

公元前 21 世纪，夏朝第一个王夏启，痴迷于音乐，不停地组织音乐狂欢活动，惹怒上天，终于丧失天神之护佑。《墨子·非乐》记："启乃淫佚康乐，野于饮食。将将锽锽，管磬以力。湛浊于酒，渝食于野，万舞翼翼。章闻于天，天用弗式。"读毕此段文字，可知夏启演奏音乐，场面阔大，管磬声音，震耳欲聋，响彻云天。

夏朝亡国之君夏桀痴迷音乐，更加走火入魔。《管子·轻重甲》记之甚详，"昔者桀之时，女乐三万人，晨噪于端门，乐闻于三衢。"桀养女乐工竟达三万之多，乐声骤响，其声惊人，磬音鸣震其中，其声发于独立悬挂之特磬。

在夏代遗址考古中，至今尚未发现至少三个为一组的编磬。由是可以说有夏一代，磬始终未曾上升至礼乐文化主要载体之崇高地位。石质之磬与铜质之钟，奏响于殿堂之上，是取夏朝而代之的商朝宫廷雅乐。中国古代礼仪均须击钟击磬。古人以为天下最美妙之声音，莫过于钟磬，"敲金戛玉"，后世喻为金玉之声，盖指钟磬合奏之声。

夏朝肇史约自公元前 22 世纪至前 21 世纪初，大禹传国至约公元前 17 世纪初的芒，如此长的历史时期，遍阅有关古籍，了无编磬出现之记录。出土夏代石磬，证明有夏一代只有特磬。特磬单悬，"叔之离磬"可为最早之特磬。古人于编磬、离磬之别，解释明确：

> 磬之为器，昔人谓之乐石，立秋之音，夷则之气也。盖其用，编之，则杂而小，离之，则特而大。叔之离磬，则专虞之特磬，非十二器之编磬也。……大则特悬，小则编悬。

编磬至少三枚一组，至十数枚一组，最多至三十二枚，有偶数亦有奇数。只有成排编磬、编钟之合奏，方可体现中国传统礼乐文化之严格与尊贵。

内蒙古喀喇沁西府出土一磬，状若鱼形，已在形制上表现出一定的艺术性和这一地区先民们之于鱼类的图腾崇拜（图 2-1）。

20 世纪 70 年代和 80 年代，喀喇沁旗文物管理所相继征集到六件夏代石磬，其中一件由灰色粉砂岩磨制而成，保存完整，略呈平行四边形，磬孔对钻，底边弧刃（图 2-2a、2b）。

1974 年，山西夏县东下冯遗址出土一件夏末商初石磬。此磬由细质沙岩打制而成，未经磨琢，体扁而长大，中部偏右偏上有一悬孔，两面钻透，宽 69 厘米，高 27 厘米，现藏中国历史博物馆（图 2-3）。

2006 年，山西省襄汾县博物馆工作人员在检查文物保护情况时，于该县新城镇赵曲村与张槐村之间的一处遗址，发现一件巨型石磬，质地为灰色角岩，长条状，通体长 120 厘米，高 24 厘米，磬孔钻眼处厚 8.5 厘米。四周边皆圆钝，厚 4.5 厘米，通体磨光，磨光面上密布未被磨平的琢点，可知为经过打制、琢錾、磨光工序而成（图 2-4）。此件张槐石磬的年代要晚于陶寺文化，确定为夏代二里头文化时期遗物。根据地层学推定相对年代及碳 14 测定绝对年代，二里头文化早于商文化，确切无疑。二里头文化时期亦即古代纪元的重要时期夏商周时代的夏代。夏代是编磬尚未出现的时代，钟磬和鸣的礼乐文化的开蒙时代就要拉开历史的序幕。

图 2-1　喀喇沁西府石磬正面

图 2-2a　喀喇沁文管所藏石磬·412 号正面

图 2-2b　喀喇沁文管所藏石磬·412 号背面

图2-3　东下冯石磬

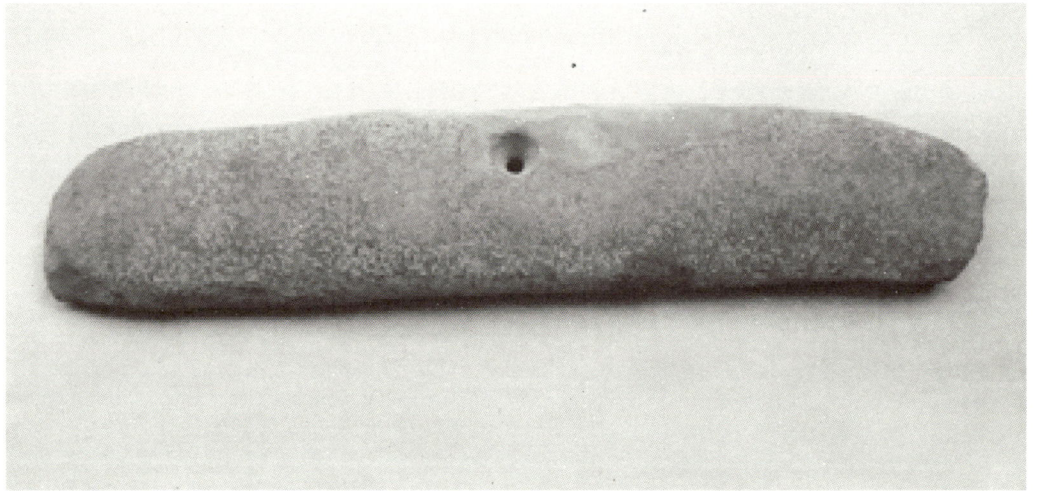

图2-4　张槐村石磬

第三章 商 代

商代出现了具有一定旋律功能的乐器——编磬，遂使石磬迭经远古新石器时代、夏代的三千年漫长演变，正式进入旋律乐器行列。磬自兹而始与钟璧联，成为中国礼乐文化最为充要、无可替代之载体。距今又历三千年，金声玉振，一如响泉飞瀑，永无绝期。

商代是磬艺发展承前启后的重要时期。伴随着商代发达的青铜文化，青铜编钟与石质编磬同场演奏，奠定了商朝宫廷礼乐最具文化价值的地位。磬之于商代特别意义在于不仅承继了前朝乃至更远时代多种磬的形制及其文化遗存，更为礼乐文化趋于完美、成熟时代的西周磬艺之滥觞。

此际的磬带着鲜明的石器时代的技术、艺术痕迹进入了编磬大发展的时代。只有磬声，音乐偏显单薄轻俏；只有钟声，其音又过于凝重沉闷。钟磬和鸣的音响形象更加符合奴隶主贵族祭祀中通神上天的祈求愿望，清越明朗的磬声和恢宏浑厚的钟声，正是宇宙间美妙的天籁。必须要强调的是夏朝时期无编磬，更无同编钟之和奏。一套完整的礼乐文化的演示，钟磬不可缺席。

在夏朝至今尚无确切考古和文字证据的前提下，国内外学者只将商朝视为中国最早之朝代。商朝后期王族奴隶主阶级的音乐享乐已相当普及，出现大型的音乐活动，有专业的宫廷乐师。商纣王令乐师涓创新乐调，表演华丽奢靡的歌舞。司马迁《史记·殷本记》："使师涓作新淫声，北里之舞，靡靡之乐。"纣王包括在音乐方面的种种极端享乐，至"百姓怨望，而诸侯有畔者"。内外交困之下，纣王做了商朝的亡国之君。

在商王廷及奴隶主贵族的音乐活动中，磬扮演了极其重要的角色。有考古记录以来，发现形状最美、纹饰最佳，且发音相当明朗的虎纹石磬，出土于1950年春季河南安阳武官村殷代大墓。磬长82厘米，高42厘米。此磬的材质为灵璧石（亦有考证为大理石质一说，本史不予采信），采于徐州，即所谓"泗滨浮磬"。而最早启用"泗滨浮磬"的历史，古籍所记，早在尧舜时代，"磬以石为之，必取诸泗水之滨者"。武官村虎纹石磬，现藏中国历史博物馆（图3-1）。

二十三年后的1973年，在距武官村殷代大墓遗址不远处的洹河南岸小屯村又出土了一龙纹石磬。磬色发灰，此磬长度超过武官村石磬，为88厘米，高度则不及，为28厘米，形制稍长。磬身两面刻龙纹，龙头张口欲吞，龙后肢屈收向前，前后肢之间刻圆形蜷曲蚕纹，土沁较厚，以至龙纹漫漶不清，品相逊于虎纹石磬，现藏中国社会科学院考古研究所（图3-2）。

1972年，河南安阳殷墟西区93号墓出土一长58厘米，高32.5厘米石磬，磬体一面绘有白色动物纹饰，现藏中国社会科学院考古研究所安阳工作站（图3-3）。

1980年，河南安阳大司空村359号墓出土一磬，小巧精美，色如墨玉，土沁斑斓。长19.2厘米，高9厘米，阴线刻鱼形纹，现藏中国社会科学院考古研究所安阳工作站（图3-4）。

1990年，河南安阳殷墟西区991号墓出土一彩绘石磬，颇不多见。磬体绘红、白、黑三色纹饰，长62.5厘米，高29.5厘米，现藏河南省博物馆（图3-5）。

上述数件石磬形制趋于美观，图案愈

图3-1 武官村虎纹石磬

图3-2 小屯村龙纹石磬

见精巧,雕刻彩绘线条圆润流畅,与新石器时代石磬之粗犷相去甚远。显而易见,殷商时代石磬已为奴隶主贵族阶级祭祀之法物,享乐之专器。《诗经·商颂·那》曾有记述这一时期祭祀乐舞活动之诗句:"鞉鼓渊渊,嘒嘒管声。既和且平,依我磬声。"可证磬之重要远在其他乐器之上。这几件石磬

圆孔及上端磨损痕迹明显,磬面亦多有敲击斑点,可见曾经长期使用。其中虎纹、龙纹石磬今犹可用。击打之下,其声清越悠长。

商磬的孔位主要有两种:侧位悬孔和中位悬孔。侧位悬孔位于股部一侧近顶边处,悬之重心在鼓部,鼓端自然下垂,磬体稳定,磬体大约与水平面保持15至30度

锐角倾斜。中位悬孔位于底部中心，底边与水平面 0 度平行。敲击鼓、股两端，磬体稳定性不如侧位悬孔效果好，侧位悬磬更为适合演奏需要。

先商磬采用的是对钻法，如前文论述之摩石精舍收藏的新石器时代的大磬。

商磬的作孔方法采用的技术手法主要分为两种：桯钻和管钻。早商磬多桯钻，孔外形扁圆。晚商磬则此二钻法兼有之。

桯钻法，其外径大于内径，也有古人加工时稍致不精而使两面孔位略有交错，亦如前文论述之 1973 年洹河南岸出土之龙纹石磬即为一例。而管钻法工艺技术有所提高，内外孔径相同，又有别于现代电钻效果，两面孔径稍有差异，比之桯钻法大有进步，故西周磬无不沿用管钻法。

商磬的始著录者为罗振玉，编辑《殷墟

图 3-3 安阳石磬

图 3-4 大司空村鱼形磬

图3-5 安阳彩绘石磬

古器物图录》,曾著录六件石磬,形制不一。个别石磬上刻有花纹,即其磬体光素者,亦较之东下冯遗址和陶寺遗址出土石磬要精致许多。

郭沫若《卜辞通纂》收录日本帝国大学文学部陈列馆《考古图录》第四二a图的商磬一件。

黄浚《邺中片羽二集》著录商代鱼纹磬一件。

《考古社刊》六、七两期各著录一件。

安阳殷墟西区曾出土石磬六件,呈不规则之长五角形,近边处有一至二个圆孔用以系磬石。磬入土经三千年土沁,磬面彩绘多有漫漶,纹饰似鸟或如怪兽,不可言状。

安阳小屯商代奴隶主妇好墓出土石磬

两件，其中一件于磬身一侧刻有四字铭文"妊冉（或释竹）入石"。形制呈长条形，上窄下宽，近顶端处有一圆孔。考"妊冉"为族名或人名。"入"，纳贡之意，是为"妊冉"贡献于王一级贵族之石磬。

另一件磬色灰黑，呈扁平长方形，一端弧形，顶端亦有一悬磬用圆孔。磬身刻鸱鸮形纹饰，鸱鸮钩喙隆睛，矮冠短翮，长尾卷曲，足爪劲健，造型生动传神。

北京故宫博物院藏有三枚商代编磬，1935 年出土于河南安阳殷墟（图 3-6），为首次发现具有一定旋律性能的编磬，石磬

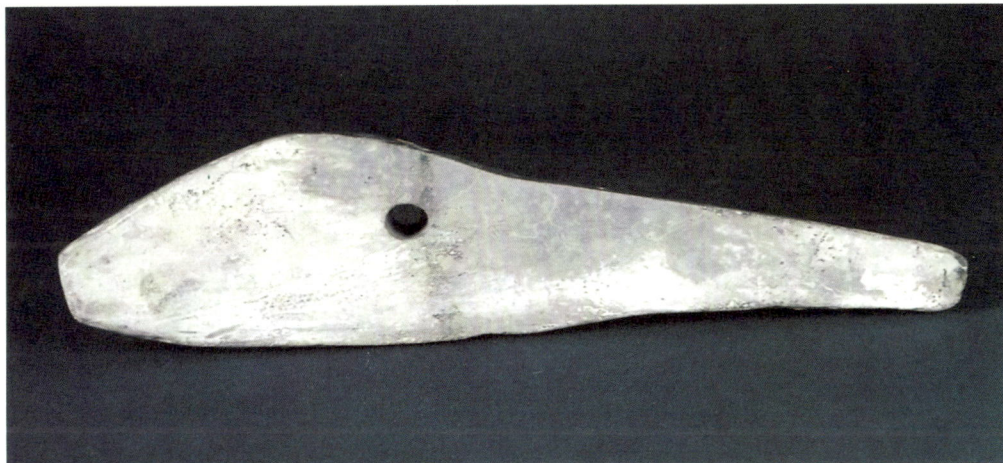

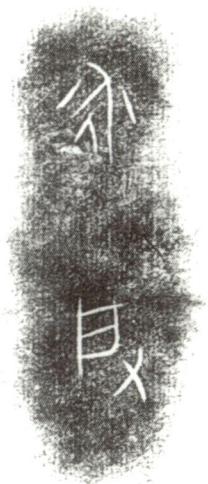

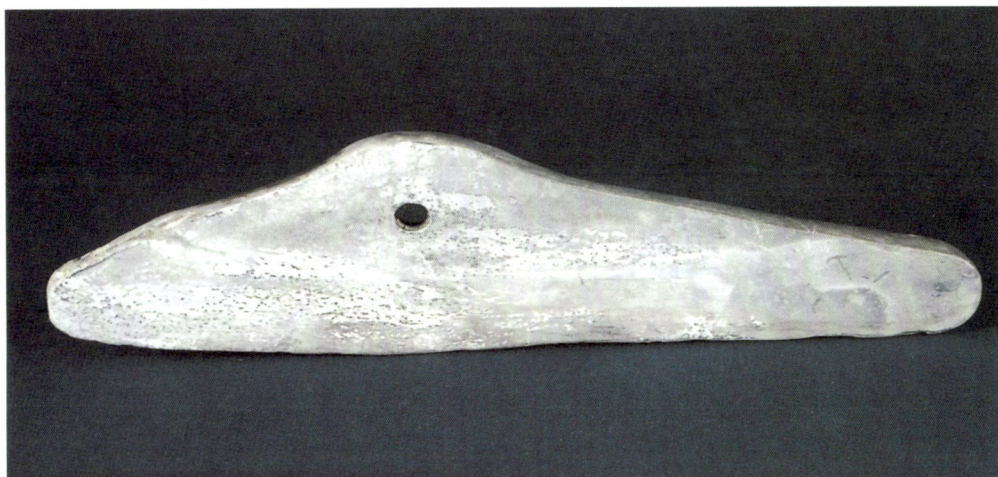

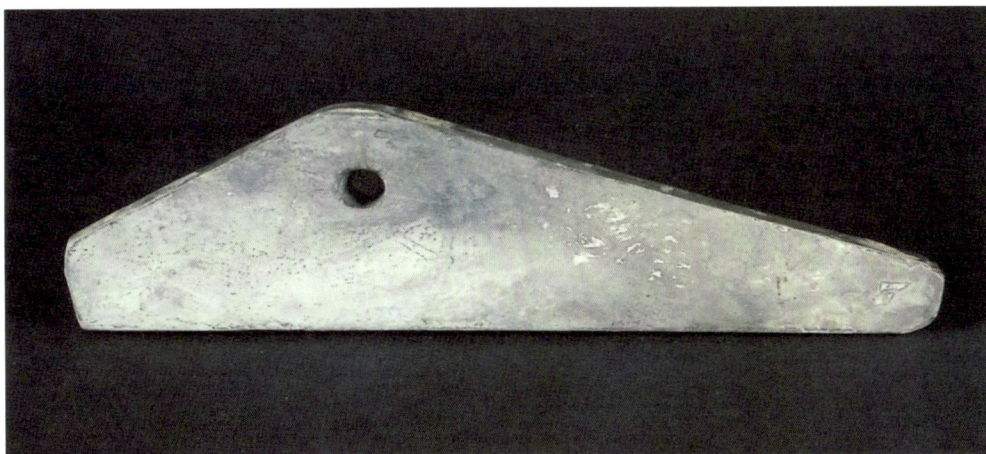

图 3-6　永余石磬、永启石磬、夭余石磬及三磬文字拓片

铭文：	永启	天余	永余

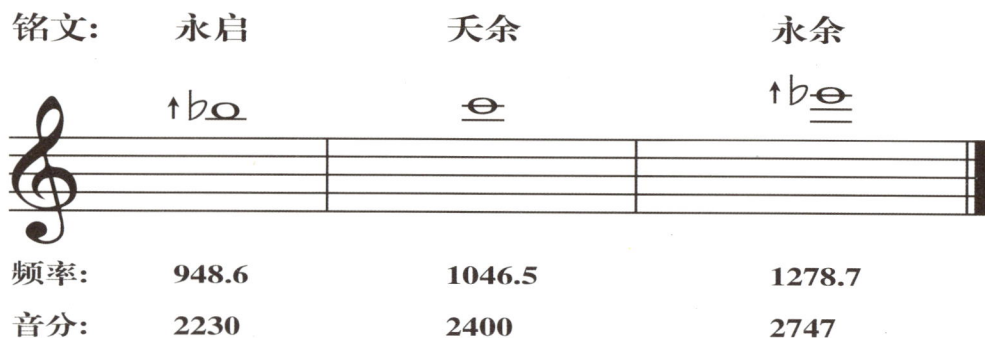

频率：	948.6	1046.5	1278.7
音分：	2230	2400	2747

图3-7 三磬测音图

方始进入旋律乐器行列。三枚编磬均有铭文，字形如甲骨文，刻字："永启""永余""天余"。前两枚"永启""永余"之"永"字训"咏"，歌唱之意。"启"字，许慎《说文解字》作"开"解。"余"字，"语之舒也"，乃"徐"字、"舒"字之初文。"天"字为舞者侧首而舞之姿态。编磬上铭文"永启"表示歌唱开始之节奏。"永余"表示歌唱徐缓之节奏。"天余"表示舞蹈舒缓之节奏。此三枚编磬在中国磬史中的意义之大，非它磬可比，当之无愧地荣膺中国最早具刻铭石磬之美誉。音乐工作者测其发音见图3-7。

山东省博物馆藏有多件原为齐鲁大学加拿大传教士明义士收集的商代特磬，其中一件系用变质石灰岩自然石片制成，保留有自然形成的水溶蚀面，略经加工，未

图3-8 加拿大传教士明义士旧藏特磬

图 3-9　蓝田怀真坊村特磬

进行修整。倨孔系用管穿技术，内外径一致。宽 36 厘米，高 22.2 厘米（图 3-8）。

新石器时代至商代的特磬外形多样，肖形磬有仿农具铧犁形的磬，至今尚未发现仿其他农具的特磬。肖动物虎、鱼形的特磬，数量较多，这些磬的造型为人工刻意为之。

新石器时代早期有以天然形石板不加打制的石磬，人工只在中上部钻出一孔以便悬挂，也有罕见的两孔。石磬制作历史沿革的过程分为五个阶段：一、天然。二、打制（砍削磬材边缘，成形，不施磨功）。三、磨制（成形后打磨磬身两面）。四、彩绘（在磬身两面绘以单色或多色纹饰）。五、雕刻（在磬身一面或两面阴刻单线条图案）。

商代特磬和编磬绝大多数都以磬身横悬于簨。安阳殷墟西区墓葬出土一套青灰色石质、扁平鱼形编磬，此磬形制一反常规，鱼头上部钻孔系挂，竖悬于虡，为古代石磬中原地区独具之形式。然其世传罕觏，此套鱼形竖悬编磬现藏河南省博物馆。

1973 年，陕西省蓝田县怀真坊村出土一件商代后期石磬，由石灰岩打制而成，磬两面凹凸不平，厚薄不一，股鼓分明，平底微弧，通长 67 厘米，高 30 厘米（图 3-9）。

2006 年，在西南四川成都古蜀国商代金沙遗址发现商代石磬，在编号为 7607 的探方中出土一大一小两件石磬。两磬均有穿孔。大石磬长达 110 厘米，小石磬虽长约 50 厘米，有胜大磬之处，在于磬体刻画两

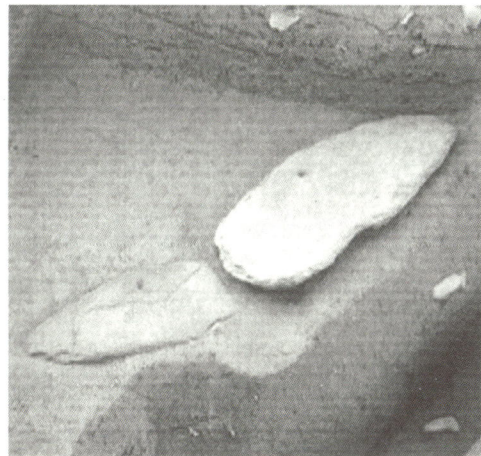

图 3-10　金沙遗址出土的最大商代石磬

图3-11 当代少女古装击商代鱼形磬

图3-12 殷墟鱼形磬

组弦文。两件石磬在四川出土，尚属首次。那件长达1.1米的石磬，是国内迄今为止发现的最大商代石磬，证明商代礼乐文化播磬达远。三千年前，古蜀王已将石磬尊奉为祭祀时通神天地的礼器（图3-10）。

商代后期为石磬快速发展时期（商中期磬迄今尚未发现），在中国磬史中占据极其重要地位。此时石磬的形制朝两个方向发展：其一，磬的制造工艺大为提高，成磬美观精巧，如鱼形、虎形、龙形，尤以著名的武官村虎纹石磬的打磨雕刻工艺最为精湛。然而在此不经意间，却产生一种弊端，"以形害音"，过度打造精美动物造型，无益于提高石磬的乐器性能，往往适得其反，此

类磬自西周后逐渐退出礼乐文化的历史舞台（图3-11、图3-12）。

其二，意义广大，出现了具有一定旋律功能的乐器——编磬，遂使石磬迭经远古新石器时代、夏代的三千年漫长演变，正式进入旋律乐器行列，磬自兹而始与钟璧联，成为中国礼乐文化最为充要、无可替代之载体。距今又历三千年，金声玉振，一如响泉飞瀑，永无绝期。

商磬（尤其是黄河中原地区）以其制作之精美、音节之多具、意义之重大，取商而代之的周朝从中汲取菁华，予其有周一代磬艺以深刻影响。周人以此为基础，始建中国礼乐文化雄伟之殿堂。

第四章 西周时代

周王朝在公元前1058年制定礼乐,于礼的一面将人群分成不同等级。各个等级均规定了有关生活各个方面的区别和限制。周王朝最能充分利用音乐的社教功能,将乐与礼上升至同等地位,把两者结合起来,于乐的一面为各个等级应用音乐规定了制度。乐队的排列和使用乐器的多少都有严格明细的规定。

王室和诸侯的乐器排列中皆有编磬和编钟。编磬和编钟的悬挂也都有明确次序,只是在一肆一堵的数量上有所变更或增加或减少。

周代的音乐文化随着社会生产力的空前发展得到了空前提高。周王廷对之前和当时的音乐,有组织地做了许多综合、集中的工作,制定了音乐在实际应用上的等级制度,建立了史无前例的庞大音乐机构。通过音乐教化子民行之有效,在中国历史上首次相当完备地创始了宫廷雅乐的体系,庶使周代登上了中国礼乐文化历史的高峰。与此同时,磬也写下了它创物以来最为华彩灿烂的乐章。

周人早在灭商之前,已在广袤的西北黄土高原,泾、渭二水的谷地定居。黄土高原的许多部落还过着游牧生活,常常袭扰掳掠周人,周人也曾为避祸而被迫迁徙。他们建立起强大的氏族领导力量,出现了两位伟大的领袖:文王、武王。

在中国古代史上不乏文明战胜非文明的传奇。商代统治者因其骄奢淫逸的生活及其多年对四周各族进行一系列战争,引发各族纷纷反抗,在长期的战争中消耗了大量财富,于是加紧加重对人民的残酷剥削。天赐的良机来了,周武王以其新兴的力量,统率周人向商进攻,在得到各族拥戴的同时,又得到战争前线商纣王手下大批奴隶武装的反戈一击,起义响应,最终一举灭商,建立周王朝。

经过夏商的奴隶社会而进入西周的封建社会,改变了社会性质。西周时代黄河流域普遍存在的农村公社产生的新生产关系,使社会经济更进一步发展的同时,也使文化得到了空前的提高。经济基础不仅仅决定上层建筑,民间音乐也蓬勃发展,面貌一新。在此基础上,周王国的统治者方始组织起有史以来最为庞大的音乐机构,建立起第一个明确的宫廷雅乐体系和完整的音乐教育制度。中国国学的重要组成部分礼乐文化,由此开始它长达一千余年的辉煌历史(自公元前11世纪之西周至公元前206年之西汉)。其后,伴随青铜文化的衰落而衰落。礼乐文化最为重要的两大载体是以铜为材质的钟,以石为材质的磬。青铜文化经夏、商、周至汉代而结束,正如汉代及之后虽仍有铜器的制作,却不可呼之为青铜器一样。

西周时期,磬的出土仍仅限于黄河流域,以西北陕西地区为中心,直至春秋晚期,开始波及长江中下游地区。1949年前出土西周磬所见甚少,仅在1932年河南省北部浚县辛村出土西周晚期编磬两件。

1949年以后,西周早、中、晚三期磬都有出土发现。

1987年,陕西省周原博物馆于扶风齐镇村征集到一件早期特磬,由灰白色石灰岩打制而成,周边稍加磨制,呈半月形,较为少见的是此磬有两磬孔。经专业人员测音,以通长61厘米所钻磬孔之横向悬挂时,敲击发音为佳(图4-1)。

早期磬在河南省洛阳北窑M14出土

一件残品。

中晚期磬在陕西省长安张家坡、扶风县周原召陈乙区遗址都有发现。

召陈乙区遗址编磬，全部残断成碎块，共计68块。经整理拼对，可知有15枚以上的石磬，复原3枚，分素面和有纹饰的两种，由青黑色石灰岩磨制，磬面阴刻夔纹，股、鼓上边阴刻重环纹，底边刻阴线鳞纹，线内填朱砂（图4-2）。

晚期磬在陕西省宝鸡上官村矢国遗址和扶风云塘也曾有出土。

2004年，陕西省岐山县周公庙遗址考古发掘工作取得重大进展，在抢救性发掘的18号大墓，出土了中国考古史上迄今发现西周时期最大石磬，石磬残长60厘米，如果复原全长可达1米。

上述西周磬况表明，磬在西周时期已流行开来，《诗经·周颂·执竞》："钟鼓喤喤，磬筦将将。"《诗经·周颂·有瞽》："应田悬鼓，鞉磬祝圉。"可以佐证磬在西周乃为常见之乐器。

周王朝在公元前1058年制定礼乐，于礼的一面将人群分成不同等级。各个等级均规定了有关生活各个方面的区别和限制。周王朝最能充分利用音乐的社教功能，将乐与礼上升至同等地位，把两者结合起来，于乐的一面为各个等级应用音乐规定了制度。乐队的排列和使用乐器的多少都有严格明细的规定。

例如，王室乐队使用的乐器，排列东西南北四面；诸侯排列三面；卿和大夫可以排列两面；士只可排列一面。王室和诸侯的乐器排列中皆有编磬和编钟。编磬和编钟的悬挂也都有明确次序，只是在一肆一堵的数量上有所变更或增加或减少。

《周礼·春官·小胥》：

> 凡悬钟磬，半为堵，全为肆。

东汉郑玄注：

> 钟磬者，编悬之二八十六枚而在一虡，谓之堵。钟一堵，磬一堵，谓之肆。

《周礼订义》论磬之义甚详，但具体而微的考证悬磬数量又有所不同。

> 薛氏曰："天子之士，钟、磬各十六枚为一肆。诸侯之士，钟、磬各十六枚故为堵。"

> 郑锷曰："编钟八、编磬八共十六

图4-1 扶风齐镇村特磬

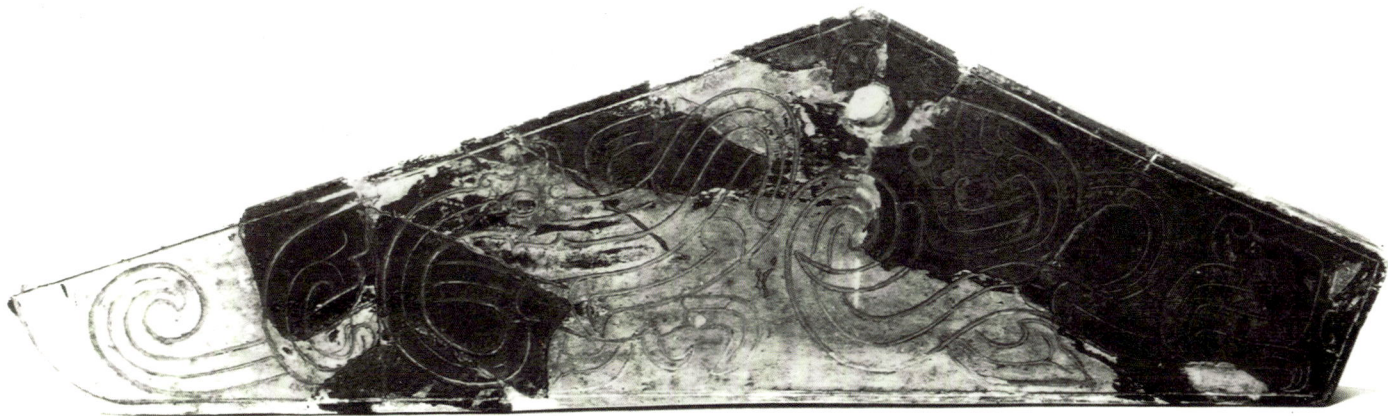

图4-2　周原召陈乙区编磬

枚同在一虡,名谓之堵,堵如墙,堵谓其半也。十六编钟为一簴,十六编磬为一虡,则谓之肆,肆如市肆之肆,谓其全也。"

易氏曰:"天子宫悬每面钟、磬各十六枚,四面各六十四枚。诸侯以下降杀,以两,诸侯三面,钟、磬各四十八枚。卿大夫两面,钟、磬各三十二枚。士一面,钟、磬各十有六枚。虽尊卑多寡不同,而每面皆各十六枚,故谓之肆。若诸侯之卿、大夫判悬,则每面钟、磬八枚,两面共钟、磬各十有六。士特悬,各八枚而已,惟其得每面之半,故谓之堵。"

北宋宣和五年(1123)梓印的《宣和博古图》卷二十六,曾记载宣和殿珍藏周磬四枚,雷磬二,琥磬、云雷磬各一。考四磬形制、纹饰皆从商虎纹石磬脱胎而来,唯其制作更加精美。

其中第三、第四磬材质,注明为金属。古人喻铜为金,是为铜制而无疑。

第一、第二磬以何种材质为之,因未加注明,不可遽定。然从四磬风格相近来看,铜质的可能远过以石为之,支持此一推论的证据是四磬"图说",标明磬器之长、阔、厚之后,接续为磬器重量精确至两。如此"图说",系为青铜器重量考释之法,石质文

物不在此列,通常无须注明重量。遗憾四磬实物早已失逸,后人只能从线描图上,赏其高古韵致,而"图说"四磬之文,亦颇有理,录其原文,赏析周朝特磬概况。

(其一之雷磬)器长一尺四寸五分,阔八寸三分,厚五分五厘,重十有五斤(图4-3)。

(其二之雷磬)器长一尺六寸,阔八寸四分,厚六分八厘,重十有八斤四两。……周官鼓人之职有雷鼓、雷发,则雷者取象其声,无以过也。若磬之为器,方其制作,则必求合乎律吕,非若鼓焉,姑用为节,检而击之,则无适而不直宜也。然其名磬以雷者,特取致饰其体,有回旋之纹,如此,盖非主乎声也(图4-4)。

(其三之琥磬)通长一尺五寸四分,阔八寸三分,厚六分,重十有七斤。无铭。是磬体作琥形,故目之曰琥。昔人以白琥礼西方,其形象虎,是器亦作虎形,而于虎之内又包一虎,比肩而行,以示物得其性然也。虎金属而磬,西北方之器,故以是饰之(图4-5)。

(其四之云雷磬)通长一尺七寸二分,阔八寸二分,厚九分,重二十斤。无铭。且磬以立辨,诗曰:"笙磬同

音。"则非止于立辨，乃所以合乐也。《春秋》鲁饥，臧文仲以玉磬告籴于齐。泗滨浮磬，则磬者以玉石为之。是磬复以铜为，岂金磬者欤！盖铜者，五金之数，得非取其久而不变耶？其形制状兽，鼓与股尽饰云雷，制作典古，实周物也（图4-6）。

此四件青铜磬，宋代尚存于世，为宋徽宗宣和殿珍藏三代青铜之奇品，距今出土已近千年。因实物散佚，杳不可寻，故未能引起专业人士的足够重视。

1992年，在湖北长阳磨平村官家冲白庙山坡下的土层中出土了一件青铜磬，长46.4厘米，高25.3厘米，重9.1千克。该磬整体呈板状，外观轮廓呈猪形，嘴微张，唇上翘，尾短，脊上有立凤，腹两侧各有十个乳状枚……喜其形制和纹饰与《宣和博古图》上刊印的青铜磬基本相同，证明了《宣和博古图》所载青铜磬是真实存在的。

1999年，上海博物馆入藏一件兽形青铜磬，据称是1989年出土于湖南湘阴城关镇，长56.3厘米，高28.5厘米，重达17千克。此器板状，呈长方兽形。兽头较大，约占整体的三分之一，兽目凸起，口微启，吻上卷，下颚短，体肥胖，尾短小，腹下部铸二足，一前一后作曲踞状。兽额顶饰回首鸟纹为脊，脊下有长方形孔，系之可悬。此磬自兽目起沿兽体边缘和腹部中心，共饰乳钉枚十个，以腹部中心一枚最大，磬地满饰各种云雷纹，正背两面均有相同纹饰，安置方位略有不同，尤其是长方形孔两侧三个枚和腹下两个枚，正背面相距较大。上海博物馆邀请专业音乐人员，使用仪器对青铜磬的每一个枚和基体六部位分别做了测音，基音音频相同，证明青铜磬仅能发出节奏音响，与石磬一样，仅能使用一个音，为单纯打击乐器，只有成组的编磬才可上升为旋律乐器（图4-7）。

上博所藏此磬与《宣和博古图》所载周雷磬二、湖北长阳出土商周青铜猪磬形制基本相同。

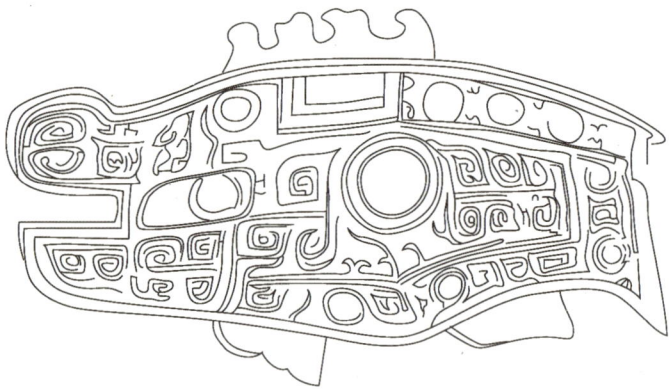

图4-3 周雷磬线描图

图4-4 周雷磬线描图

图4-5 周琥磬线描图

图4-6 周云雷磬线描图

图 4-7　兽形青铜磬（上海博物馆）

唯憾《宣和博古图》所载四铜磬，叹付虚茫！愿其藏于地，隐于水，幽隐古庠之"鲁壁"，以期盛世浮出，璐联磬史，辉映琼编，增磬学之荣光。

西周乃至春秋许多诸侯国，流行一种青铜铸造的"磬币"，云其为"磬币"，实为今人之称谓，又以近代出土最夥。古籍中非但无此物之记载，甚而无只言片字状其形、名。此物也有少量仿玉璜（本史归为磬类）形，多为弧顶曲尺型，鼓上边与股上边之间的倨句，圆滑过度，未形成夹角，鼓博、股博作龙首或猪首状，纹饰常见为几何形。

曾有当代考古学者于古墓中发现多枚形制、纹饰相仿佛之"磬币"，遂断为青铜编磬，如《中国音乐文物大系》曾载数枚。此论颇值认真商榷一番，乃因此类磬铸造用铜极为穷塞，壁薄如纸，完全不具敲击发音功能，如若偏作磬观，亦不过是充充样子的陪

葬明器。而古泉藏家亦有鉴定为古钱币种类中的"花钱"。摩石精舍陆续入藏此一历史跨度周期长达数百年之久的"磬币"六枚，除两枚三角形纹饰相同成对外，其余四枚大小、纹饰各具规模，尤以又似玉璜状的龙首鎏金青铜"大磬币"为佳。磬身恒逾尺距，宽度竟达 36.5 厘米，观赏价值极高，为"磬币"中极美之品（图 4-8a、8b）。

如上所述，"磬币"并无音乐功能，那么它是否为币？具货币流通意义之钱币？殊可怀疑。本史鉴识：凡古代铜钱均铸有文字，唯远古先民货殖所用之贝币无文字。至今为止所见"磬币"，只有纹饰，无一文字，亦少有光素者，今人惘然遽定为古钱币，难以令人服膺。本史大胆推测，若其为钱币，只有一种可能，当时的发行者和社会使用者均认可此币种可以替代某种等值货币。

图 4-8a 春秋磬币

图 4-8b 春秋磬币

035

　　此物究为磬、币、明器，还是某种"花钱"？摩石精舍主人穷年探讨，覃精求学于方家识者，充拓见闻，今始攫发其山潜家秘，斯为一种挂悬、点缀于古之幄帐、车马轿帘之上的磬形装饰物，作用颇类流苏，因质地为金（铜），更使所缀织物下坠，朱茀绣幨，减弱风摆，遂令堂堂贵气有隐然不可凌侵之势，洵古人善加格物之妙品也。

　　春秋战国之际，青铜编磬才始加入宫廷礼乐演奏序列。铜磬音色纯美，音律协准，音高嘹亮。北京故宫博物院入藏一组六枚战国青铜编磬，举世罕觏，弥足珍贵。

　　叶伯和《中国音乐史》第二章"中亚音乐之扩散"一节中有一段文字论铜磬的历史沿革，视角独特，可为一家言。铜磬史话，聊备此一格，以资传续：

　　中国自新石器时代入于金属时代者为殷代。其能明示自石磬移为金属之状态，一为方磬（即方响），一为钲。然此方响，相传出现之年代颇新，即以南北朝时梁之铜磬，为其始祖云。方磬及方响之名，至唐始用之，兹从略。钲之名见于《诗经》，其古者以铁板或铜板代磬石，悬于框而用之。又呼为铜磬。

日本奈良兴福寺中有与泗滨磬相并，称为华原磬之乐器。所以称为华原磬者，杜佑《通典》云：《书》云：'泗滨浮磬。'泗滨石可为磬。近代出华原也。"《文献通考》云："后世复以泗滨石其声下而不和，而以华原所出者易之。"然于此说，本磬史不予采信，以华原磬取代泗滨浮磬，业属无奈之举，实因泗滨浮磬自尧舜时代开采不断，资源日趋减少所致。又同书云：

> 唐天宝中，废泗滨磬，而以华原石代之。
>
> 殆对于泗滨磬而呼新形者为华原磬也……（华原磬）为日本奈良朝时由唐传入者，恐非古代之作。然观其形，可以知石器之磬，化为金属之钲之径路。

至为重要，且对后世影响巨大的是：周王朝的礼乐典章制度绩逾前朝。王朝的音乐机构归大司乐统领调度，其中的司职人员包括乐师，明确人员定额为一千四百六十三人。如此庞大的音乐团体，可以充分利用音乐加强统治，借以教化子民。专门成立音乐机构来规范音乐活动，以期体现阶级社会中的等级制度，对周王朝的统治起到了至关重要的非凡作用。

周王朝的乐舞规模空前，编练了许多大型舞蹈，把舞蹈列入贵族子弟受教育的一项重要内容。

周礼中所说的《六舞》又称《六代乐舞》，即黄帝时的《云门大卷》，唐尧时的《大咸》，虞舜时的《大磬》，夏禹时的《大夏》，商汤时的《大濩》和西周的《大武》。当时镐京流行《帗舞》《羽舞》《皇舞》《旄舞》《干舞》《人舞》，还有人们求雨用的《舞雩》和驱除疫疾所用的《傩》。在这些乐舞的表演过程中大多有磬的演奏。

应用音乐的场合，大约分为五类：1.祭祀。2.求雨雪、驱瘟疫。3.会集饮酒——燕礼。4.练习射箭活动——射仪。5.庆祝凯旋——王师大献。在这些不同的场合中，相同的是不可不体现等级分别之尊严及宗教之神圣，比如说燕礼的坐位依等级高低而排列。射仪之次序，王师大献时队伍的排列，严格依礼而行，根据《仪礼·大射仪》的记载，大射仪时乐队排列的顺序已有明确划分。磬的排列在左、右侧最靠外处，专业乐手的歌唱和瑟的伴奏在堂上，堂下东西两面和北面两台阶之间排列打击乐器，鼗不使用时靠在颂磬的虡上，两台阶的正中位置，设篴（管乐器的总称）。《仪礼》注："篴，竹也，笙管之属"。从图中可以看出乐队围绕贵族的中心席位而排列有序，乐音较小的瑟的位置最近，乐音较响的管乐器稍远。如此排列可以得到最佳音响效果，贵族们可以充分享受音乐的美妙，不因声弱而不闻、声大而刺耳。一场大射仪的礼乐，已这般讲究，由此可以想见周王朝的宫廷礼乐该是何等规模。

前文已叙周朝的乐器，可见之于记载的约有七十种。而周代的乐律，对古代音乐的最大贡献是十二律体系的构成。公元前6世纪，周景王（前544—前520）问乐官伶州鸠，何为十二律？伶州鸠依次将黄钟、大吕、太簇、夹钟、姑洗、仲吕、蕤宾、林钟、夷则、南吕、无射、应钟十二律名一一列举。周景王再问七音是什么？伶州鸠除了说明宫、商、角、徵、羽、变宫、变徵七个阶名外，并详细介绍了七音与十二律的音高关系，又进一步将七声音阶的出现与武王伐纣时（前1066年）的状况相联系。七声音阶形式之特点为：半音位置在四度、五度和七度、八度之间。若以黄钟为宫（调首），音阶在十二律间的位置见图4-9。

音阶之形式，西周后有重要之变迁，为便于区别，拟将上列音阶称为"古音阶""旧音阶"。

五声音阶和六声音阶的出现早于七声音阶，在中国早期音乐历史中，五声音阶之

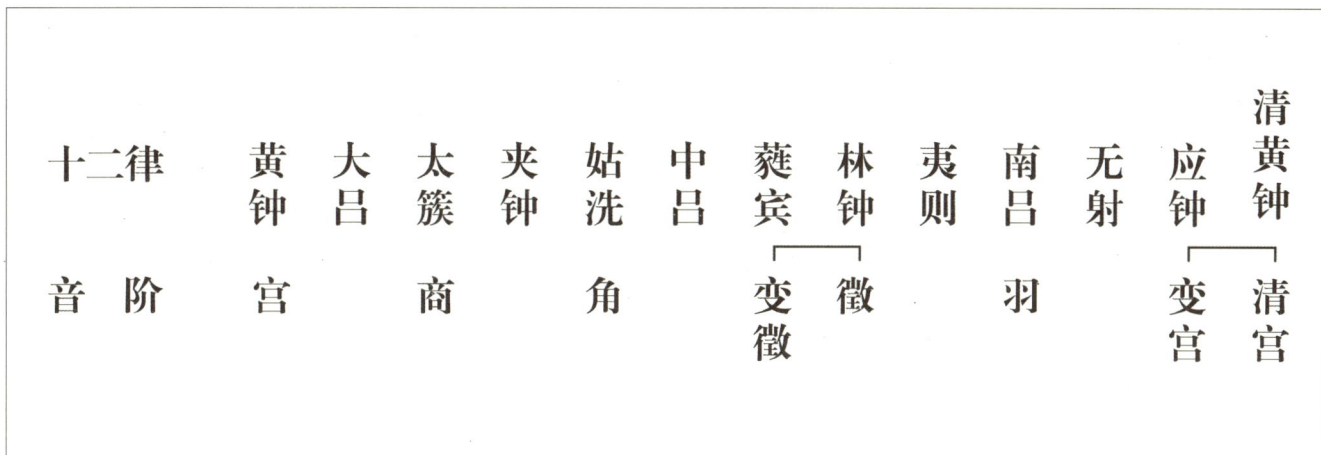

图4-9　若以黄钟为宫(调首)，音阶在十二律间的位置

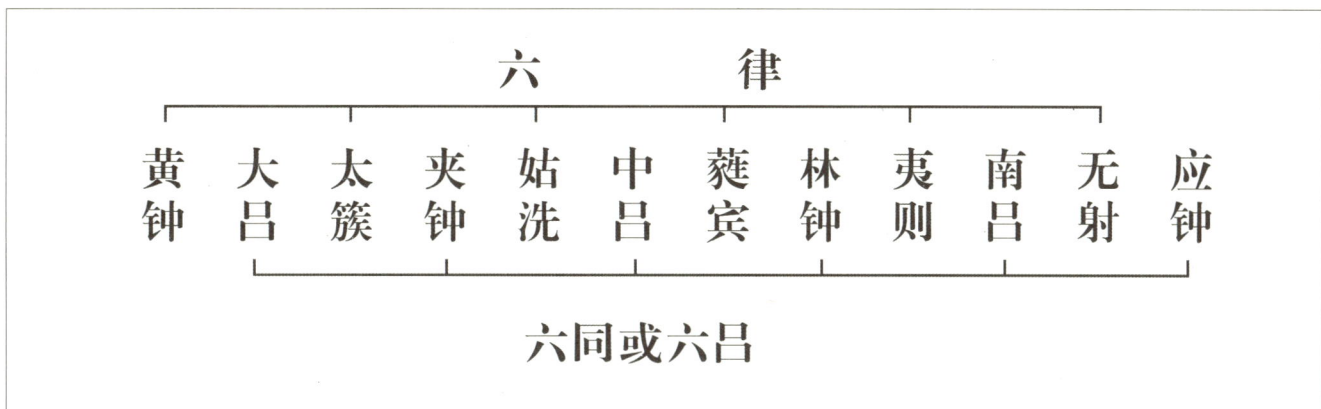

图4-10　律与同或吕之关系

地位更为优越，是旋律中心。而六音、七音在某个时期曾被视为五声音阶的一种装饰音。以至于到了公元前517年，奏《九歌》和各地的民歌，仍有用七音、六音借以托衬、充裕五声之说。见《左传》昭公二十五年，子大叔对赵简子说："为九歌、八风、七音、六律，以奉五声。"此类用法，亦流行于春秋战国之后的一段时期。当一调音阶至多用至七个音之时，十二律的出现，实乃出于运用多调音阶之需要。

鉴于此，西周年间音阶首音在十二律间移位的理论记载允称无误。见《礼记·礼运》："五声、六律、十二管，还相为宫也。"一般意义而言，一个律即是一个半音，十二律十二个半音。然于十二律，古代还有称谓不同的名词，就其最严格的意义分析，十二半音中，单数半音和双数半音各有专名，六个单数的半音称为"六律"，六个双数的半音称为"六同"或"六吕"。律与同或吕之关系见图4-10。

由上可知，狭义的"律"仅是指单数的六个半音，而十二个半音统称"律吕"。简明的用法，是不论律或吕，十二半音统称为"十二律"。

周代的音乐文化随着社会生产力的空前发展得到了空前提高。周王廷对之前和当时的音乐，有组织地做了许多综合、集中的工作，制定了音乐在实际应用上的等级制度，建立了史无前例的庞大音乐机构。通过音乐教化子民行之有效，在中国历史上首次相当完备地创始了宫廷雅乐的体系，庶使周代登上了中国礼乐文化历史的高峰。与此同时，磬也写下了它创物以来最为华彩灿烂的乐章。

第五章　春秋战国时代

最坚决维护周礼的孔子前后态度发生了巨大变化，这便很能说明尤其是春秋末期"礼崩乐坏"来势之猛、影响之大。无论是哪一种情况，礼乐都已失去了实际的意义而流为虚饰的形式。

钟磬得以卸下它威严神秘的面纱，在当时的所有乐器中，钟磬仍然得到最高的重视。

钟磬从周天子祭祀的肃穆殿堂走向春秋小邦国曾国曾侯乙的演乐宴飨场所。几十年前湖北曾侯乙墓出土的大型钟磬，在震惊了世界的同时，以它史无前例的大型架悬、繁复精密的乐律铭文，突破了周礼祖制，这归功于先秦思想解放。

历史是可以借鉴的，千古风流，"江山留与后人愁"。当东西方的历史在某一特定的遥远时代，既偶然亦必然地产生一个从未有过的现象，当代历史学家余英时先生三十年前业已著文加以研究，撮其大意为二十世纪六七十年代，为数不少的西方哲学家、社会学家、历史学家不约而同地发现古代文明发展过程中有一种"突破"现象，其中有人称之为哲学的突破（philosophic breakthrough），也有人称之为超越的突破（transcendent breakthrough）。因为在公元前的一千年之内（the first millennium B.C.），中国的先秦时代，古希腊、以色列、印度、中国四个世界上最古老的国家先后方式迥异地经历了这种"突破"。

"突破"的核心实质意义在于文化艺术自身发展到一定的规模阶段对本体在宇宙中的定位与历史上的处境产生了一种系统性、超越性、批判性的彻底反省。借此反省，新的意识形态确立，旧传统随之转变，文化艺术进入了一个前所未有的崭新的、更高的境地。

"突破"的名词，虽起于近代西方学术界，然此观念，实则最早出现于两千年前《庄子·天下篇》的"道术将为天下裂"一节。"天下裂论""突破论"的成立，无疑是植根于一定的历史文化艺术传统之中而升华的

理论。古代中国的所谓"突破"，有它独特的文化基础，那便是礼乐传统。而中国古代文化特色主要表现在礼乐传统上面。礼、乐不可攘分，而礼又居先，所以孔子说"殷因于夏礼，所损益，可知也；周因于殷礼，所损益，可知也。其或继周者，虽百世，可知也。"（《论语·为政》）礼乐的传统经历夏、商、周三代而一脉相承之论，因夏代在历史上有否存在仍须等待考古发掘的有力证实，而显得底蕴不足。所幸二十世纪八十年代，由于西北高原陕西周原甲骨文的新发现，孔子"周因于殷礼"的断案遂成定谳。周人继承了殷人许多传统，礼乐文化至周代而大盛，"周监于二代，郁郁乎文哉！吾从周"（《论语·八佾》）实为孔子的心声，而特别加以推崇。

《礼记·王制》云："乐正崇四术，立四教，顺先王诗、书、礼、乐以造士。春秋教以礼、乐，冬夏教以诗、书。"这一篇成书较晚的《礼记·王制》，借"士"而概述文化渊源的重要性（"士"这个阶级，在礼乐文化意义上的磬失去其实际功能时，仍然在相当长的历史时期中，吾道一以贯之。"士"始终充当玩磬的主要玩主或可称藏家）。"士"对春秋时代的礼乐文化传统由盛极而衰发生的"礼崩乐坏"现象，有着不容忽视的影响。

先秦时代社会大动荡，有谓"春秋无义

战""春秋二百四十二年,亡国五十二,弑君三十六"。西汉的有识之士指斥为:"晚世之时……故世至于枕人头,食人肉,菹人肝,饮人血,甘之于刍豢。"乱世有如此,到了人吃人却比吃家畜还要甜美的地步,引发周王朝所崇尚的礼乐文化根基的动摇、坍塌在所难免,而且周王朝的典章制度也未必像孔子所推崇的那般高贵、严格、合理。"士"本是贵族阶级的最低一层,但有权利有义务担任王国的实际职务。孔子就是古代最大的士,曾为"委吏""乘田"。但在春秋战国之前,礼乐是所谓官师政教合一的王官之学,个别"士"的知识技能并不能据之为私有,也不能各抒己见对礼乐传统加以发挥。当时的上层贵族有的已不甚熟悉那种日益繁缛的礼乐,有的则僭越而不遵守礼制。颇有讽刺意味的是,对周礼顶礼膜拜,恨不得五体投地的孔子,也曾因违制逾数、私藏使用编磬而遭人诟病。此前,孔子见鲁国正卿季平子违背周礼过甚,"八佾舞于庭,是可忍也,孰不可忍也?"表现出异常的愤怒。周礼规定:只有周天子才可享用八佾六十四人的舞蹈,诸侯用六佾,卿用四佾,士用二佾。最坚决维护周礼的孔子前后态度都发生了巨大变化,这便很能说明尤其是春秋末期"礼崩乐坏"来势之猛、影响之大,无论是哪一种情况,礼乐都已失去了实际的意义而流为虚饰的形式。

孔子之于磬,《汉书》却记载了与之完全相反的故事:鲁恭王扩建宫室,孔子故宅在规划内。尊孔士人编造出孔子故宅钟磬之声隐约可闻,孔子"显圣"。鲁恭王深感敬畏,改变了扩建计划。

孔子本人就是击磬高手。《论语·宪问》中记有孔子击磬的故事:"子击磬于卫,有荷蒉而过孔氏之门者,曰:'有心哉!击磬乎!'"令人感慨的是一位肩扛草器之人从门前经过,居然从磬声中听出孔子有心事。孔子是击磬高手,而"荷蒉"之人的音乐修养无疑具有一定的高度。

当时对礼乐有真认识的人则只有向"士"这一阶层中去寻找。而"士"的阶层不

但娴熟礼乐,也掌握了一切有关礼乐的古代典籍。周室东迁以后,典册流布四方,这是王官之学散为诸子百家的一大关键所在。 诸子百家学说的产生顺应了历史潮流。老子、孔子、庄子、荀子这些伟大的思想家、哲学家生逢其时,光耀百代,百花齐放中,推出许多音乐美学新观点,如"美与善""尽善尽美""移风易俗""莫善于乐""乐者,乐也"……音乐审美方面的变化,成为原来主要具有宗教、祭祀的礼仪礼乐制度的一个突破口,体现了音乐成为"乐者、乐也"的思想大解放。中国有"礼乐之邦"之谓,崇尚:"乐者,天地之和也;礼者,天地之序也。乐由天作,礼以地制。……过制则乱,过作则暴。"在这样的历史背景下,大为促进了先秦时期钟磬的大发展,钟磬得以卸下它威严神秘的面纱。在当时的所有乐器中,钟磬仍然得到最高的重视,乃因钟磬在乐奏中可以起到不可替代的谐音合律的作用。笙和竽也是这一时期的重要乐器,"笙奏"一词,可以代表全部的器乐演奏。笙、竽虽别为吹奏乐器,它们的搭配却一如钟磬般浑然天成。《韩非子·解老》记:"竽也者,五声之长者也。故竽先则钟瑟皆随,竽唱则诸乐皆和。"

笙竽在中国礼乐文化的漫长历史中,若论其对当时和后世之影响,作用远不及钟磬。而钟磬又远非一时之名物,为国之重器。战国青铜宴乐渔猎壶、铜鉴上出现了以钟磬为图案的精美纹饰,是为一佐证。

宫廷乐师中的磬师往往音乐造诣很高,精磬艺亦擅琴艺。鲁国的乐师师襄是郑国乐师师文的师傅,师文向师襄学琴。师文操琴深刻体会出"文所存者不在弦,所志者不在声。内不得于心,外不应于器,故不敢发手而动弦。"师文从谈琴理中总结出来的一句成语"得心应手",为后世广为引用。师襄为鲁国享誉盛名的音乐家,琴艺高超,却在宫廷乐队中担任击磬的职务,磬在整个宫廷雅乐中的重要性,由此可见一斑。

钟磬从周天子祭祀的肃穆殿堂走向春秋小邦国曾国曾侯乙的演乐宴飨场所。几

图 5-1a　春秋曾侯乙编磬全景

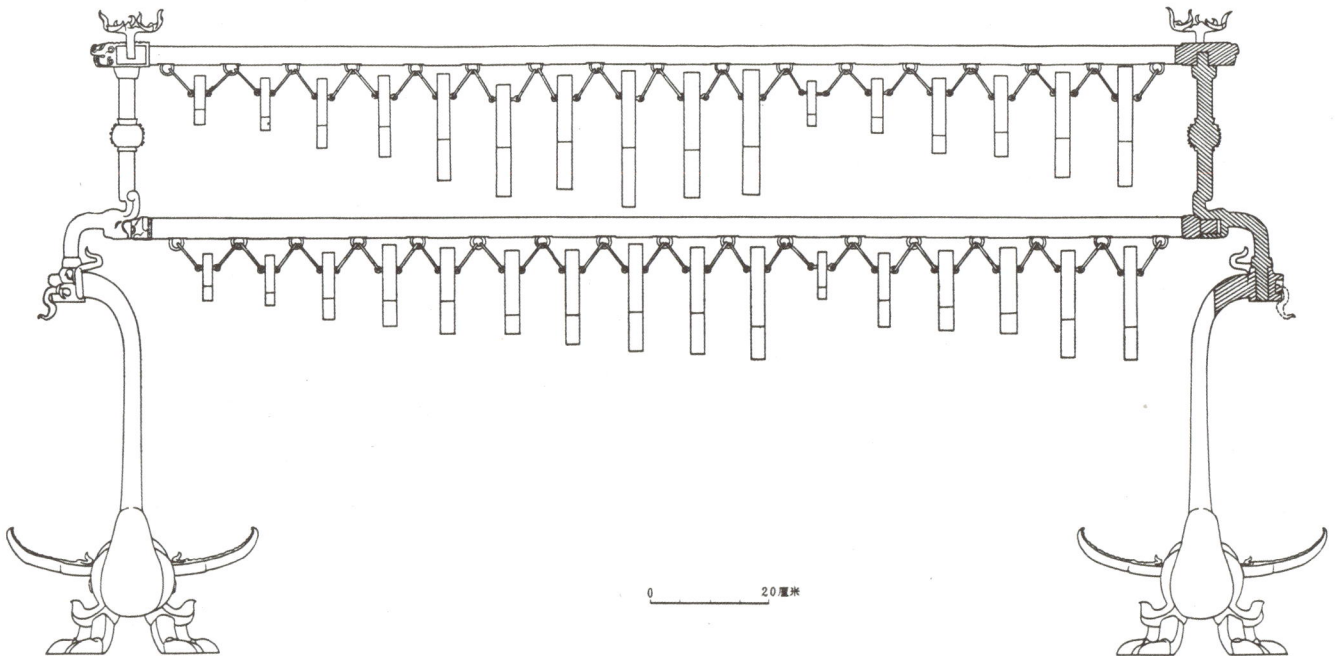

0 ⎯⎯⎯⎯ 20厘米

图 5-1b　春秋曾侯乙编磬全景线描图

十年前湖北曾侯乙墓出土的大型钟磬，在震惊了世界的同时，以它史无前例的大型架悬、繁复精密的乐律铭文，突破了周礼祖制，这归功于先秦思想解放。崭新的音乐美学对曾侯乙钟磬艺术的发展推进作用巨大，主要集中在悬架规模、编列、音列结构、音阶发展、乐律铭文、形制等诸多方面。考虑到曾侯乙墓出土的编磬是春秋战国时期最为完备豪华无所不尽其美的系统制作，在此章节将浓墨重彩加以描写，举一反三，甚至可以一叶知秋，一方面充分了解春秋磬史的特殊性，又可欣赏磬艺的高度发展，还可佐证春秋时代世谓"礼崩乐坏"的片面

性。这一时期也是某些礼乐艺术发展的最成熟的阶段，曾侯乙编磬可谓最杰出的典范（图 5-1a、1b、1c）。

曾侯乙钟磬突破以往架悬模式和传统的音列结构，器上铭文也打破传统礼器铭文之惯例，不镌刻国族氏族史实盛事，即便"国之大事，在祀与戎"，也一字不加记载。只是编钟上有"曾侯乙作持"等属于记载器主官爵、姓名的常规铭文，其余主要为繁复但明确的乐律铭文。"乐者，乐也"，纯粹音乐的作用、地位、意义获得了空前的极大提高，具体体现在对编磬三度音程关系、十二律音高和旋宫转调的要求也大为提高。编

图 5-1c 春秋曾侯乙磬架西端怪兽立柱

磬编制一举扩大至三十二枚，因而用乐律铭文的形式标明每一枚乐器的明确音高成为必需。铭文所记载的乐律学资料之丰富，可视为先秦音乐理论的总结。

曾侯乙编磬之于音乐的种种意义，不加赘述，以下对编磬典雅高华、远超祖制的特大形制予以简明介绍。

曾侯乙墓编磬共三十二枚，材质多选用石灰石，兼有青石、玉石。磬体大多已残破断裂，完好无损的只存九枚。三十二枚磬均有填朱铭文墨书，详细标明各磬发声，音属某律某音，及与其他诸律之对应协音关系，共计693字，以当时流行的篆体镌刻。三十二枚磬分上下两排悬于青铜虡上，每排两组，一组十枚，另一组六枚，依磬之大小次第排列。虡架长215厘米，通高109厘米，上错黄金纹饰，上下横梁两端饰方首兽面。两虡柱上铸怪兽，底座为双翼展翅状怪兽。古人罕以青铜铸虡架，多用木质，而此一曾侯乙青铜虡，体制特大，装饰华美，为古墓出土磬虡唯一巨构。

墓中出土漆木磬匣三件，匣内隔开大小不等之磬槽。匣盖、匣内磬槽旁有说明装磬入匣位置和磬石编号刻铭99字。编号从一至四十一，始知全部编磬为四十一枚。编号数目比架上编悬石磬多出九枚，以备旋宫转调之用。

曾侯乙编磬采用的石质也是古代石磬最主要的制作材料石灰石。古人制石磬为何独钟石灰石，原因是多方面的：

> 这不仅仅是因为石灰石遍地都是，唾手可得；也不仅仅因为这种岩石质地均匀，软硬适中，易于加工。对于后者这一因素，在没有比石头更为坚硬的加工工具的石器时代，无疑也是至关重要的。不过古人对石磬材质的选择，更大程度上可能出于对这种材质的优良的音乐音响性能的青睐。石灰石片发音清亮传远，在地球上常见的石材中，还难以找到一种能够取代石灰石来造磬的更好的石材。但是石

灰石有一个致命的毛病，即是它的水溶性质。石灰石的化学成分主要为碳酸钙，化学性质之一是微溶解于水，而我们居住的这个星球恰恰是个富含水的世界。由于无处不在的地下水的侵蚀，许多石磬往往经不住千年的岁月而已被局部溶蚀。在迄今所见的西周编磬中，还没有发现一套是保存完整的……即便是出土物更为丰富的东周，今日考古发现的大量编磬中，绝大多数亦残缺不全，完整和大致完整的寥寥无几。曾侯乙墓出土的编钟是如此完好，而同出一套32件编磬，只有少数几块磬保存大致完整，其余均已化作膏泥状物。虽然其中也有盗扰的影响，但根本上来说，还是水溶性的因素起着主要的破坏作用。

曾侯乙墓是"水坑"，地下水侵蚀严重，竟至某些编磬化为"乌有"。适有保存较好者，赖因墓中状况错综复杂，所处之位置，水蚀水渍难以接近磬体，方巧得以基本保全，刻铭犹自清晰可辨。"水坑"之于青铜器，却是"得天独厚"，青铜器在水分子年复一年、日复一日长达两千年不间断的"滋润"中，生成一种奇异的锈色——"黑漆古"，古艳迷人。清乾嘉之后的金石收藏家，皆一时名流硕彦，研索钟鼎，精鉴古器，入手能辨。偏有独嗜"黑漆古"之辈，投"红斑绿绣"之古铜于沸滚油锅内，以油黑染物，幻化"水坑"特色，不雅之举，实为昏着，何啻于俗子"规方竹，漆古琴"。

自然生成的"黑漆古"，以2014年回流，荣归故里的商代青铜重器皿方罍，最称极品。置若满堂鼎鼐，红斑绿绣之中，愈发庄重典丽，宛如托尔斯泰笔下风华绝代的黑衣美人安娜·卡列尼娜，妙似天鹅临水，惊鸿照影，置身一群裙衣鲜丽、奢华艳曳的贵妇之中，所有的姹紫嫣红顿归俗类。

1970年，湖北江陵县纪南城出土春秋战国时代彩绘凤鸟纹编磬25枚，为楚国器，倨句形（两边夹角为钝角），下作微

图 5-2a 释文：唯四年八月，初吉甲申

图 5-2b 释文：绍天命，曰寅（肇）尃（敷）蛮夏，极事于秦，即服

弧形，为青灰石制成。最大一枚长 97 厘米，高 32 厘米；最小一枚长 36 厘米，高 14 厘米。每一枚磬之正面、背面和脊部绘红、黄、蓝、绿四色花纹，加饰金线。有几枚石磬雕绘兼美，脱彩处显出凹凸浅雕花纹，衬托主题凤鸟，楚文化特征明显。古人认为古代音律之发明，得益于凤鸣之声的启发，石磬饰以凤鸟，意义殊深。此套编磬，现藏湖北省博物馆。

此一时期，磬的制作出现了明显的分化，以曾侯乙编磬为典型，华美精细。另一类则是陪葬的专用明器，如河南信阳长台关二号楚墓，出土 18 枚木质编磬，毫无磬音信号，具磬之形而无磬之实。

1976 年在陕西凤翔距秦人早期都城雍城六公里处，发现了凤翔南指挥一号秦公大墓。经十多年考古挖掘，古墓此前虽遭二百七十多次不同时期、不同程度的盗损，但仍出土了三千余件珍贵文物。其制造之

图 5-2c　汤汤厥商。百乐咸奏，允乐孔煌。虎（钼）镐载入，又（有）凯载兼（漾）。天子（匽）喜，龚（共）、桓是嗣。高阳又（有）灵，四方以㞢平。

精美，反映了这一时期秦人高度的文化艺术水平和社会发展并不亚于中原及南方各国的事实，扭转了"秦人生产力低下"的错误认识。

秦公一号大墓出土文物中，意义最为重大的是发现了刻有篆文的残磬。206字的磬铭大为有助于研究春秋时期秦国历史、文化及秦国文字演变，可以考证春秋晚期周秦关系之密切，非春秋他国可比。秦文化深受周人影响之说，可为定论。磬铭文字与传世秦公钟、秦公簋相似，当属春秋中晚期秦国官方正体文字。由此充分证明秦始皇统一中国文字亦非一蹴而就，若无历代秦公注重文化，规范文字，绝无后嗣嬴政"车同轨、书同文"的历史功绩。

秦公大墓石磬文字，由一枚石磬边缘上刻"唯四年八月，初吉甲申"，释历代秦王纪年，证明墓主人是秦景公，作于秦景公四年(前573年)。其中刻铭一条释文为："绍天命，曰寵(肇)尃(敷)蛮夏，极事于秦，即服"。今译其文大意"秦景公继承天命，声威覆盖华夏及蛮荒。使之争相服事于秦"。气魄之宏大，可见当年秦国国力之强盛(图5-2a、2b)。

1986年在陕西省凤翔县南指挥村秦公一号大墓出土有铭石磬多枚(已残，估计原先最少有三套)。

秦公大墓石磬文字与早在1300年前的唐代初年即已发现的石鼓文，以及1965年出土的侯马盟书，可比性最强。石磬铭文字体、字义，与石鼓文相像处较多，二者在同一语素义的范围内，字形同构与异构者共有33个，占石磬文字全部用字量的35.11%。文字同构者共有30个，与石鼓文全同者28个，两者略有小异者2个，异构者3个(表5-1a、1b、1c)。

秦公大墓石磬文字与石鼓文在字体风格上，基本一致，无疑"是在秦系文字传承西周金文的基础上，经过不断地应用、选择和淘汰过程约定俗成的文字形体结构，处处体现了当时秦国官方正体文字的规整、稳定、庄重、大气的特点，较全面地展示了

春秋中晚期秦国正体文字的面貌"。

侯马盟书与石磬文字同构者占78.26%，特别是全同者占到47.83%，说明中国文字的历史发展是一脉相承的，具有统一性，可以佐证不久之后秦始皇很快统一中国文字的必然性。

春秋晚期晋国文字的代表侯马盟书和秦国文字的代表石磬铭文在字形上虽有较高的一致性，然其彼此又会具有不同的地域特征。侯马盟书中的某些字形比之石磬铭文较多地体现出商周甲骨文、金文的面貌特征，并存于汉字这个巍然而大自在的文化系统中。

赏析字体风格，不难发现石磬铭文与侯马盟书有较大差别。首先在于书写工具的不同，秦公一号大墓石磬文字是遵照秦系国家统一标准之篆体，奏刀锼刻于石磬之上。侯马盟书则是用毛笔毫颖书写在玉片之上，毛笔特点显著，是为晋国公卿之间盟誓的约信文书，结体草率，同一字在不同的玉片上往往出现数个不一样的字形。此正是俗体文字之特点，简便而利于书写。

一般来说，在民间或不甚重要的官方场合使用俗体文字。侯马盟誓乃春秋历史之大事，何以俗体记之？颇令人心生疑团，本磬史但说一家之言："此无他，唯晋国官书向无规范、庄重之文字，故而大不似秦公大墓文字之笔画端挺饱满，雍容大气。"

秦公大墓石磬文字、石鼓文、侯马盟书差不多同时产生于春秋中晚期，意义非比寻常，不仅可以揭示中国"汉字在春秋时期形体发展的趋势和演变特点"，更对其后文字之流变发展影响巨大。

本磬史旨在写磬，然与磬殊为关联，互为映发之事物，不容疏漏，特为标举。有鉴于此，故不惮繁琐，移录石鼓文、侯马盟书历史概况如下，以贻敏求好古好学之士：

> 石鼓文因其文字刻在十件形近于鼓的石碣上而得名，又因文字内容记录狩猎的叙事诗而称为猎碣文，还因发现地而称为陈仓十碣文、雍邑刻石

今字	石磬文字	石鼓文	《说文》小篆
是	(拓片一)	(而师)	
阳	(拓片一)	(霝雨)	
受	(拓片二十二)	(吴人)	

表 5-1a 全同者

今字	石磬文字	石鼓文	《说文》小篆
宫	(拓片十四)	(田车)	
竈	(拓片四)	(吴人)	

表 5-1b 小异者

今字	石磬文字	石鼓文	《说文》小篆
四	(拓片一)	(田车)	
霝	(拓片十九)	(霝雨)	
汤	(拓片一)	(霝雨)	

表 5-1c 异构者

文。石鼓文自唐初发现至今，已有1300多年的历史。因为刻石无确切的年代标志，给后人带来了无休止的论战。随着研究的不断深入，目前，大多学者认为石鼓文属春秋中晚期秦国文字。

侯马盟书于1965年12月，在山西省侯马市秦村以西晋国盟誓遗址（东周时代晋国都城新田）出土，是晋国世卿赵鞅与卿大夫之间举行盟誓的约信文书。盟誓辞文系用毛笔书写在玉石片上，多为朱书，少为墨书。载有盟誓辞文的玉石片连同断残碎片以及模糊不清或无字迹者在内，共有5000余件，其中可以认读的656件。关于侯马盟书的年代，众说纷纭，随着近年来人们对侯马盟书内容和所记载的干支纪年的研究，普遍认为张颔等人提出的"侯马盟书作于春秋晚期晋定公十五到二十三年（前497—前489年）"的观点是合理的。

秦公大墓出土石磬中，一枚石磬边缘上镌刻铭文有"……高阳有灵，四方以宓平"，此乃石磬铭文中最长的一条。释文："汤汤厥商。百乐咸奏，允乐孔煌。虎（钮）锘载入，又（有）凯载兼（漾）。天子（匮）喜，龚（共）、桓是嗣。高阳又（有）灵，四方以宓平。"译之大意为："各种乐器演奏出悠扬的音律，秦公欢宴周天子，得其认可，继承共、桓二公大业。秦人始祖颛顼在天有灵，保有四方得以静谧和平。"（图5-2c）

"商"为七音之一。"钮锘"即"柷敔"，指挥音乐停止的用具。《吕氏春秋·仲夏》"饬钟磬柷敔"，汉高诱注"敔，木虎，脊上有钮锘，以杖擽之以止乐"，足见秦乐演奏程序之完备。

五帝之一的颛顼号高阳，是黄帝的孙子，秦人族属华夏，由此可为铁证，正与《史记》所记相一致。

秦公一号大墓出土石磬，虽叹残缺，仍可辨识一百八十多字，在所发现的古代石磬中，铭文最多。但该墓当年入葬石磬至少为三套编磬，经地下两千年埋损，大多销蚀，一百八十字为可辨认多枚石磬刻铭汇总之数。若以单枚磬所刻文字之多，当属宋代即被发现，由扶风王氏所藏秦怀后磬，六十余字铭文刻于磬周边端面之上。可惜原器早已佚失，所幸著录有序。据李学勤先生考证研究，怀后磬器主，乃是春秋时期一代秦公夫人（图5-3a、3b）。

怀后磬先后著录于吕大临《考古图》卷七，薛尚功《历代钟鼎彝器款识法帖》卷八。福开森《历代著录吉金目》，也以之附见。吴闾生的《吉金文录》，于省吾的《双剑誃吉金文选》，都作有释文。特别值得称道的是，以上的古今中外学者都十分重视怀后磬，此

图 5-3a 战国龙首青铜编磬

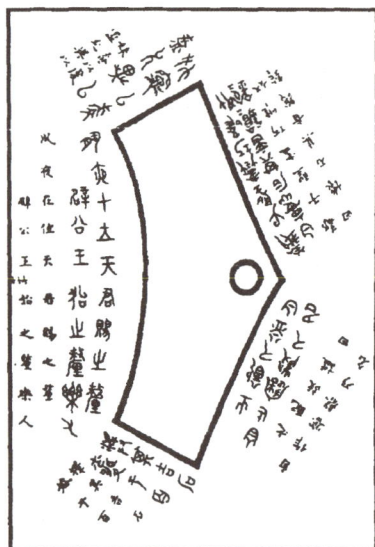

图 5-3b 宋薛尚功《历代钟鼎彝器款识法帖》中的怀后磬图释

磬虽为石器，却录入以金文为主的图录，作有释文。

石磬铭文之珍稀，远超青铜钟鼎铭文，早为金石名家所睿识。刻铭石磬，世传罕觌，系因石磬具铭者，十不存一，原不多见。加之石磬多由石灰岩制成，入土最不堪水沁侵蚀，墓中受损惨重者，一虡整簨所悬之磬，全然零落成泥，欲求半片残磬而不可得。青铜器之特质反而喜水沁，在盗墓者中有一句口口相传的行话"干千年，湿万年，不干不湿就半年。"南方墓多"水坑"，水坑为积满地下水，或墓中陪葬物没于水的墓室。

李学勤先生指出，音乐学家、古代乐器研究专家李纯一先生对于怀后磬的某些研究鉴定很值得肯定：

李纯一先生在中国上古出土乐器综论中，将古磬分 4 型，共 10 式，怀后磬归入他所列 IV 3b 式。他指出：IV 3b 式磬始见于西周晚期，到东周盛行，并且专门谈到 IV 3b 式磬之有纪事铭文的，只有 80 年代凤翔南指挥一号秦公大墓出土的编磬和宋代扶风王氏所藏的这件磬，"这二例出土地点相近，值得注意"。这一看法是正确的。

IV 3b 式磬即是弧底五边形磬。

宋薛尚功《历代钟鼎彝器款识法帖》中的怀后磬图像所载其股、鼓两边都呈微凹的弧线形。李纯一《中国上古出土乐器综论》一书所列 IV 3b 式磬，只与凤翔南指挥一号秦公大墓出土磬相同，各自铭文字体亦与其他一些春秋时期秦国器铭类似，有些字的写法完全相同，并结合以上所说形制上的共同性，李学勤先生判断怀后磬与秦公一号大墓出土磬的年代接近。怀后磬铭文读法，由"股上边起始，沿着鼓上边鼓博底边股博环绕，成为相衔接的两行。南指挥磬也有相衔接两行的"。

怀后磬铭文末句未刻"眉寿无疆"一类

祝词，显然没有终结。当为一组联铭编磬中的一件，此一点，亦与南指挥磬相同。

自宋代发现怀后磬，以其上所刻铭文最多，光我磬史。时近千年，未曾再获第二件同一墓所藏，或许共此一虡之怀后磬，仍在西秦壤下墓中沉埋，重现人寰之时，将是改写南指挥磬所刻铭文最多纪录之日。

称南指挥磬，是以出土地名而言。其自宋代被发现，学者、金石家一直称之为"秦怀后磬"。名士风雅，历代皆有仿制秦怀后磬的好古好事之人，然不独囿于此磬之弧底五边形，随心所欲，常施之以玩磬造型。有一明代灵璧石磬，注释者标为"云板"。云板多为铜质，得名于其形似板，铸为云状。板，又作版、钣。初为"僧磬"之一种，即"库司大板"。库司乃大寮的库房，"寮"原指小屋，陆游《贫居诗》："屋窄似僧寮"。大寮当为大和尚，其所居舍，虽不似"皦日笼光于绮寮"，必无逼仄之窘况。《俗事考》载："宋太祖以鼓多惊寝，遂易以磬……或谓之钲，即今之云版。"

云板世用则为报警、报时之器。佛家用途有二：开静、斋时。清晨三时鸣钟、击鼓后敲云板，称为"小开静"，此刻，香灯和大寮行者先起床。其后，云板与诸堂板齐鸣，为"大开静"，全寺住众皆起，开始一天作务。用斋时敲击云板，称为"斋板"。

识磬之方家，稍加睨视，当知此明代灵璧石磬，不过"略呈云板状"而已，实为明清之际，文房陈设之玩磬，形似云朵、如意。惜无明人刻铭、识款。未及百年，适有清代金石篆刻家丁敬奏刀于此磬背面，节刻秦怀后磬铭文："'鄯子圣尽巧，唯敏'。'曰怀后，其音鎗鎗铊铊'。龙泓小隐，丁敬"。正面刻"金声玉振""敬身"图章款，丁敬字敬身。此磬配置明式髹漆磬架，韵格高古，包浆沉郁，或为明、清原配，殊可珍贵。今人可享亲炙之乐，缘此物已于2015年上拍中国嘉德秋季拍卖会"逸居—文案清供"专场拍卖会。

1957年北京故宫博物院收购一套6枚战国龙首青铜编磬，保存完整。形制相同，大小相次不等，弧形底边，倨句处中折为股上边与鼓上边，股博呈龙首形，鼓博下角呈圆弧状（图5-4）。

山东省青岛市博物馆藏一战国时代即墨古城出土的琉璃磬。琉璃之珍贵，在古代不让美玉。以琉璃制磬，更为罕见。今人始知古磬有以玉、石为之，尚存此琉璃一品，意义殊大。此磬自近倨孔处断残，只保留一半，呈半透明湖蓝色，校其尺寸，完整时宽度应在66厘米左右（图5-5）。

1992年，山东省淄博市临淄区永流乡商王村2号墓出土保存完整，石灰岩质编磬共16枚。分甲乙两组各8枚，乙组编磬现藏齐国故城遗址博物馆。各磬形制相近，通体磨光，大小相次。8枚磬宽度由52.6厘

图5-4　北京故宫博物院藏龙首青铜编磬

图 5-5 即墨古城琉璃磬

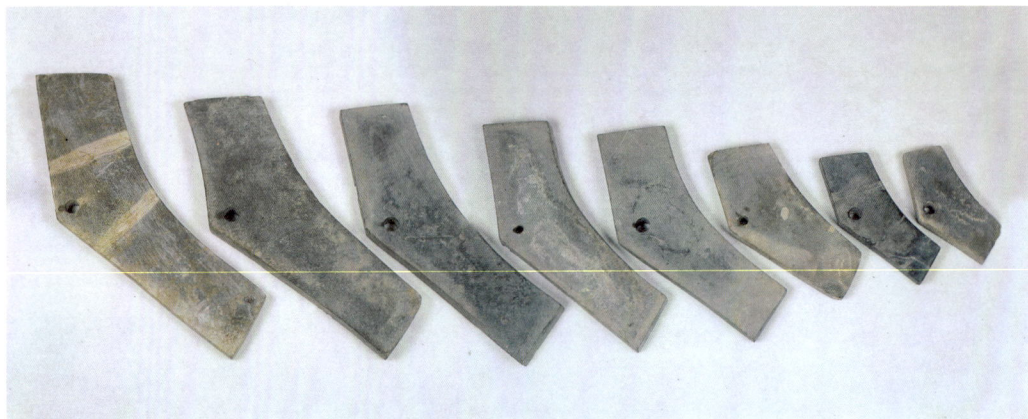

图 5-6 临淄商王村编磬乙组

米迭减至22.3厘米，均守股二鼓三之西周考工古法，呈不对称曲尺状，底边微弧。倨孔单钻，正面钻孔光洁，背面有敲凿痕迹（图5-6）。

近年，在春秋战国时期的鲁国故地出土了十数枚战国编磬，完整残缺参半，所喜者皆有铭文，且倩高手——拓出。摩石精舍主人有幸获赠其中十张拓片资料。经与二三古文字专家、金石文友研究多日，铭文内容均已释出，唯有三字尚待最后敲定。诚乞海内方家名公有以教我，俾不困于众说纷纭之况。

此十枚编磬为石质，刻铭字体不尽相同，约略呈现四种风格，有鉴于此，当非出于一墓。纵观历年古墓出土石磬，既为同一墓主所有，各磬之上铭文内容或有不同，然其字体必相一致。假设此十枚磬出于一墓，只有一种可能：下葬之时，适将家族几代遗传石磬一同葬于墓室。青铜器之窖藏、墓藏，皆有例在先。

为易于鉴赏，析分十磬铭文字体风格相同者为ABCD四种，战国文字铭文A三条与B五条相似。C一条只存一"商"字，字形最为迥异，类春秋战国鸟虫篆，具南方诸侯国"美术篆体"面貌。D一条亦只存一"敢"字，为战国早期铭文，字形似商周钟鼎文（图5-7）。

因非成套编磬完整出土，十磬铭文皆不连贯，未可通读。从仅存刻字释解，当与"乐律""宴飨"有关。刻铭字体娴熟美观，古文字欣赏价值较高。

1998年，甘肃礼县大堡子山秦襄公墓

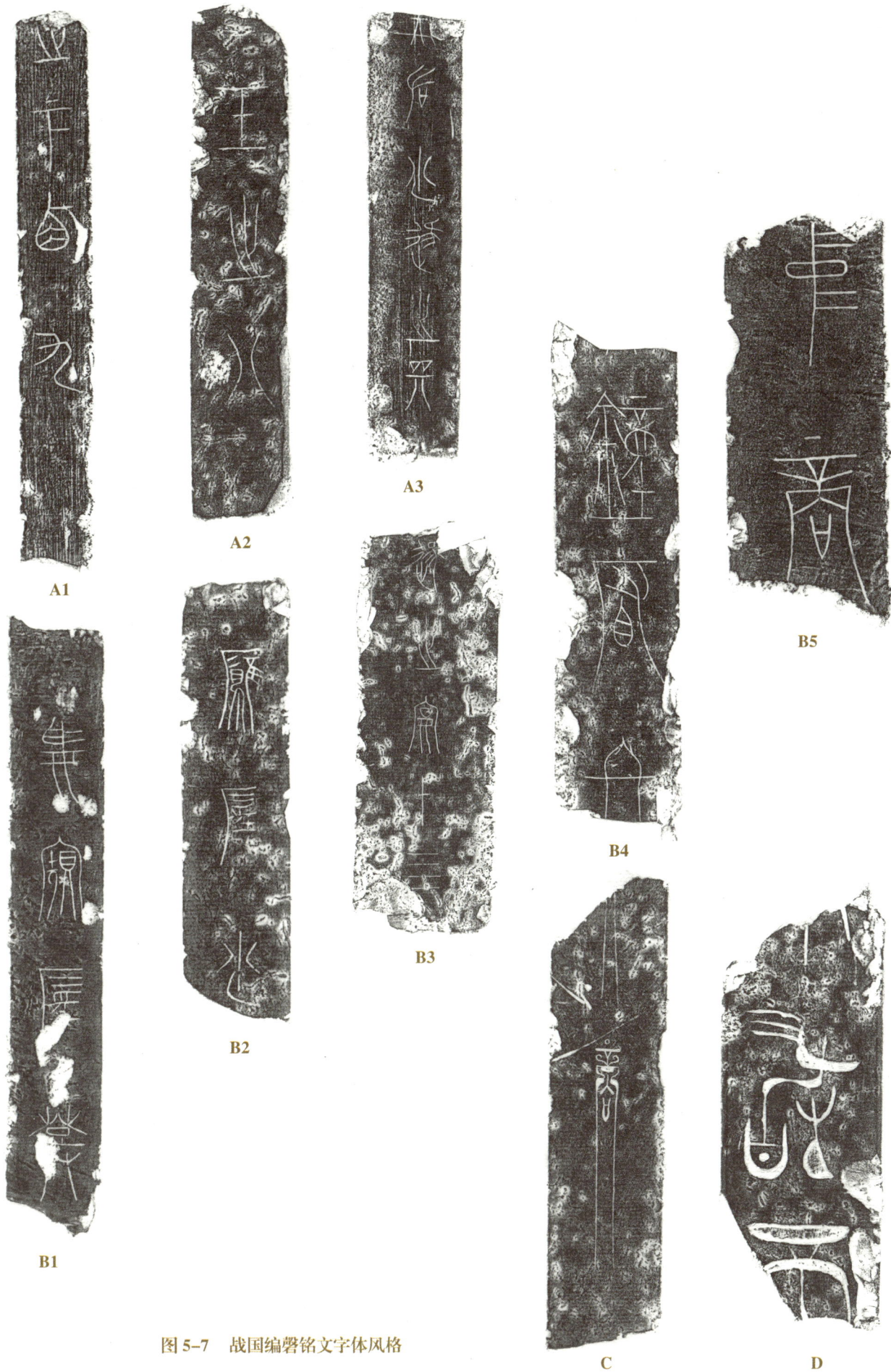

A1 A2 A3

B1 B2 B3 B4 B5

C D

图 5-7　战国编磬铭文字体风格

出土文物，尤以青铜器制作之雄浑壮美，震惊众多历史学家、考古专家，甚至颠覆了他们原先之于秦的历史观念。出土青铜器之纹饰竟然与西周风格毫无二致，只是器型更大更精细，兼有西秦特色，如虎噬羊纹饰及以众多动物铸于一器的不同造型。又据考古发现，秦人是中华民族最早使用铁器农具的部族，区区块铁之应用，在那个时代，意义却非比寻常，促进了农业的大发展。

秦踞西陲边地，坐中原以观，其地偏僻。这看似荒贫之域，却是公元前游牧民族与农耕民族最前沿的交汇点。秦人将剽悍与文明兼收并蓄。秦襄公非常尊奉西周的礼乐制度。秦襄公大堡子墓出土了成套的铜编钟、石编磬。大堡子山乐器坑，出土三件青铜镈和八件甬钟，两组十枚石磬，作器品式均能克绍周制。

襄公时代的秦国自上而下为西周礼乐，文而化之，早已摒弃残忍的人殉制度。斯时，距景公一朝，已逾半纪。景公一号大墓在创下包括石磬铭文字数最多等数个"之最"中，也创下了最多人殉186人"从死"的罪恶纪录。

秦襄公时代，克奉周礼，崇尚以德治国，扬善善能，却并未因文而弱，整个社会是由雄强铁血的族群所建立的文明之邦。

秦人目光远大，抱负远大，当周王室蒙难，镐京陷落，天下群雄，独襄公发兵救周，并护送周平王至安全地带。为酬秦之功，周平王封襄王为诸侯，慨诺击败西戎，便将战略地位十分重要又兼沃壤粮仓的"岐沣"之地，交于秦人管理。襄公父子两代率秦人血拼奋斗二十年，"赳赳老秦"雄锐的"小戎"战车，终于驰骋在辽阔的岐沣平原，一路东进、东进……

后之秦王嬴政，霸中原，灭六国，一统天下，称始皇帝，固万世之雄也！然大秦霸业之起兴，始自昭襄王嬴则。

"秦皇扫六合，虎视何雄哉！"始皇帝一统天下后，不思休养生息，却是穷奢极欲，不顾当时的国力，将差不多三分之二的强壮劳力，强征为公差，役使二十万人修始皇陵，五十万人增筑长城，"西属流沙，北系辽水，东结朝鲜。中国内郡挽车而饷之"。人民苦不堪言，因有诉说苦难的《筑城曲》产生于民间。一个耗尽民脂民膏的社会，虽有琴瑟之声、钟磬之鸣，但闻其音，凄恻辛酸。曾几何时，去秦不远之"临淄甚富而实，其民无不吹竽、鼓瑟、击筑、弹琴"。齐鲁之邦歌舞升平，一派祥和景象。而秦世流传遐迩与音乐有关的故事竟是高渐离易水寒筑的悲鸣。子婴献国玺，秦三世而亡。

第六章　汉唐时代

汉唐两朝出了两个最懂音乐且喜磬又会玩磬的皇帝——汉武帝刘彻和唐玄宗李隆基。

古代帝王，浚哲文明，尊崇礼乐，用以协和万邦。皇家用乐制度之严格，贵为天子，即其衣食住行，皆须按天时岁历，配合礼乐，仪轨森然而庄敬。

磬之功瞿然而为涤俗撙节之戒器。乃见建勋所蓄一玉磬，长尺余，击磬之槌为沉香节，叩之，声极清越。每遇俗客"谈及猥俗之语者，则起击玉磬数声，曰：'聊代清耳。'"此真慕许由之贤者，磬声锵锵，权当洗耳。

由秦至汉，统一的中央集权封建制度初始形成并得到进一步巩固。必须承认：在封建社会兴盛上升时期，经济曾经出现普遍的繁荣，有利于文化艺术包括音乐的发展。尤其是在西汉武帝时期，张骞开辟了西域的交通路线，中国各族人民之间与中国各族与西域各族人民间的经济文化的交流，也大为促进了音乐的长足发展。产生了中国初期的鼓吹乐，出现了许多先秦见所未见、闻所未闻的乐器，如"羌笛何须怨杨柳"的羌笛、"胡笳十八拍"的胡笳、"李凭中国弹箜篌"的箜篌、"欲饮琵琶马上催"的琵琶、"角声满天秋色里"的角等等。这些乐器之于中国古代音乐史，意义之重大，毋庸置疑。尤为典雅高华，令人神往的是这些舶来品，在中国文学史上，无一未曾荣获中国诗人最美丽的诗意渲染。

西汉国立，经"文景之治"，武帝时进入国史上空前鼎盛的时代，社会稳定，经济繁荣，在公元前112年设立了中国历史上著名的音乐机构——"乐府"。《汉书·礼乐志》载："武帝定郊祀之礼。……乃立乐府，采诗夜诵，有赵、代、秦、楚之讴。以李延年为协律都尉，多举司马相如等数十人造为诗赋，略论律吕，以合八音之调，作《十九章》之歌。以正月上辛用事甘泉圜丘，使童男女七十人俱歌，昏祠至明。"汉家天子的宫廷雅乐，启用了当时最优秀的音乐家李延年、辞赋家司马相如等国中一流大师亲任其事，协律吕、造诗赋，"以合八音之调"，"见玉磬之腾英。嗟至宝之明契，如截肪之曲成。挺十德以为美，谐八音而作程。"

武帝一朝，是大一统的西汉帝国全盛时期，国强民富。"仓廪实而知礼节"，尤其是在武帝"罢黜百家，独尊儒术"的治国理念影响之下，孔子所尊崇的礼乐文化得到重视，虽为顺理成章的事情，但又与严格的西周礼乐文化不可同日而语。西汉王朝由上而下更多些音乐的乐享，创造出前所未有的音乐活动形式。在保留了钟磬等击打乐之外，鼓吹乐在各种场合，先是在"汉大驾祠甘泉汾阴，备千乘万骑，有黄门前后部鼓吹"，后又在汉享宴食的殿堂中得到广泛应用。刘彻竟将其发展到水上舟中，雄才大略的汉武实不逊风骚，雅擅音乐，闻泠泠磬音，观卫子夫翩翩起舞之日，亦不忘雅命宫女乘一条装饰龙头的船，荡漾昆明池中，唱着《擢歌》，穿插《鼓吹》，游戏其间。

汉唐两朝出了两个最懂音乐且喜磬又会玩磬的皇帝——汉武帝刘彻和唐玄宗李隆基。

据《洞冥记》载，汉"建元二年，帝（刘彻）起腾光台，以望四远。于台上撞碧玉之钟，挂悬黎之磬，吹霜条之篪，唱来云依日之曲。"二十多年后，武帝于"元鼎元年，起招仙阁于甘泉宫西。编翠羽麟毫为帘，青琉璃为扇,悬黎火齐为床,其上悬浮金轻玉之磬。"《汉武·内传》记,"元封元年七月七日,王母至,呼帝共坐。王母自设天厨,酒觞数遍,王母乃命范成君击洞阴之磬,段安香作九天之钧。"

以上二典故记三磬,"悬黎之磬""浮金轻玉之磬""洞阴之磬"。"唯悬黎之磬"易解。黎字训离,可知为离磬,即特磬。而其余二磬不知为何种材质又产于何地。武帝必是玩磬的行家里手,所幸这位皇帝不似宋徽宗玩石那般走火入魔。洪福齐天的汉武帝福磬(庆)绵绵,传之于皇子皇孙,时有吉磬起于水澄壤下,重现于盛世。《汉书·礼乐志》载:"成帝时,犍为郡于水滨得古磬十六枚,议者以为善祥。刘向因是说上:'宜兴辟雍,设庠序,陈礼乐。'"

"辟雍"原本为周天子所立大学。自东汉至清代历代统治者皆设"辟雍",作为尊儒学、行周礼的场所。而"庠序"则是古代的地方学校,《孟子·滕文公上》:"夏曰校,殷曰序,周曰庠。"《汉书·董仲舒传》:"立大学以教于国,设庠序以化于邑。"

"宜兴辟雍,设庠序,陈礼乐。"刘向此语,寥寥十字,重若千钧。足资证实古磬在汉代士人心目中地位之崇隆,以至于他要建议汉皇为这一十六枚古编磬在国都建大学,地方上也要建学校,恭"陈礼乐。"

古代帝王,浚哲文明,尊崇礼乐,用以协和万邦。皇家用乐制度之严格,贵为天子,即其衣食住行,皆须按天时岁历,配合礼乐,仪轨森然而庄敬。西汉淮南王召集宾客撰著《淮南子》一书,梁启超赞之:"为西汉道家言之渊府,其书博大而有条贯,汉人著述中第一流也。"是书记天子用乐极详而明,极恭而敬,顺天时,守时序。

卷五《时则训》记岁内孟春、仲春之月,"天子衣青衣,乘苍龙,服苍玉,建青旗。食麦与羊,服八风水,爨萁燧火。东宫御女青色,衣青采,鼓琴瑟。"

孟夏、仲夏之月,"天子衣赤衣,乘赤骝,服赤玉,建赤旗。食菽与鸡,服八风水,爨柘燧火。南宫御女赤色,衣赤采,吹竽

笙。"

孟秋、仲秋、季秋之月,"天子衣白衣,乘白骆,服白玉,建白旗。食麻与犬,服八风水,爨柘燧火。西宫御女白色,衣白采,撞白钟。"

孟冬、仲冬、季冬之月,"天子衣黑衣,乘玄骊,服玄玉,建玄旗。食黍与彘,服八风水,爨松燧火。北宫御女黑色,衣黑采,击磬石。"

兹仅将冬月章译为白话,春夏秋三章毋庸再译,知者自明。"孟冬十月、仲冬十一月、季冬十二月,天子身穿黑色衣服,乘骑黑色骏马,佩戴黑色美玉,树立黑色旗帜,餐食麦粮和猪肉,饮用八方之风吹来的露水,点燃取火,燃烧松木。北宫侍女身穿黑色衣服,佩戴黑色彩饰,叩击石磬。"

《淮南子·说山训》云钟磬之声有别,诚哉,方家之高论:"钟之与磬也,近之则钟音充,远之则磬音章。物固有近不若远,远不若近者。"

汉代官方文献中,以班固等奉诏编撰《白虎通》一书,论磬之义,最与儒经相合。《白虎通》之所能成书,源于中国东汉历史上的一个重大事件——"白虎观会议",发生在东汉章帝建初四年(公元79年),聚集国中名儒参加,汉章帝御临主持。

章帝为君宽仁,且尊儒术,即位后励精图治,予民休养生息,与其父汉明帝共创盛世,历史地位虽曰不及"文景之治"之崇隆,亦有"明章之治"之称。章帝文学书法造诣很高,据说章草因其而命名。汉章帝诏开"白虎观会议"之目的,重点以调和古文经学与今文经学之矛盾。会议让群臣和儒生"讲议五经异同",最终以今文经学为基础,初步暂时实现了经学统一。

西汉武帝时,设立诗、书、礼、易、春秋,"五经博士"。五经以当时通行之隶书写就,故称"今文经"。西汉末年,刘向之子刘歆整理皇家藏书时,发现一批用战国和秦朝古文所书《春秋》《尚书》等儒家著作,称为"古文经"。

今文经学与古文经学，自西汉末年起始，即势不并立。各派内部观点也有不同，殆至清末民国判其孰是孰非，亦未明验。维护两经头面人物，今经派之宗师，非南海康有为莫属。而力挺古经派之重镇，是为余杭章太炎。双方可谓旗鼓相当，直杀得天昏地暗，以至于今，海宇茫茫，难以澄清。

班固等奉诏将会议记录整理成书，名为《白虎通德论》，又称《白虎通义》《白虎通》。是书作为东汉钦定之经典刊布，对后世影响很大，以阴阳五行、天人和谐的理念，解释自然。"岁时何谓？春夏秋冬也。时者，期也，阴阳消息之期也。""君父有节，臣子有义，然后四时和。四时和，然后万物生。"

以上《白虎通》中所倡导顺天应时的王者之道，也贯彻于《白虎通·礼乐篇》释磬章节。其文仅百余字，已然充分彰显集于磬身之传统礼乐精要：

> 磬者，夷则之气也，象万物之盛也。其气磬，故曰磬。有贵贱焉，有亲疏焉，有长幼焉。朝廷之礼，贵不让贱，所以有尊卑也。乡党之礼，长不让幼，所以明有年也。宗庙之礼，亲不让疏，所以有亲也。此三者行，然后王道得，王道得，然后万物成，天下乐用磬也。

古籍中记礼乐音律，"夷则"一词多见之于论述石磬。夷则为周朝时已有"十二律"中第九律。十二律对应一年中十二月历，夷则又应衬七月，七月正万物兴盛之极、将入萧瑟秋杀之季。故又曰："立秋之音，夷则之气也。"《孟子·告子上》："诗曰：'天生蒸民，有物有则。民之秉夷，好是懿德。'"

特磬在新石器时代已经产生，形状不一，很不规整，磬体较大。直至商代晚期出现成编的至少三个一套的编磬，磬体缩小，向三角形接近。周代始，编磬多，加入宫廷乐队的演奏，礼乐勃兴。到西周晚期，编磬的形制日趋规范化，形成了"股二鼓三""磬背倨句"的特征，并顺利过渡到春秋的成熟

形制。倨句，为石磬背部的角形躬起，为开钻倨孔之处。倨句对于石磬的断代研究至关重要。在发现的远古和夏代石磬中，多数已呈现出明显的倨句设制或已稍具倨句之雏形，只是这些石磬倨句形状不同，大小视石材而定的随意性较强，尚未能体现倨句的设计逻辑，因而也未能达到《周礼·考工记》"一矩有半"的严格规范，只对倨句之结构有些朦胧意识，鸿蒙初开。倨句的选择运用，处在非自觉阶段，有倨句与无倨句石磬并存于此一历史时期。

倨句最为关系石磬的悬挂使用。倨孔位置的准确性，更直接关系石磬的稳定性。倨孔适当偏离石磬重心，磬体倾侧一边，悬垂便愈具稳定性。倨句之作用，无非是令磬背躬呈角形，乃使倨孔离重心距离加长，从而增强磬体稳定性，益于乐工演奏。

当代学者朱国伟先生在其所作《编磬在汉代的转型与没落》一文中，将西汉之后出现的编磬分四型，节录如下：

> Ⅰ型磬，即弧底五边形磬，具有底边上凹、股二鼓三、磬背有140度左右的倨句，鼓边、股边、鼓博、股博都大致呈直线的特点，是东周以后的典型磬制，并且在西汉早期得以延续；Ⅱ型磬，即弧底对称形磬，磬底仍是弧底，但股鼓等长；Ⅲ型磬，即对称曲尺形磬，磬底呈曲尺角形，鼓股等长，呈对称形状；Ⅳ型磬，即不对称曲尺形磬，磬底呈曲尺角形，鼓长大于股长，通常股博大于鼓博。

> 西汉中期往后弧底磬便不再见到，从东汉到清代，基本能见到两种板状磬：一是寺院用的大磬，常见的有如意头形的云磬和对称叶形的浮磬(此二类磬亦为玩磬的常见磬型)；第二种则是先秦磬的后裔，即角底曲尺形磬。这是从东汉以后到清代见到的几乎是唯一的一种编磬形制，是先秦弧底五边形磬转型后的直系后裔……武帝之后就不再见到弧底形磬，故武帝时很可能是

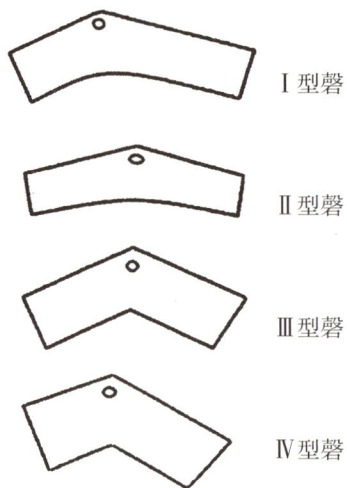

图6-1 汉代磬型式图

编磬转型完成的时期(图6-1)。

朱国伟所列四型磬,其中第"Ⅱ型磬",自西汉至今两千年,从未见有实质意义的石磬的发现,只有木制的明器磬。朱氏也曾在文中指出,只是在长沙马王堆3号汉墓出土了一套木编磬,以及在汉墓中的外棺漆画、帛画上"都见到了股鼓对称,边底上弧的Ⅱ型特磬。"(图6-2)

木编磬为石质实用编磬的仿制品,专用于殉葬,其制作往往有失精准,因而不必严格遵照西汉之前编磬的基本形制即"股二鼓三"之标准。至于汉墓帛画中图像,将磬画成对称形,则是为了周全T形帛画的特殊构图,以求美观,已非石磬实物形式留传至今的Ⅱ型磬。尚有一例,可见前述之"秦怀后磬",此磬出现于宋代,不久失佚。所幸宋人薛尚功将其著录于《历代钟鼎彝器款识法帖》,表明此件"秦怀后磬"弧底对称,股鼓等长的特点,即朱国伟所列之"Ⅱ型磬"、李纯一所列之"Ⅳ3b式磬"。费解的是:为何至今所能见之以实物出现的秦汉时代编磬,无一件是"Ⅱ型磬"?本史鉴识:至少汉代甚或上溯前朝,此类"Ⅱ型磬",定无广泛制作之可能,后世之人因此而罕觏其器型,委实不具典型意义(图6-3)。

天津市艺术博物馆收藏一件1954年由天津市历史博物馆拨交的汉代青玉磬,磬底一反角底曲尺形为平直底,整体呈不规则五边形,一面阴刻4条直线,保存完

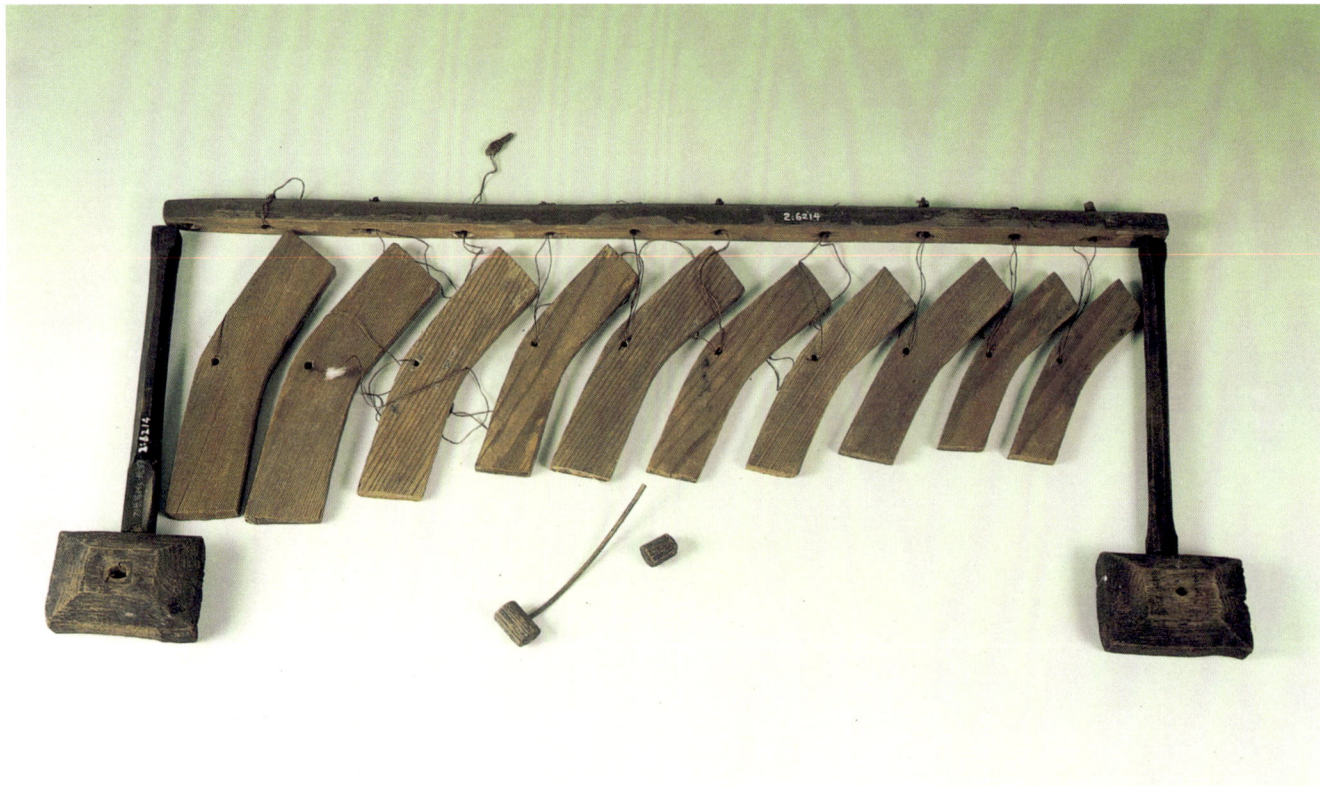

图6-2 马王堆3号墓木编磬

图 6-3 马王堆 1 号墓 T 形帛画中的磬

图6-4 天津艺术博物馆馆藏汉代青玉磬

整，宽37厘米，高12.2厘米（图6-4）。

2000年，山东省章丘市洛庄汉墓乐器陪葬坑出土石编磬6套，共计107枚，数量之多，不仅为考古史上单一墓圹出土石磬之最，几乎等于先前出土西汉时期编磬之总和。经专家研究后，获得汉初编磬乐悬方式、演奏形式等许多重要资料，弥足珍贵。

2015年，江西南昌西汉海昏侯墓，历经5年的抢救性发掘，共出土文物1万余件，其中有三堵悬乐，两堵编钟24件，一堵铁编磬16枚。出土编磬常见为石质，铁编磬在汉墓及先秦古墓中从未发现。海昏侯墓出土铁编磬，创下了全国首例，遗憾的是目前铁编磬氧化残损程度严重，正在提取修复中，何时得窥全豹，尚须假以时日。

任何事物在发展的过程中，都在向两个方面变化，正如乐府在汉代历史中存在106年。它的创立，标志着西汉时代的全盛时期；它的撤销，则是西汉政治经济衰败的反映。

东汉大乱，争战不休，魏、蜀、吴争霸天下，无暇王道，社会总体上实难雅命礼乐以为教化子民之用。金戈铁马一时取代铜钟石磬，其势必然。

中国历史处在一个大动荡的时代，也是汉族与少数民族、南方与北方在音乐文化史上一个大融合的时代。晋的暂时统一，北方和西边地带一些少数民族向内地的陆续迁徙，逼迫晋室仓皇南迁。虽然"南渡衣冠不后前"，依赖北方士民的大量南移，庶使"北来风俗犹存古"。南北各族在汉族先进的文化、经济基础上逐渐融合起来，音乐文化也增添了新鲜血液，中国音乐文化取得了很大发展，隋唐时代大部分重要乐器：五弦琵琶、曲项琵琶、竽篪、方响、钹、羯鼓及其他鼓乐器，此时都已出现。龟兹乐、西凉乐、康国乐、天竺乐、高丽乐等，这些少数民族音乐和外国音乐在中国内地流行开来，对后来著名的隋唐《九部乐》《十部乐》

图6-5 沂南县北寨村《乐舞百戏图》画像石

的形成,影响很大。这一时期,是古代音乐文化大发展的时期,而其后的隋唐,则是中国音乐文化的巩固和进一步发展的时期。

曹操"横槊赋诗,固一世之雄也",然其总资文武,一门风雅。曹操更是中国文学史上著名的"建安文学"的主将,通音韵,喜雅乐。即使在战争年代,挥军南下,戎马倥偬间,仍不忘一揽天下音乐精英人才,有以赓续礼乐,建轩堂、立篳虡。此番雅举,《晋书·乐志》志其事曰:"魏武(曹操)平荆州,获汉雅乐郎河南杜夔,能识旧法,以为军谋祭酒,使创定雅乐……始设轩悬钟磬。"

东汉末年,上层贵族生活中,钟磬之演奏,仍然是乐舞的重头戏。1954年出土于山东省沂南县界湖镇北寨村的东汉晚期《乐舞百戏图》画像石图案中有一钟架,上悬两件镈钟,右侧一人持槌击奏。击钟者右侧有一编磬架,上悬四枚编磬,右侧一人为演奏者(图6-5)。

《晋书》有三传,记汉、晋文臣敬事钟磬,文皆简约晓畅,意颇不难领会,兹请逐录如下:

《晋书·裴頠传》:"(頠)令荀藩终父勖之志,铸钟凿磬,以备郊庙朝享礼乐。"

大臣命属下治钟磬,将用于朝廷大礼,可知晋室偏安江南,不忘故国传统礼乐,彻响殿堂的钟声磬音,有几多悲怆几多凄婉!不亦赵松雪所云"琵琶曾泣汉婵娟"?

《晋书·范宁传》:"宁在(豫章)郡大设庠序,遣人往交州采磬石,以供学用。"

豫章,今属江西南昌。交州古时地域广阔,广东、广西、越南一部分皆属交州。范宁为兴礼乐,建学校,供钟磬,不辞千里之遥,寻觅磬石。广东英德地区产英石,嶙峋刻峭,叩之有声,是极好的磬材。广西与越南毗连,境内多生与英德喀斯特地貌相同而自然形成的奇石,以为磬用,不让英石。

以石为磬,灵璧乃为首选,英石仅次之,"出钟山之灵泉,其佳者温润苍翠,叩之如金玉。盖其物贵重于世,自古已然。"

《晋书·谢尚传》:"(尚)寻进号镇西将军,镇寿阳。尚于是采拾乐人,并制石磬,以备太乐。江表有钟石之乐,自尚始也。"

江表是地理名称,指长江以南地区,坐中原以观,处长江之外,故而雅称江表。南方六朝都泛称江表。谢尚之功,功在初设磬制,庶使江南士民得享钟石之趣。江南磬父,谢尚当之无愧。

《宋史·乐志二》："晋贺循奏置登歌篪虡，采玉造小磬。"

即言小磬玉制，定是磬中妙品，精雅过于石磬。

西晋名士，皆享音乐。"竹林七贤"中的嵇康，有极为渊博的文化修养，对于音乐之学，有独特而深刻的理解，在音乐实践上亦有丰富的经验。善弹古琴，自创琴曲，"长清""短清""长侧""短侧"，后人誉为"嵇氏四弄"。所弹"广陵散"，声调绝伦，"纷淋浪以流离""沛腾遌而竞趣""纡余婆娑""飞纤指以驰骛"，故乃声华行远，一至于今。

当代文艺界仍有人感慨嵇康其人非专业音乐家，音乐之成就却远超所谓专业音乐家。于嵇康而言，音乐仅是其精彩而短暂生命中的小小序曲，他不屑于做什么音乐家。古往今来，无论任何社会，总是会有二三雅士，本非专业人士，恰恰是完成了无数专业人士应做、应成而未做成的事业。

嵇康虽亦深识磬理，世人断不会以击磬手等闲视之。后世没有辜负嵇康，奉敬若古贤。嵇康闻磬声如闻琴音，而能辨识知音的故事，赖其一语传诵于今。嵇康云："伯牙理琴，而钟子知其所志；隶人击磬，而子产识其心哀。"

而另一位西晋名士阮籍论乐，领会出含石磬在内的四种乐器的乐音共性，"空桑之琴，云和之瑟，孤竹之管，泗滨之磬，其物皆调和淳均者，声相宜也"。

北魏太和十八年（494 年），高闾上表曰："臣前被敕理乐……令（公孙崇）依臣先共所论乐事，自作《钟磬志议》二卷，器数为备，可谓世不乏贤……今请使崇参知律吕钟磬之事，触类而长之，成益必深。"诏许之。

南北朝时期的南方统治者，不同于北方的统治者，宫廷雅乐，不以吸收汉族和少数民族的民间音乐为能事，而是重视传统礼乐程式在宫廷雅乐中的推行。特别值得注意的是梁武帝天监二年（503 年），为元正大会所增用的雅乐钟磬之多，远超曾侯乙钟磬之数，达三十六架，镈钟和编钟、编磬，各自具备符合于十二律的十二架。每架

编钟、编磬皆具七声音阶的三个八度。《隋书·音乐志》记："……悬钟磬法，七正七倍，合为十四……又梁武帝加以浊倍，三七二十一，而同为架。"每架各悬二十一枚，依此计曰编钟、编磬五〇四枚，各为二五二枚，这样豪华壮阔的雅乐阵容，可谓前不见古人、后不见来者。萧衍做此事的认真态度丝毫不亚于他的儿子昭明太子编纂《昭明文选》时的严谨精审（图 6-6）。

磬在这一时期循礼乐之仪，亦为玉帛之用，竟为诸侯"贿赂公行"的珍宝。《左传·成公二年》载："晋师从齐师，入自丘舆，击马陉。齐侯使宾媚人赂以纪甗、玉磬与地。"

《左传·襄公十一年》十二月，郑赂晋以"歌钟二肆，及其镈磬"。

以上二例中的"纪甗""歌钟"都是珍贵的青铜器，磬与之"鼎立"，足以证明磬的分量很重。"歌钟"即编钟，"镈"即镈钟，又称特钟，对编钟而言。后者为编悬，前者为特悬。编悬十六钟共一簴，特悬每钟一簴。

隋唐之际，雅乐和燕乐之别渐趋拉大了距离，实则在春秋之世，例如曾国的礼乐已呈燕乐之象。何为燕乐？燕乐的实质和概念很清楚也很简单：各级统治阶级在宴会中应用演奏的一切音乐，都可称燕乐或宴乐。此乐大行其道，很大成分上是为统治阶级享乐服务的。燕乐的乐器虽然包括了雅乐之外的所有乐器，但是在打击乐器方面，亦不失其雅，一如依雅乐所必需的那样，保留了磬在燕乐中不可替代的作用。

歌舞音乐在隋唐燕乐中占据最重要之地位，含有多段落的大型歌舞曲，当时称作《大曲》。《大曲》中有一部分又称作《法曲》。它的曲调和使用乐器，比较一般意义上的燕乐要幽雅许多，著名的《霓裳羽衣曲》即是《大曲》中的《法曲》。诗人白居易精通乐理，诗文中涉及音乐处，十分在行。读白居易在《霓裳羽衣歌》及其注中所言，可知磬的应用，其位居先，其击在前，重在谐音，"磬、箫、筝、笛递相搀，击、搦、弹、吹声逦迤。"又注云："凡法曲之初，众乐不齐，唯金、石、丝、竹，次第发声。《霓裳》序初，亦复

图 6-6　南北朝时期玉磬带红木磬架

如此。"

唐段安节《乐府杂录》记唐代乐器,约有三百种,在隋《九部乐》和唐《十部乐》中所用乐器约有五十种,在《九部乐》和《十部乐》中共同使用的乐器仍旧有编钟、编磬。

隋唐的统治阶级、上层的官僚贵族在充分享受燕乐的同时,不忘以传统的礼乐文化,维护统治,教化子民,又大力提倡从礼乐脱胎而生的雅乐。而燕乐之由来,出自中国汉族民间音乐、少数民族音乐、外国音乐等新兴的音乐的相互交流融合,与古乐相比,他们又以为燕乐的血统不够高贵,因而给予雅乐以极高的地位。宫廷不惜人力物力提倡雅乐借以炫耀我朝之雅乐较之前代更为符合远古之传统。显著表现在宫悬钟磬的架数多少上。隋唐时代的架数因朝代变化亦有所变动:隋文帝时(587 年始),

二十架。隋炀帝大业六年(610 年始),三十六架。唐太宗贞观初年(627 年始),架数袭前朝为三十六架。其后有增减,二十年后的唐高宗初年(650 年始),增至七十二架。两百多年后的唐昭宗初年(889 年始),减至二十架,国力的贫弱影响到了宫悬钟磬的架数。

当代音乐文物考古工作者,多年来纷纷感叹隋唐之际宫悬钟磬,虽然屡屡见著于古籍,而其实物,无论是出土或传世,却是一无所见。2013 年,由于国家实施对江苏扬州市曹庄隋炀帝墓成功的抢救性考古发掘,隋代编钟 16 件,编磬 20 枚,得以重见天日,一改隋唐时代编钟、编磬无实物留存的历史,"唐随隋制",隋唐两朝宫悬钟磬之制式,当无大异。

公元 874 年的农民起义,对唐朝的政

经文化等打击尤其沉重。经济的衰落，迫使唐王朝不得不节俭以对。《旧唐书·音乐志》记载了制约宫廷乐事的有效措施："……制度之间，亦宜搏节……簨虡架数太多，本近于侈，止于二十架，正协礼经。"

唐天宝十四载（755年）十一月，安禄山反于范阳，南下，陷河北诸郡、东都洛阳。十五年六月，唐玄宗李隆基奔蜀，至马嵬坡兵变，杀杨国忠，被逼缢杀贵妃杨玉环。不久长安沦陷。七月，太子李亨即位于灵武，改元。唐肃宗至德二年十二月，玄宗由成都还长安，"麦秀黍离"之思之于昔日君王，悲辛之感，愈加沉痛。当年的"梨园教主"目睹京师"乐器多亡失，独玉磬偶在，上（李隆基）顾之悽然，不忍置于前，促令送太常，至今藏于太常正乐库。"此事见《开天传信记》，李隆基得见玉磬，睹物思人，念及"太真妃（杨玉环）最善于击磬，搏拊之音泠泠然。新声虽太常梨园之能人，莫加也。"

承平年代的唐明皇以帝王之尊、举国之力，伺弄音乐。这位文艺皇帝于音乐歌舞艺术上，多才多艺。龙心大悦之时，常集编导演于一身，与杨贵妃宴乐度曲为乐。每以观贵妃击磬为乐事高潮："令采兰田绿玉琢为器（磬）。"李隆基于磬艺有独特的创意贡献，于磬体磬架上施加豪华装饰。后世纷纷仿效。磬坠以丝质流苏（俗称"穗"），以增美感，偕之以谐音"岁岁平安"，实是李隆基的一个小小传授而已。皇上玩磬的花样迭出，异彩纷呈，远远不是一般阶层人士所能承担的。不妨看一看唐明皇玩磬有多么堂皇奢侈："上造簨虡、流苏之属，皆以金钿、珠翠、珍怪之物杂饰之。又铸二金狮子作簨，攫腾奋之状，各重二百余斤。其他彩绘缛丽，造作神妙，一时无比也。"如此竭尽天下宝物集磬之一身，非精擅磬艺之玄宗皇帝曷能办之。

唐文宗李昂酷嗜音乐，大有乃祖玄宗遗风。好磬，知磬，沉迷磬音，且与阁僚同享。曾赐磬，以奖励有功之臣，事载于《新唐书·礼乐志》："文宗好雅乐，诏太常卿冯定采开元雅乐制《云韶乐》及《霓裳羽衣舞曲》，《云韶乐》有玉磬四虡……遇内宴乃奏。谓大臣曰：'笙磬同音，沉吟忘味，不图为乐至于斯也。'自是臣下功高者，辄赐之。"北宋陈旸《乐书》云："盖应笙之磬，谓之笙磬；应歌之磬，谓之颂磬。"

有唐一代，磬在民间，得到普遍的欣赏，文人高士无不以弄磬为雅乐之事，缁流之辈亦蓄佳磬为法器为清供。

唐历城县光政寺藏一磬甚奇，段成式《酉阳杂俎》记此磬："形如半月……扣之，声及百里。北齐时，移于都内，使人击之，其声杳绝。却令归本寺，扣之，声如故。"磬寺内作响，寺外杳绝，恐因悬挂空间变化，受四周物所阻，共振共鸣所致。段成式未明其因，或知之而不求甚解，实则并无甚玄秘可炫之于世。同是唐人的曹绍夔因通音律、精磬艺，逢遇类似之事，仅略施一小小妙着，尽除久困僧人因怪磬所扰而生之怪病。

事情经过是：东都洛阳寺庙一僧房中有一怪异之磬，不知为何不分昼夜，时常自鸣。僧人以为怪，惧怕日久而患生疾病。遍求术士出方无数，声响仍旧不止。

> 曹绍夔素与僧善，适来问疾，僧具以告。俄顷，轻击斋钟，磬复作声。绍夔笑曰："明日盛设馔，余当为除之。"僧虽不信其言，冀其或效，乃力置馔以待。绍夔食讫，出怀中错，鑢磬数处而去，其声遂绝。僧苦问其所以，绍夔曰："此磬与钟律合，故击彼应此"。僧大喜，其疾便愈。

唐代李师诲曾于一僧人处得一石磬，名"落星石"，此石大有来历，据僧人所云："于蜀路早行，见星坠于前，遂围数尺掘之，得片石如断磬。其一端有雕刻狻猊之首，亦如磬，有孔，穿绦处尚光滑。岂天上乐器毁而坠欤？"此磬后归绰安邑宅中。

又据段成式《酉阳杂俎》记一事，与上所记约略相同。师诲别作师晦，得上天所赐之磬者，亦易为其弟。师晦、师诲是为同一人，而名稍异？或古人传写偶异，读之大旨则无殊。此事段氏倘未录入《酉阳杂俎》，庶几可入唐人传奇小说。兹并录如下，不失相映成趣之意：

> 伊阙县令李师晦，有兄弟任江南官，与一僧往还。尝入山采药，遇暴风雨，避于槐树。须臾大震，有物蹩然坠地。倏而朗晴，僧就视，乃一石，形如乐器，可以悬击者。其上平齐如削，中有窍可盛，其下渐阔而圆，状若垂橐。长二尺，厚三分，其左小缺。斑如碎锦，光泽可鉴，叩之有声……

唐代诗人李建勋，诗名甚藉，著《钟山集》二十卷，《全唐诗》录其诗甚夥，入《唐才子传》。曾作七绝《春词》一首，"日高闲步下堂阶，细草春莎没绣鞋。折得玫瑰花一朵，凭君簪向凤凰钗。"又作七律《落花诗》："惜花无计又花残，独绕芳丛不忍看。暖艳动随莺翅落，冷香愁杂燕泥干。绿珠倚槛魂初散，巫峡归云梦又阑。忍把一尊重命乐，送春招客亦何欢。"似此诗作，焉能不得晚唐李昪、李璟所重，诏拜司空，以司徒致仕，赐号"钟山公"。

李建勋远非寻常文士可比。庙堂之上，公卿将相，群辅百僚者，泰半风尘俗吏，建勋为仙吏。放衙理事，治人事君，反躬修己之外，而能别寻乐境，致仕归田西畴，竟成高逸，蓬莱三岛何足羡之！观李子一生行谊，百务累身，而能醉心诗赋，闲理冰弦，尤擅雅集文房妙物，高士清玩，爽人耳目。玩磬之法，独灿高标。磬之功瞿然而为涤俗搏节之戒器。乃见建勋所蓄一玉磬，长尺余，击磬之槌为沉香节，叩之，声极清越，每遇俗客"谈及猥俗之语者，则起击玉磬数声，曰：'聊代清耳。'"此真慕许由之贤者，磬声锵锵，权当洗耳。

李建勋建一竹轩，以四友为轩室名："琴为峄阳友，磬为泗滨友，《南华经》为心友，湘竹为梦友。"

李建勋许为四友之首的"峄阳友"，《禹贡》有记"峄阳孤桐，泗滨浮磬"。孔安国注解为："峄山之阳特生桐，中琴瑟。"《太平御览》中有记"峄山多孤桐"，峄阳指峄山之南，峄山在今山东邹城，即亚圣孟子故乡。当年秦始皇东巡曾在峄山勒石纪功，为著名的"峄山刻石"。孤桐是峄山之南特生之桐树，乃上古之人制琴最佳材料，相传最先用峄阳孤桐制琴的是华夏人文先祖伏羲氏。其后，大禹治水，洪患绝迹，四海升平，文明兴化之时天下百姓纷纷向大禹敬献最珍贵的本埠特产。徐州邹峄人贡奉峄阳孤桐以制琴，大禹闻之如鹤唳凤鸣，悦耳清心。唐代诗人李白曾写一《琴赞》，赞颂峄阳孤桐琴："峄阳孤桐，石耸天骨。根老冰泉，叶苦霜月。斫为绿绮，徽声粲发。秋风入松，万古奇绝。"第五句中"绿绮"为一古琴名，然非李白所有。观太白一生，不似李建勋那般尽享优游雅趣。《禹贡》所云"峄阳孤桐，泗滨浮磬"，可以抚，可以击，此一双珍物都归建勋文房朝夕赏玩。"泗滨得浮磬"，建勋曾以此为题，写就一首五律表达得到泗滨浮磬后，"喜复欢"的心情。此石磬是否为彼"聊代清耳"之磬？唯憾今人迷不得知也。

唐代最喜泗滨浮磬的高士是著名诗人白居易，字乐天，晚年号香山居士。其曾得地理之便，亲近灵璧美石。唐德宗建中三年（782年），白居易十一岁时随父迁居符离，居住在距离灵璧五十五公里的今宿州市东北方向的毓村，建宅名"东林草堂"。与灵璧西境诸山相邻，常与诗友结伴徜徉符离、灵璧青山绿水间，故可多观灵璧石，日久则对灵璧石鉴赏精到。

天宝年间，天下危机潜伏，征兆益显。唐宫廷乐师一反常规，就近取材，以陕西耀州区所产华原石磬取代泗滨浮磬，材质更易，磬声大变。精通音律，熟谙灵璧的白居易，甚以为不妥，恐致凶隙，立赋《华原磬》歌，讥刺乐师双耳如堵，糊涂无知，竟使天子聆此"新声"，乃致不祥。其歌云：

> 华原磬，华原磬，古人不听今人听。泗滨石，泗滨石，今人不击古人击。今人古人何不同？用之舍之由乐工。乐

工虽在耳如壁,不分清浊即为聋。梨园弟子调律吕,知有新声不如古。古称浮磬出泗滨,立辩致死声感人。宫悬一听华原石,君心遂忘封疆臣。果然胡寇从燕起,武臣少肯封疆死。始知乐与时政通,岂听铿锵而已矣?磬襄入海去不归,长安市人为乐师。华原磬与泗滨石,清浊两声谁得知?

《新唐书·礼乐志》载:昭宗李晔即位,"宰相张濬为修奉乐县使,求知声者,得处士肖承训等,校石磬,合而击拊之,音遂谐。"昭宗为帝的晚唐江河日下,李唐王朝早已不复"贞观之治""开元盛世"的繁荣景象,此时朝中竟找不出一位"知声者",不得不向民间求。殊为奇怪、深为不解的是,自隋高祖开皇二十年(600年)至唐昭宗乾宁元年(894年),近三百年间,日本曾先后派来中国的"遣隋史""遣唐史",共有二十二次之多。"遣唐史"的组织规模之盛大,如玄宗开元年间(732年),一次就有五百九十四人,其中有很多留学生、学问僧,以学习大唐文化为目的,包括来学习音乐。一直到昭宗乾宁元年,日本还在派出"遣唐史",来学什么呢?不会来学习这一时期的唐乐吧?曾记得公元717年入唐、公元735年回国,在中国唐朝音乐发展的黄金时代的玄宗一朝,居停长安一十八年的日本留学生吉备真备带走《乐书要录》十卷,及唐乐器律管、方响、石磬等。公元805年,学问僧最澄、义空二人也曾携唐乐器多种返回日本。

日本奈良兴福寺有一"唐物"宝器(图6-7),当时日人即极宝贵之,"于是说明之曰:此即《尚书·禹贡》所谓泗滨浮磬类乐器也"。据"传入此物至日本者为奈良朝中顷之玄昉僧正"。僧正,俗称"阿刀氏",生年不详,卒于中国唐代玄宗天宝五年(746年7月15日),亦即日本天平18年6月18日。

审观此磬流传有序,迭被著录,宝藏于奈良兴福寺一千余年,信为名符其实的真"唐物"。

清末民元人士考证此磬"系纪元之后,

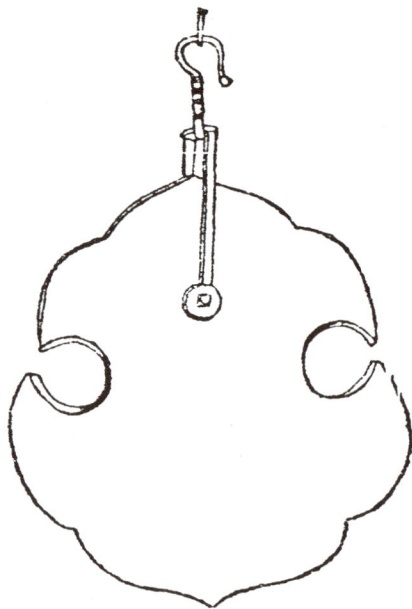

图6-7 日本兴福寺藏磬线描图

佛家所作之物"。所言之"纪元之后",意喻西汉末年及后世,语虽宽泛,当无误矣。乃因西汉平帝元始元年(辛酉),为公元第一年。言其为"佛家之物",则见偏颇,误在附会了僧人所携来,复置寺中,便许为"佛家所作之物",难免牵强之嫌。此兴福寺磬,为独立悬挂之特磬无疑。明代之后,文人清供之玩磬,多选此式。或有于磬之上下左右开四大圆孔,每一圆孔近磬边缘处开通,出两角,四圆孔共出八角,八角可传八音,此种品式,厥为近古特磬最为成熟之形制(图6-8)。华堂燕室僧房禅室,养宜清素,皆可庋之,非佛门寺庙所独有之物。

《后周书》记五代时,后周大将"高琳母,尝祓禊泗滨,见一石,光彩朗润,持以归。夜梦一人,衣冠有若仙者,谓曰:'夫人向所得石,是浮磬之精,若能保持,必生令子。'母惊悟,俄而有妊。及生,因名琳。初仕魏,封巨野县子。后从周太祖破齐,累立战功,进位柱国。"

《后周书》"用广异闻,重加润色",语极典雅,虽亦偶涉不经,益见吉磬之灵谶。

珠潜洲秀,璧蕴山奇。吉磬将携几多高贵气韵、几多神秘色彩款款进入宋元时代。

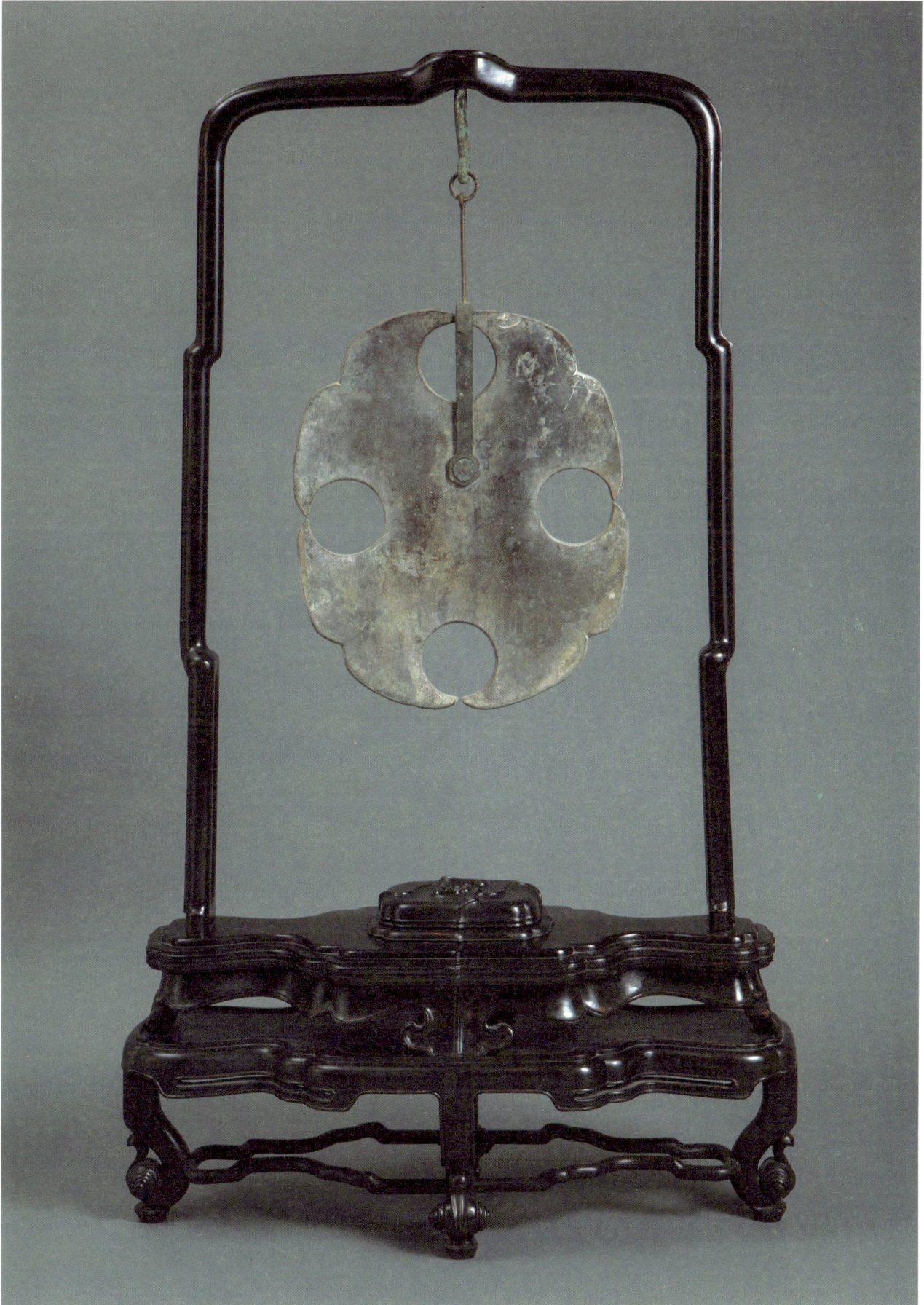

图6-8　明代四孔八角灵璧光素石磬带落地紫檀磬架

第七章　宋元时代

　　宋人于音乐的方方面面，无不风雅至于极致，非独美于古琴，特磬制作亦可见宋人独出心裁。时有一无名氏者，尝取一长方形墨玉良材，黝如灵璧玄精，斫为古琴模样。

　　蒙古入主中原九十年，中华文明扫地荡尽。蒙古人占据中原，削平江南后，民不堪命，"南人堕泪北人笑"，不仅涂炭生灵，更尽掘宋朝陵寝，并发林和靖墓，周密《癸辛杂识》记："东南无不发之墓"。王船山视此，叹之最痛，"谓历代亡国，无足轻重，惟南宋之亡，则衣冠文物，亦与之俱亡。"每念及此，摩石精舍主人思之恫然，实无心续修元朝磬史，不欲加著一语。然及顾元代一朝，骑射君主于中华礼乐，即钟磬之属，所知寥寥，虽曰乏善可陈，终有迹可循。体物而不可遗，此乃天地之功用，亦中庸所谓微而显也，况复磬本无辜，岂可稍掺私见，使有元一代磬史阙如，而令中国磬史世绪不继，则传伦罪莫大焉！

　　《中国磬史》，此"宋元"章部，特于金章宗着墨良多，盖因其人为此一时代风云人物之赫赫显者，而文采风流，上承宋徽宗赵佶余绪，下启清高宗弘历清閟，且与弘历于钟磬礼乐之享，亦颇相合。《中国磬史》"明清"章部，亦将详绎弘历磬事。

　　昭宗一朝，至哀帝李柷，未足二十年，李唐王朝终结，混乱的五代十国先后并立，岂止礼乐制度、礼乐文化斯文扫地，整个农耕民族文明又一次遭到周边游牧民族侵害，达半个世纪之久。

　　公元960年，赵匡胤取后周而代之，建立北宋，统一中国。农业生产得以恢复和发展的同时，工业、手工业也迅速发展起来。科学技术上的发展，促使音乐文化艺术在宋代学者于古代音乐精深研究的基础上，逐渐发达起来，音乐书谱纷纷刊行，在吹乐器和拉弦乐器广为流行的趋势下，大为提高了乐器制造技术。古琴是宋代最具文化艺术价值的乐器，对后世影响很大，以至宋之后，抚琴论艺，言必称宋琴。而宋琴传世珍品，较之唐琴真伪，可信度更高，流传有序之宋琴，今犹可见者有仲尼式"万壑松琴""海月清辉琴"、伶官式"混沌材琴"、连珠变体式"轻雷琴"、南宋连珠式"鸣凤琴"等等。工艺制作之考究，技术之精湛，距今近千年，今日琴师，偶弄冰弦，谐畅风神，或如轻雷滚动，"振万物乎吅吅，独纤尘乎霏

霏"；或如"朝阳既升，巢凤有声"。声音妙化，完然太璞，何须乎凿庄生窍，而古风尚在哉。

　　宋人于音乐的方方面面，无不风雅至于极致，非独美于古琴，特磬制作亦可见宋人独出心裁。时有一无名氏者，尝取一长方形墨玉良材，黝如灵璧玄精，斫为古琴模样。复以单线条刻划七弦、琴徽长约两尺。其形质之精巧典雅，别具风韵，木质古琴或有不及之处，唯叹其可击可拊，不可稍事操缦。此件琴形玉磬，现藏河南省汝州市博物馆（图7-1）。

　　山东省博物馆于1959年征集入藏一件原为齐鲁大学加拿大传教士明义士收集的宋代石磬，由青色石灰岩制成，未循"股二鼓三"比例，鼓特长而股甚短，底弧形内凹，倨孔管钻，宽59厘米，高28.2厘米（图7-2）。

　　宋代音乐演奏家，特于弦乐一艺，不乏圣手。北宋沈括《梦溪笔谈·补笔谈·乐律》，记北宋熙宁年间音乐家徐衍稽琴技艺之绝妙，操弦不慎而一弦断（稽琴为两弦琴）。常

理度之,实乃大煞风景,但见徐师岂止是临危不乱,反有神奇发挥,竟被当代后世将错就错,将这"一弦"独门绝技沿传开来,从此为稽琴演奏之一法。幸赖沈括数语,概知此事,聊以记之:

> 熙宁中宫宴,教坊伶人徐衍奏稽琴。方进酒,而一弦绝。衍更不易琴,只用一弦终其曲。自此始为"一弦稽琴格"。

宋徽宗善操古琴,天下名琴,藏之无数,以唐代斫琴圣手雷威亲制"春雷"最为珍贵。藏琴之所,号"万琴楼"。

中国帝王专制社会最重视雅乐的王朝,一为宋朝,次为清朝。雅乐广而言之、简而言之,乃传统礼乐之赓续。

宋代雅乐主要用于宫廷祭祀仪式,皇帝祭天地在郊外举行,称"郊祀"。祭祖宗在太庙举行,称"宗庙",二者合称"郊庙"。仪

图7-1 河南省汝州市博物馆藏宋代琴形玉磬

图7-2 山东省博物馆藏明义士收集宋代石磬

式中重要部分用雅乐，例设宫悬，必有编钟、编磬的组合演奏，见《宋史》卷一二六"自国初以来，御正殿受朝贺，用宫悬。次御别殿，群臣上寿，举教坊乐"。宫悬与教坊乐虽同归于雅乐范畴，然规格上有高下之别，当无疑问。

雅乐乐队分为堂上、堂下两组套，遵奉古制。堂上乐队在堂上演唱，故此古籍上特别称为"登歌"或"升歌"。皇家堂下乐队规模很大，大堂分具东西南北四方面，可多排开钟磬簨虡，故谓宫悬或宫架(图7-3)。

宋太祖乾德四年(966年)六月，判太常寺和岘言"'大乐署旧制，宫悬三十六虡设于庭，登歌两架设于殿上。望诏有司别造，仍令徐州求泗滨石以充磬材。'许之。"

宋仁宗景祐中，"乃遣使采泗滨浮石千

图7-3 北宋政和三年(1113年)宫廷所颁登歌之制示意图

余段以为悬磬"。终北宋九代皇朝，采灵璧石为制磬之材，见著于史录的，唯此次所获最多。

皇祐三年(1051年)，"诏徐、宿、泗、耀、江、郑、淮阳七州军采磬石"，可见宋仁宗十分珍爱石磬，采石制磬不遗余力，不惮其繁。宋代文人高士景从景止、藏磬、玩磬，兴致所至，拈句赋诗以赞之，"击石一唱三摩挲"，尤其赏睐灵璧磬石。诗人方岩作《灵璧磬石歌》，畅以抒怀：

> 灵璧一石天下奇，体势雄伟何巍巍。巨灵怒坳天柱掷，平地苍龙骧首尾。两片黑云腰夹之，声如青铜色碧玉。秀润四时岚翠湿，乾坤所宝落世间。鬼神上诉天公泣，谓有非常人致此。非常物、可磨砍贼剑，可作击奸笏，可祝不老年；可比至刚德。自从突兀在眼前，溪山日夜君不见。杭州风流白使君，雅爱天竺双雪根。又不见奇章公家，太湖高下分甲乙。二公名与石不磨，公到方岩有灵璧。我来欲作灵璧歌，击石一唱三摩挲。秋风萧萧淮水波，中分南北横干戈。胡尘埋没汉山河，泗滨灵璧今如何？安得此石来岩阿，郁然盘礴中原气，对此令人慷慨歌。

北宋神宗元丰七年正月十九日，"出奉宸库良玉，命太常博士杨杰审定音律，造编磬十六，从协律郎荣咨道请也。……元祐元年八月，咨道奏请，'今后亲祠明堂用编钟、玉磬，登歌。'从之。"正是这一年，朝臣之间发生一事，与磬有关，亦颇有趣。而值得一记的是，此磬非凡磬，系为朝鲜人所造之磬，更为新奇之处是北宋士人认为朝鲜磬极好，故事原委见著于《挥麈录·后录》。北宋文臣杨康功出使高丽，与同僚告别之时，甚是客气、礼貌，问诸公在高丽有事吗?愿意效劳。诸公不答，"独蔡元度曰：'高丽磬甚佳，归日烦为置一口。'不久，康功言还，遂以磬及外国奇巧之物，遗元度甚丰，他人不及也。或有问之者，康功笑曰：'当仆之渡海也，诸公悉以谓

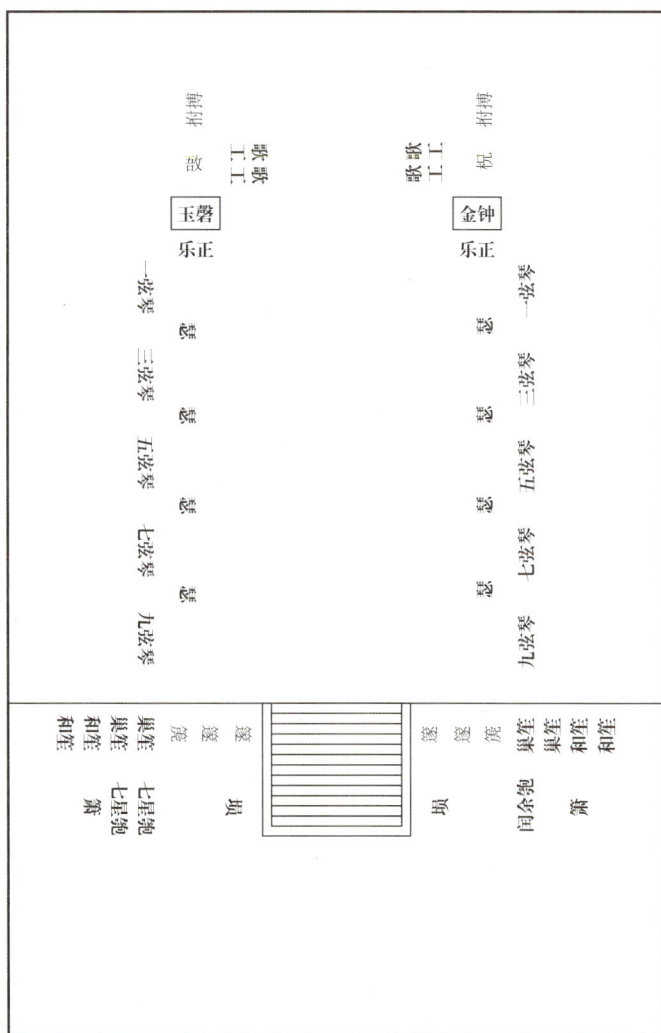

没于巨浸，不复以见属。独元度之心，犹冀我之生还，吾辄以报其意耳。'"

朝鲜磬制，实从中国输入，李王皇族雅乐完全遵循中国礼乐传统，值清末民国间，仍设宫悬编磬十六枚。高丽睿宗时曾由宋朝输入编磬，以充雅乐之用。后李朝世宗九年，朴堧研究唐代制度，用为宗庙并文庙之乐。朝鲜多山，宜于制磬之石，不难寻觅。韩人自制石磬，不足为奇，"中为韩用"，诚中韩古代文化交流信证之一。韩磬必有传于今日者，大多存于韩国境中寺庙等古建中。俟来日，当作详考，本史或将续为别录。

北宋的士夫阶层，对磬普遍持有欣赏态度。古貌古心，世称最古板的理学家朱熹在一个"幽林滴露稀，华月流空爽"的秋夜寒楼孤坐，群思绝想，忽闻邻家磬声，与前山天籁相呼应，不禁起兴文士遐思之余，似亦得有道乎，"起对玉书文，谁知道机长？"

沈括《梦溪笔谈》成书也在宋元祐年间，书中有几卷谈及石磬，最为有趣的是第十九卷"器用"，第十条"肺石"条。沈括描述肺石的情状，分明是一天然形成的巨大石磬，不知何故，沈括却未将之归类于磬属。或许是今人才识浅薄，未能尽悟宋贤未作磬观的深雅之意。肺石距今千数百年，早已荡然无存，然从沈记中，赏顾肺石之奇，妙在其文仅十余句，字字雅训周详又无古奥晦涩之病，引原文如下：

> 长安故宫阙前，有唐肺石尚在。其制如佛寺所击响石而甚大，可长八九尺，形如垂肺，亦有款志，但漫剥不可读。按《秋官·大司寇》："以肺石达穷民。"原其义，乃伸冤者击之，立其下，然后士听其辞，如今之挝登闻鼓也。所以肺形者，便于垂。又肺主声，声所以达其冤也。（图7-4）

沈括此条中言肺石，源自《周礼·秋官·大司寇》，其旨重在尊古，磬何尝不可从肺之形？自然界中模样与人类的五脏六腑相仿佛的奇石，在南方喀斯特地貌的山洞里几亿年前即已生成。清代诗人袁枚两百多年前，游历桂林山水，讶异洞石奇形怪状，"如狮、驼、龙、象、鱼网、僧磬之属"，末之"僧磬之属"，真谓解语，适可一释肺石为磬用之奥。倘有犟人明知其理而强作不怪，烦请拜读袁枚《游桂林诸山记》一文中游"木龙洞"一节："洞甚狭，无火不能入。垂石乳如莲房半烂，又似郁肉漏脯，离离可摘。疑人有心腹肾肠，山亦如之。"

读沈括肺石，又可证知至少在唐时，寺庙已有悬磬的佛门规制。

宋儒重理学，理学在宋代的哲学思想上占有支配地位，而宋代复古主义音乐思想与理学有密切联系。这种复古主义的音乐思想，垄断了宋代宫廷雅乐活动和音乐政策，有些宋代学人研究古代音乐是为了支持复古主义。而沈括的杰出贡献，或者说是在那个时代率先以最具科学精神的研究方法去阐释古代音乐。沈括在《梦溪笔谈》"乐律一""乐律二"及《补笔谈》"乐律"此三卷中，于古之六吕、协律等专业性极高的音乐旨要，发宋儒抑或有宋一代专职乐家欲发而未发者，所在多有。论磬之章，自弦乐十三泛韵谈起，涉及《考工记》为磬之法，载《补笔谈》卷一"乐律"章，"中声与正声"一条。因音乐术语较多，为易于理解，译为白话文：

> 音乐有中声、正声。所谓"中声"，指其声音高至无穷限，声音低也无穷限，但各自都有十二律。制作音乐的人一定要寻找到那高低之间最合适的声音，如不这样，就不能够得到最好的和谐之音，以适应天地之节序。所谓"正声"，如同弦乐有十三泛韵，这是十二律自然节奏。一丈长的弦，它的节奏也是十三；一尺长的弦，它的节奏仍然是十三。所以琴为十三徽。不仅弦乐是这样，金石类的乐器也是这样。《考工记》制造磬的方法："上端过分了就磨它的边，下端过分了就磨它的端。"磨至敲

图 7-4　肺形石磬带髹朱漆楠木磬架

击到有韵的地方，就与徽相应，超过了就又没有韵了；再磨到有韵的地方，又与一徽相应。石不论大小，有韵的地方也不超过十三，就同弦有十三泛声一样。这是天地间的大道理，人们不能在此中间增减一毫一厘。现在制作金石类乐器的工匠，大多不能达到这般水平。找不到正声，不能够制成乐器；找不到中声，不能够成为音乐。

其余谈磬的两条，沈括据唐人和宋人所著《独异志》《国史纂异》，搜剔爬梳，悉心求索，知磬要义，更以科学之分析，拆穿某些人故弄玄虚，冀附于磬而实则谬妄之臆测。沈括所记皆前朝或当代之实闻，今日可以故事叙之，照前例，以白话文译之。

兹请先叙"李嗣真补磬"：唐书《独异志》记，唐朝继续隋朝的动乱之后，悬挂石磬的架子散失，唯独少了发徽音的磬。李嗣真秘密寻访，听到打造弩箭的军营中的砧声，找到了一个丧车上的铎铃，到弩箭营的东南角摇晃出声，果然有回应。挖掘得石头一段，把它裁为四块，用来替补磬的缺失。沈括认为，这种说法是不合道理的妄言，磬之声在长短厚薄之间，因此《考工记》云："磬氏为磬，已上则磨其旁，已下则磨其端。"磨去少许，声音就会发生变化，哪里会有把捣衣石切磨成磬还能保存原来的声音之理呢！况且古代音乐中宫、商无固定声调，要随着音律之高低决定，可以交替定为宫或者徵。李嗣真肯定曾经做过一件新磬，好事之人所说牵强附会。既然说是裁为四块，那就不止仅仅补上徵声了。

"润州玉磬"条，沈括摘录自宋人著作《国史纂异》，润州（今江苏省镇江市）曾经得到玉磬十二枚献给朝廷，张率更叩击其中一枚，说："这是晋朝某年制作的，这一年正好有闰月，作磬之人依照月数制作，应该有十三枚，当在黄钟东边九尺处挖掘，必能找到另一枚玉磬。"照他说的去找，果然应验了他的话。这是胡言乱语。依月律作磬，应该以节气为准，闰月已经包括在二十四

个节气中了，何况闰月无中气，又怎能依月律作磬呢？这是似懂不懂的糊涂人编造出来的。叩击一枚，怎能知道便是晋朝某年所作？既然失陷在地下，又怎能按一定的方向和距离去埋它？这真是荒诞到了极点。

宋代似沈括这样深识磬理之雅士，不止一人。论磬广征博引，有一即重古代传统礼乐，兼能自出机杼者，惜史乘未载姓其名谁。其人独倡简用钟磬，文章标题，即已申明主旨，"今议止用一磬"：

> 钟磬者，乐之节也。节者，俗呼板眼是也。节贵乎简，故《乐记》曰："繁文简节之音，悬钟磬贵乎少。"故《荀子》曰："悬一钟而尚拊。"《大戴礼》曰："悬一磬而尚拊，此之谓也。"夫悬一钟一磬者，谓特悬之钟磬，此唐虞旧制也。或以玉为之，或以石为之，则不拘耳。玉为之者，其名曰球。《益稷》所谓"鸣球"。《顾命》所谓"天球"。《孟子》所谓"金声玉振"之类，盖玉磬之特悬者也。石为之者，其名曰磬。《舜典》所谓"击石拊石"。《禹贡》所谓"浮磬峄磬"。《论语》所谓"击磬于卫"之类，盖石磬之特悬者也。商周以降，始有编悬之制，故《商颂》有小球大球，盖玉磬之编悬者也。而《周礼》有编钟编磬，此石磬之编悬者也。要之编悬不如特悬之近古耳。何况又有宫悬、轩悬、判悬种种分别，裸属、羽属、鳞属种种庄饰，徒令见者惊犹鬼神，而唐虞旧制，益以支离矣。孔子曰："礼与其奢也，宁俭"。凡古制文过于质者，非学乐之所急，但从一磬尚拊之说，庶几唐虞之旧制耳。

《宋史·乐志》载大观四年八月，宋徽宗亲制《大晟乐记》，诏：

> 命大中大夫刘昺编修《乐书》，为八论……石部有二：曰特磬，曰编磬。其说以谓："依我磬声"，以石有一定之声，众乐依焉，则钟磬未曾不相须也。

往者，国朝祀天地、宗庙及大朝会，宫架内止设镈钟，惟后庙乃用特磬，若已升祔后庙，遂置而不用。如此，则金石之声，小大不侔。《大晟》之制，金石并用，以谐阴阳。汉律之法，以声为主，必用泗滨之石。故《禹贡》必曰"浮磬"者，远土而近于水，取之实难。昔奉常所用，乃以白石为之，其声沉下，制作简质，理宜改造焉。

唐代泗滨浮磬，已很是缺罕，不得已，转而使用华阳石。宋徽宗之时，泗滨之石更不易得，只好以白石代之。可惜音质和制作方法均不佳，宋臣认为应加以改造。

徽宗政和六年（公元1116年），大晟府负责管理宫廷音乐的官员述及一段旧事："'神宗命儒臣肇造玉磬，藏之乐府。久不施用，宜略加磨砻，俾与律合。并造金钟，专用于明堂，以荐在天之神。'从之。"

公元1127年，康王赵构逃至河南，改元"建炎"，庙号"高宗"。越四年率文武及北方士民至越州而稍安定，正后世谓之"偏安江南一隅"之始。高宗乐享江南秀色之际，正南宋元气渐升之时，高宗遂有"绍祚中兴"之望，易越州为"绍兴"。

绍兴十四年（1144年）重又设置教坊，至绍兴十六年（1146年），宫廷礼乐受重视之程度较前大为提高。宋高宗是年十月闻知内府："近得玉二块，方成玉磬。朕亲临视之，已协音律，更欲按试之。"高宗御览玉磬，知其音韵毕具，而生击磬之兴。

自此宋朝典章制度，亦趋恢复，其间虽遭金人袭扰，尤以绍兴三十一年（1161年）金人大举入侵，为害最烈，然为强弩之末，金国从此一路衰落，无力南侵。

南宋存世一百五十年亡于蒙古。

蒙古入主中原九十年，中华文明扫地荡尽。蒙古占据中原，削平江南后，民不堪命，"南人堕泪北人笑"，不仅涂炭生灵，更尽掘宋朝陵寝，并发林和靖墓。周密《癸辛杂识》记："东南无不发之墓"。王船山视此，叹之最痛，其"谓历代亡国，无足轻重，惟南

宋之亡，则衣冠文物，亦与之俱亡。"每念及此，摩石精舍主人思之悯然，实无心续修元朝磬史，不欲加著一语。然及顾元代一朝，骑射君主于中华礼乐，即钟磬之属，所知寥寥，虽曰乏善可陈，终有迹可循。体物而不可遗，此乃天地之功用，亦中庸所谓微而显也，况复磬本无辜，岂可稍掺私见，使有元一代磬史阙如，而令中国磬史世绪不继，则传伦罪莫大焉！

船山论南宋之亡，所谓"叹之最痛"，盖缘于内衷对宋代高度文明毁于一旦之深深愧惜、哀悼，几不可自持。宋儒学问、修养，多有超逸唐贤者，非唐人愚钝或用功不逮，实因造物福泽，偏惠于有宋一代。发明雕版印刷术，凤具神解，锲锓印造，庶使宋人翻录往圣典籍，大为便宜，四部咸备。宋儒坐享其成，昕夕穷览，读书乐道，雅以深文而化之。又非古籍如宋版，孰克荣膺珍本秘籍之赞而享誉天下藏书者乎！

辽、金雅乐大多承袭唐、宋音乐制度，而辽国雅乐建立之基础，得益于大同元年（947年）辽太宗灭后晋，搜获了后晋朝太常乐谱和宫悬簨虡。辽乐参用唐代"十二和乐"，后易为"十二安"，并无实质上的改变。所用雅乐乐器，总体与唐代大致相同。

金国的雅乐，单名"宁"，为乐曲名。雅乐制度承唐宋，所用乐器则与宋代"大晟乐"相仿佛。

金章宗完颜璟的才艺可以比肩宋徽宗，亦精擅音律，娴于琴艺。完颜璟得徽宗"春雷"琴，爱如至宝。今人无缘获闻春雷之声，乃因完颜璟生前一日不离，死后随葬陵中。

二人所喜所好尽皆相同，实乃金章宗事事摹仿宋徽宗，如宋徽宗爱玩有类现代高尔夫球的"捶丸"游戏，金章宗亦是此中高手。《丸经》记载："宋徽宗、金章宗皆爱捶丸，盛以锦囊，击以彩棒，碾玉缀顶，饰金缘边，深求古人之遗制，而益致其精也。"

金章宗宠爱李师儿，有很大缘故因其姓名与宋徽宗宠爱的李师师只差一字。细味"儿"字又大有绮思可寻，适为李师师继之者。章宗初闻此名，必有此联想，加之李

师儿貌美性黠，狐眼善媚，故乃大受宠幸，封为元妃。

宋、金互为敌国，金章宗却对宋徽宗崇拜备至，周密《癸辛杂识》记："章宗凡嗜好书札，悉效宣和，字画尤为逼真。"徽宗宸翰宝墨之用，章宗察知，照用为荣，如"闻宋徽宗以苏合油烟为墨，命购得之，墨一两黄金一觔。"

金章宗写宋徽宗瘦金体惟妙惟肖，岂唯乱真，简直不下真迹，为一等一的绝品。

曾由张伯驹收藏，1949年后献出的唐代李白《上阳台帖》，其后跋文，一向视作宋徽宗御书真迹，有当代鉴定家断为章宗手笔。现藏大英博物馆的顾恺之《女史箴图》古摹本，图卷左端，录《女史箴》一则，历代画谱均曾认定为徽宗所书，仍有出自章宗手笔之疑。

章宗的瘦金体虽乏徽宗富贵傲逸之气，而雄鸷豪宕之概，则徽宗不具，此亦鉴别二人书法特征的重要依据之一。

《女史箴》乃西晋名士张华愤于皇后贾氏惑乱朝纲，恣意胡为而作。金章宗著文跋之于尾，对李师儿多有规劝，知章宗并不昏庸："欢不可以黩，宠不可以专。专实生慢，爱极则迁。致盈必损，理有固然。美者自美，翩以取尤。冶容求好，君子所雠。结恩而绝，职此之由。故曰：翼翼矜矜，福所以兴。靖恭自思，荣显所期。女史司箴，敢告庶姬。"

兴读此文，倘掩其名氏，不亦汉儒文宗之所立言。由知章宗完颜璟，"属文为学，崇尚儒雅"，洵为不虚。此仅为完颜璟文的一面，云其武功盖世，不为夸张。贾张的血管流淌着游牧民族滚烫的血液，北抗蒙古铁骑；南拒南宋北伐。更有甚者，金章宗竟能迫使软弱的宋宁宗献上抗金宰相韩侂胄首级。宋之前帝王世家，无此国族大辱。

林语堂先生曾以二十三字评论宋徽宗，数语寥寥，针针见血，不让史家宏著："徽宗身后遗有儿子三十一人、几幅名画、一个混乱的国家。"

视宋徽宗昏庸丧国后，幽禁苦寒北地，犹觍颜苟活于世十年，其与金章宗，真三光之于九泉矣。

女真族自南宋多与汉人婚媾，汉族妇女地位低下，等同奴婢。"靖康耻"，亦耻于徽宗金枝玉叶般的二十多位公主被掳，为妾为娼，不知生下多少混血儿，金章宗尤喜南国佳丽，妃中多汉姬。

章宗殁后二十九年，蒙古灭金。

元朝立国仅百余年而亡。

两百多年后，有金章宗血胤的后金女真人崛起于白山黑水，又二十年改国号为清。1644年入关，清朝享国三百年，远超元朝。深析其因，盖满人上层，入关前已对汉文化及种种典章制度了然于胸，早经"汉化"（此之汉化，亦涵血缘血统之融合）。清代康、雍、乾三朝皇帝皆精熟华夏国学，水平之高，总不下翰林进士之格。

清高宗乾隆有完颜遗风，号"十全老人"，炫耀文治武功，自命风雅，写诗四万首。诗史虽有记，但指数量最多而已。有评者尝云，金章宗一首七绝，纵观乾隆四万首诗作，无此妙句。诗曰："五云金碧拱朝霞，楼阁峥嵘帝子家。三十六宫帘尽卷，东风无处不扬花。"兴象之大极，一派帝王雄风，章宗披襟而当之。

《中国磬史》，此"宋元"章部，特于金章宗着墨良多，盖因其人为此一时代风云人物之赫赫显者，而文采风流，上承宋徽宗赵佶余绪，下启清高宗弘历清閟，且与弘历于钟磬礼乐之享，亦颇相合。《中国磬史》"明清"章部，亦将详绎弘历磬事。

《金史·乐志》记金章宗一事，知其兼通钟磬声韵，岁在明昌五年（1194年），诏命"讲议礼乐"。有司禀报："今所用乐律，声调和平，无太高太下之失，可以久用。唯辰钟、辰磬自昔数缺，宜补铸辰钟十五、辰磬二十一。"章宗曰："尝观宋人论乐，以为律主于人声，不当泥于其器，要之在声和而已。"

元初宫廷雅乐所用乐器，大多承继宋金遗制，见之于记载的各类乐器约有三十七种。打击乐器仍然保留了编钟编磬。据王圻《续文献通考》记元世祖忽必烈至元元年

（1264年），元廷搜括散落在民间寺观中乐器，"先是，括到燕京钟、磬等器，凡三百九十有九事。"

元朝至元年间大臣严忠范率先启奏：

> 宫悬……合用乐器，官为置备。
>
> 宫悬乐器既成，大乐署郭敏开坐名数以上，编钟、磬三十有六虡……补铸编钟百九十有二，灵璧石磬如其数。

元朝采泗滨灵璧石为磬，始于"至元"中期。以"至元"庙号存世三十一年计，"至元"中期当为十五六年，六七年后的至元二十二年，元廷又较大规模采制灵璧石磬。具有特别意义的是，有一名叫牛全的石工善辨磬材，因了此次采磬工程而名留青史。以一工匠而见著于史籍，事极罕见，《续文献通考》记之甚详：至元二十二年，太常卿奏：

> "大乐见用石磬，声律不协。稽诸古典，磬石莫善于泗滨……今泗在封疆之内，宜取其石以制磬。"从之。选审听音律大乐正赵荣祖及识辨磬材石工牛全，诣泗州采之，得磬璞九十，制编磬二百三十。命太乐令陈革等料简，应律者百有五。

元廷官办磬务，举国之力采制，一次只制得编磬二百三十枚，符合音韵可用者，不及半之数，可知泗滨浮磬足显珍罕。

元代初期，还出现了一些新的乐器，其中也有引进的外国乐器，计有三弦、火不思、七十二弦琵琶、兴隆笙、云璈、鱼鼓、筒子。在乐器演奏上，出现了以弦乐器为主的合奏形式，借鉴了蒙古族、回族、维吾尔族等少数民族的乐曲，对于丰富中国器乐之内容和形式有积极意义。

元代雅乐，有谓"萧规曹随"，不过是多少承袭了宋、金雅乐之余绪，毫无发展之势。相形之下，元代杂剧在宋、金时代已经达到相当高度的北方杂剧的基础上，伴随元代都市经济的快速发展，呈现一派繁荣景象。后世论元代文化艺术高峰，无有过于杂剧者，带动了当时文化艺术的发展。杂剧是"曲、白、科"三要素组成的一种总和的戏剧艺术形式。所谓"曲"，是杂剧演员在舞台上演唱的歌曲，"白"是舞台上所说台词，"科"是舞台上表演的动作。

由元代杂剧之繁荣，派生出与其关联密切之又一音乐艺术形式——散曲，散曲则无"科、白"之表演。正是元曲杂剧给本无多少文化色彩之元朝，增添一点亮色，却能灿烂古今，光耀中外。此一时代之杂剧作家关汉卿，跻身剧作大家行列，赢得世界性声誉，被西人赞为"东方的莎士比亚"。

第八章　明清时代

　　古人制器，传之久远，洵为名物，必经文人设思操理，"缅规矩而改错""背绳墨以追曲"。百代俄顷，不乏妙诣风雅之士，而渊然深秀者，终不及明朝文人逸士机锋之曼妙。自国初而晚明不足三百年间，观历朝藏古、鉴古、证古、玩古之玩家作手，格物致理，"颂优游以彬蔚"，文玩善养，文而有理，奇韵尽出。各类器玩文物，林林总总，无不精雅典丽。婵娟为堂，玉局为斋，倘令风流醇古，必以置水石，设悬磬，"贵其秀而远，宜而趣也……贵其奇而逸，隽而永也"。

　　晚明大名士陈继儒绮语清华，见著于《小窗幽记》随性所记，清兴无为，自自然然，只言片语，尽现空灵淡泊的情趣禅机。其末卷第十一条，发吉磬幽韵于禅房戒牖间，遗人一片清凉世界："翠微僧至，衲衣皆染松云；斗室残经，石磬半沉蕉雨。"

　　磬艺在明季之发展恰逢其时，此时之磬非礼乐文化意义之编磬，而是列属文房清供，文人赏用类玩磬，云其"黄金时代"，盖指于此。

　　乾隆盛世，虽未续之以始终。然观弘历先生玩磬颇具持之以恒的精气神。用"玩磬"一词借以形容弘历爱磬一往情深，恐致失敬失理，应易"玩"为"礼"。"礼磬"最宜诩赞乾隆以帝王之尊严、行家之睿识多年奉行的礼磬之举。

　　乾隆之后的一百多年，磬艺一路衰落，大不似往昔礼乐文化盛况。殆至民国，战乱频仍，炮声隆隆，掩压玉磬锵锵。

　　磬之形制，大而分之，不外特磬、编磬两大类，由尧舜远古及春秋诸国，外形变化多样，至朱明之前，大率泛古之作，谨遵古制。《周礼·冬官·考工记》载："磬氏为磬，倨句一矩有半，其博为一，股为二，鼓为三。参分其股博，去一以为鼓博。参分其鼓博，以其一为之厚。已上则摩其旁，已下则摩其端。"综上所记，举凡制磬工艺，校音方法及磬身各部分之专用名称，固定比率，均已注明规制。磬音偏高，锉磨磬之两面，使其变薄，振幅加大，高音频率降低，磬音由"上"变下。磬音偏低，则锉磨磬之两端，即股博、鼓博，使其变短，振幅减小，频率随之提高，磬音由"下"变上。

　　简而言之，磬的发音会因为磬的大小、厚度不同而不同：大而薄，音便低而浊；小而厚，音便高而清。

　　金钟玉磬，钟音调试之法有类于磬音，《考工记》于钟音调试却一字未载之由，清代学者阮元著《研经室集·一集》卷五"钟枚说"一章中，以其亲历一事，析之最明：

　　予所见古钟甚多，大小不一，而皆有乳。乳即《考工记》之所谓枚也。其枚或长而锐，或短而钝，或且甚平漫，钟不一形。窃思古人制器，必有所因，此枚之设，将为观美耶？未足观也。然则欲此垒垒者何用乎？乙丑春，余在杭州铸学宫之乐钟，与程氏瑶田、李氏锐共算其律，以定其范。将为黄钟者，及铸成则失之为夹钟矣。铸工曰："若不合者，当用铜锡傅其内，可改其音"。余乃令其别择一钟，挫其乳之锐者，乳钝而音改矣。夫乃知《考工记》但著摩磬之法，而不著摩钟之法者，为其枚之易摩，人所共知，不必著于书也。

　　磬音调试手法，乃古人长期制磬经验之总结。《周礼·考工记》不仅保留了极为珍贵的古磬制作工艺内容，更为体现出古磬在音乐性能方面内涵科学技术的含量十分丰厚。此种石磬形制亦为古代石磬中最为常见之品，多做编磬之用。上做倨句状，像人形，拟之以人格化，即古人所谓磬折，正君子人庄敬，躬之以礼之意，然磬折之要义又不止于此。

当代学人对历年出土的大量编磬做了许多科学的考察研究工作，"时时会感叹其形制的合理和科学。比如磬背倨句的'一矩有半'，磬体为躬背弧底长条五边形整体造型和'股二鼓三'的基本比例、磬底的弧曲上凹等，无论从其音乐性能的最佳、使用的方便、悬挂的稳定、造型的匀称美观等角度分析，几乎都达到了这种石制乐器的完美境界，改动其中的任何一点都是困难的"。

春秋战国时代是编磬大发展的全盛时期，战国前期的磬形基本为倨句形，见图8-1a所示。图中标明鼓上边与股上边之间的夹角称为"倨句"。"倨"即微曲，其意为"钝"，"句"即"锐"，"倨句"意指钝锐。《考工记》中以倨句表示数学意义上的角度，而在传统礼乐文化中得以延伸，借倨句之形，"俯仰磬折"，表示君子仪礼的恭敬。

《礼记·曲礼》谓宫廷礼仪"立则磬折垂佩。"东汉郑玄注："磬折，谓身微偻，如磬之曲折也。"《庄子·渔父篇》曰："今渔者杖拏逆立，而夫子曲要磬折，言拜而应。"《史记·滑稽列传》云："西门豹簪笔磬折，向河立。"古籍中涉及磬折的例子还很多。

"磬折"一词，最初见于《周礼·冬官·考工记》。其后散见于先秦文献者居多，后世诗文也屡有记载。又因磬折之倨句关系数

学问题，数学著作中有所著录，然"磬折之义，不明于天下也久矣"。

对于"磬折"之考据，古今方家均有道理可言，本磬史特将"两曰"分列如下：

一曰"角度分合"：

先秦文献对于角度的研究和表述尚不甚精当，除几个特殊角度有专用名词外，如"圆""规""周"表示360°，"矩"表示90°，"宣"表示45°，其他角度表示多参用习见之物，尤其是用星宿开头来表示。据《考工记》记载："半矩谓之宣，一宣有半谓之欘，一欘有半谓之柯，一柯有半谓之磬折。"在当时，"矩"似乎是基本的角度单位，半矩谓之"宣"，四矩谓之"周"（规），以对直角的分、合得到的一套角度值，用算式表示为：

一宣＝$1/2 \times 90° = 45°$

一欘＝$45° + 1/2 \times 45° = 67°30'$

一柯＝$67°30' + 1/2 \times 67°30' = 101°15'$

一磬折＝$101°15' + 1/2 \times 101°15' = 151°52'30''$

闻人军先生确定磬折之倨句是"角度分合"所得之结果。然《考工记》中虽列出矩、宣、欘、柯、磬折等几个表示角度的量词及它们之间的换算公式，但始终未能给出一个标准的计量单位和标准量值，因此对这些表示角度的专用名词所表示的绝对的度量值，至今未取得学术界的统一认识。

戴吾三先生在《考工记图说》中，引述了钱宝琮先生著作《读〈考工记〉六首》中注，"半矩四十五度为宣……得一百五十一

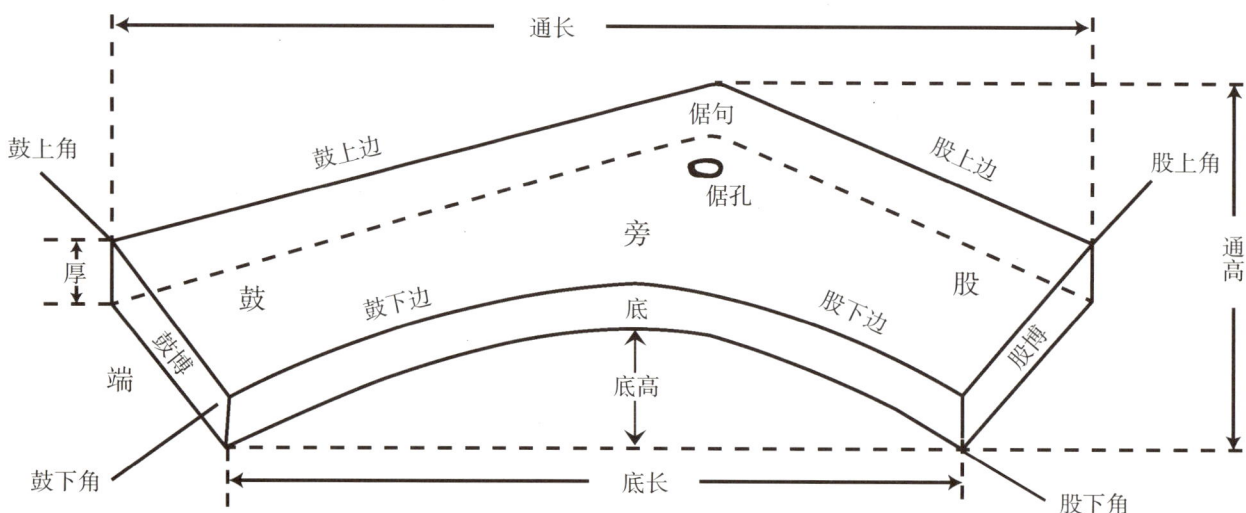

图8-1a　倨句形磬部位名称示意全图

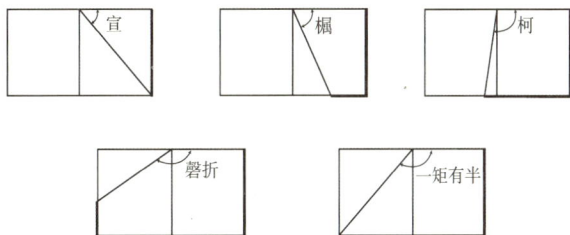

图 8-1b 宣、欘、柯、磬折、一矩有半对应的单位长度示意图

度又八分度之七为磬折，其角度较磬氏所定为钝矣。旧法疏阔，难以名数详校也"。

二曰"以矩取度"：

程瑶田肆力于《考工记》研究，明确指出："百工皆持矩以起度，而倨句之度法遂生于矩焉。"由古文献获知，矩之起源很早，周代时已普遍使用。"矩"是工匠用以量直角的曲尺，还可供测量之用，两者都要用到直角，即"矩"有两义，一表曲尺，一表直角。利用曲尺两边上的数值作弦，可得一套角度，此即为"以矩取度"。《周髀算经》中有"合矩以为方"之言。"倨句一矩有半"，应解释为一个半直角。"欘"和"柯"是斫木材用的斧，因木柄和斧头间的角度有锐有钝，故借用斧名作角度定义，用以表示角度的大小。可以肯定矩、宣、欘、柯、磬折是一套角度定义值(图 8-1b)。

如图所示：一矩 = 90°

一宣 = 45°

倨句 = 90°+ 45°= 135°

据《考工记》记载"半矩谓之宣"，如果认为"宣"对应一个单位长度，如上图示，则欘、柯、磬折与"宣"所取的单位长度的关系分别为：

一宣 =1 个长度单位

一欘 =1.5 个长度单位

一柯 =2.25 个长度单位

一磬折 =3.375 个长度单位

将取单位长度对应的角度与以往解释的角度列表对照如下(见表 8-1)：

程瑶田曰："盖磬氏为磬者，为磬折也，为磬折而有倨句"。说到底，磬折应是某种磬之倨句。钱宝琮先生在其著《中国数学史》中也曾提出："《考工记》'磬氏'节明白规定，磬的两部分的夹角为'倨句一矩有半'，也就是135°，此与《车人》'一柯有半谓之磬折'显然不同。大约在135°上下之钝角皆可称为"倨句磬折"。

以上结果表明，《考工记》文磬折和磬制倨句两者数值，确实不同，此问题之详尽解释，涉及先秦数学发展史中几何角度定义之形成、发展过程。

磬折之于数学实践上的作用不独在石磬一物之上，古之工程制器亦多采用倨句的角度概念。闻人军先生在《磬折的起源与

表 8-1 单位长度对应的角度与以往解释的角度

名称	原文	取单位长度	取单位长度对应的角度值	以往解释的角度值
矩		2	90°	90°
宣	半矩谓之宣	1	45°	45°
欘	一宣有半谓之欘	1.5	63°26′	67°30′
柯	一欘有半谓之柯	2.25	104°2′	101°15′
磬折	一柯有半谓之磬折	3.375	148°	151°52′30″
以矩取度	倨句一矩有半	3	135°	135°

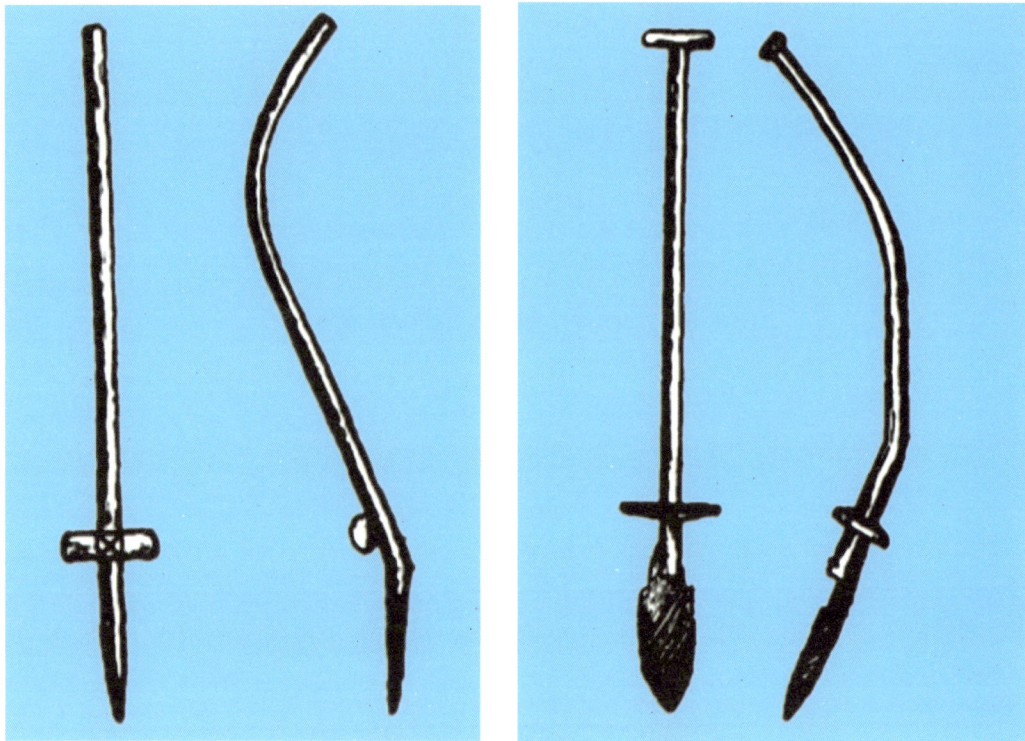

图 8-2　日本奈良正仓院藏"子日手辛锄"

演变》一文中，列举两个古代实例加以探讨，引郑玄注："中地之末，其疵与直者如磬折……此例说明磬折概念已经用于古农具末耜的成批生产。"

日本奈良正仓院藏有一把"子日手辛锄"，系我国唐代或唐以前输入日本的古代耜之遗制，耜的本体就是末，"子日手辛锄"的倨句……疑乃古之倨句磬折遗制（图 8-2）。

《考工记》匠人条曰："凡行奠（停）水，磬折以叁伍。"这句话相当费解，至今仍众说不一。有人曾提出一种假设，即可能是指渠系建筑物的溢流堰形状宜"磬折以叁伍。"这种溢流堰的剖面成折线形，堰顶与一腰长度之比为三比五，夹角为一磬折。这是磬折概念在水利工程中应用的一个例子。

是篇"明清时代"，行文论及磬折之处，将磬折的数学概念及几何角度定义在我国早期工艺技术中所产生的积极作用，略加说明。目的在于勿使磬学之广意，稍致淹

留。仍以彰显磬学之于传统礼乐文化之上的人文价值为本磬史主旨。

古人制器，传之久远，淘为名物，必经文人设思操理，"缅规矩而改错""背绳墨以追曲"。百代俄顷，不乏妙诣风雅之士，而渊然深秀者，终不及吾华明朝文人逸士机锋之曼妙。自国初而晚明不足三百年间，观历朝藏古、鉴古、证古、玩古之玩家作手，格物致理，"颂优游以彬蔚"，文玩善养，文而有理，奇韵尽出。各类器玩文物，林林总总，无不精雅典丽。婵娟为堂，玉局为斋，倘令风流醇古，必以置水石，设悬磬，"贵其秀而远，宜而趣也……贵其奇而逸，隽而永也"。

吉磬英发祥谶，顺天应时，此际之特磬，与传统礼乐用磬，大异其趣。形制幻奇幻妙，适为明人文房燕室必具之物，奉之以清供，颐养天和。总其样式之夥，举凡云龙海怪、麟兽良禽、番花卷草……遍索于九天之上，撷拾于八极之内，靡不备具。遂使今世搜石觅磬之士，若我摩石精舍，廿载以还，良缘迭降，遇佳磬之奇特，岂竟未之前闻，能不感喟深至！每每获观新式，屡见屡鲜。

殊不知大明开国，太祖朱元璋，原一粗

豪之人。不意建元之初,百废待兴,汲汲然尊孔复礼,诏令御赐各州府文庙灵璧石磬一虡,取鱼龙变幻之形、古贤磬折之意。上有行者,下必尊焉,有明一代继宫悬、轩设、庙供之尚古礼乐,克奉古制之外,始开文人清供吉磬、叩虚玩磬之风气。

朱元璋于史上,远非擅乐精律之帝王。明朝音乐,辉映乐史,且有伟大贡献于世界音乐者,乃其九世孙(郑藩第六代世子)朱载堉于十六世纪所撰之音乐专著《乐律正论》一书。乐律理论之精义,四百年光阴递嬗,难掩其璀璨光华。

少年朱载堉在河南沁阳世子府,得享"金食玉膳,高车驷马"的皇族生活。十五岁时,父遭同族陷害,革爵幽禁。载堉愤而筑土室于宫门外一十九年,与汉之苏武牧羊,雪地冰天持节,锐志归汉,尽相仿佛。古之贤良、异代知己数术竟亦如此相合,岂偶然哉!

1567年其父复爵。载堉虽承王位,蔑如也,隐居怀庆府城外九峰山上,世人誉为"天演异人"。一生著作二十余部,一人独创六个世界第一,更以发明"十二平均律"第一人之成就,享誉世界。

朱载堉为音乐通才,兼精磬义,其于石音之属,分析明晓。依先儒之磬说,独能阐发己意,予以发挥,倡一家之言。其对《虞书》曰"击石拊石",有独到理解。释先儒"重击为击、轻击为拊",其理何在?解之为:"夫八音诸器,皆不言轻重,唯磬言之者,岂无深意耶!盖磬有厚者有薄者,厚者击之宜重,不宜轻,轻则不清。薄者击之宜轻,不宜重,重则不和。是以经文有轻重之别也。"

论击拊轻重之原委,朱载堉此语,要言不烦,义理最明。朱氏又对国人采集磬石,偏爱古籍中所载名石之泥古不化行为,斥为迂儒。列举了即其隐居之所,亦产磬石,不让灵璧之磬。兹录其文,时人养磬且复有志于磬学者,不可不详察之:

> 若夫出产磬石之处,考诸《禹贡》,则徐州有浮磬,而梁州有璆磬,雍州有球琳,豫州有磬错,及《山海经》所载出产磬石处,未能遍举,似不拘于灵璧一处而已。唐制采华原石为磬,正与《禹贡》之义相合,而迂儒反讥之,盖未之详考耳。今怀庆府河内县地方,太行山诸处,亦产美石,殊胜灵璧之磬。

> 磬之所产,不拘何处,惟在人择之耳。有一种石,其性最坚,难于制造,而声最佳。又一种石,性不甚坚,易于制造,而声不佳。然此二种,色貌相类,托石工采者,往往为彼所欺,但取易造,故不佳耳。若夫真玉,尤为难得。士庶之家,不宜用也,无磬则以磬缶代之。

"无磬则以磬缶代之",其声若何?恐无金声玉振之音,又与士大夫情趣格格不入,尤见晚明之际士大夫审美,倡"雅人之致,旷士之怀",园林居室器用造物皆十分考究。这真是一个特殊的历史时期,如同倜傥不群、潇洒飘逸的魏晋风骨、魏晋风度却能植根产生于动荡混乱的时代一样,最称优雅、最能体现吾华庞大完整的士大夫文化体系的晚明景象,也在同样一个政治黑暗残酷的年代得以产生于江浙一带。

"江浙熟,天下足"。此地自古繁华,生产经济极度发达,文化艺术极度成熟。历史学家研究证明,中国最早的资本主义生产方式之萌芽即产生于苏州的手工业作坊。而此一时期考取翰林进士的书生当中,江浙一带涵括下江地区的安徽占去三分之二强。经济的长足发展,使得人们有能力有兴趣去营造身外之物,其必有磬存于其间,且为名物中至上雅器。各式磬架典雅考究,得益于苏州东山江南文人榉木家具之影响甚大。朱载堉所云"无磬则以磬缶代之",若在晚明乐享此物之人,必为伧夫俗子,必为雅士所不齿。而能身体力行,将磬艺发展成一种文化体系,得益于士大夫积极广泛的参与指导,所谓"格物致理",理多出于文士阶层。

江浙一带"一朝看尽长安花",博取功名者众,而"不羡紫霄五色云"的"野士"集团更为阔大。此类人群不能或曰不屑从政仕途,转而寄情于山水方物,痴迷倾心于一己居停之居雅脱俗,力求环境最佳艺术化,借文心以邑道,索性直接参与督造园林居室,指导定制各类文房器物。其所制物,无不文采焕发,摒绝俗氛,格调隽雅清奇,燕室幽居,寒磬晚钟,直教人神骨俱冷,皇宫御制顿归俗物。富有四海,贵为天子的明思宗韵格固然不低,国之艺事尚赖江南文士中领袖人物,参与擘划,亲为督理。《列朝诗集小传》载:"崇祯帝制颂琴两千张,命震亨为之名,并令监造御屏,图九边厄塞。"

震亨为文徵明曾孙,字启美,出生于簪缨世族,家学渊源,诗文书画均得真传,著作甚丰,其中《长物志》十二卷,堪称晚明士大夫生活之百科全书。文震亨允称明季第一玩家,雅士之魁首。与其同时代的沈春泽深慕震亨日常起居,"几榻有度,器具有式,位置有定,贵其精而便、简而裁、巧而自然也。"

文房清磬,不可一日或缺。文震亨玩古

深雅,在其《长物志》卷七"器具"编,第三十九"钟磬"一节中,对文房钟磬之摆置,见解独到,一反钟磬同堂的常规格局,主张"钟磬不可对设"。喜秦汉镈钟、编钟,其于石磬之属,尤为偏爱灵璧石磬,"古灵璧石磬,声清韵远者,悬之斋室,击以清耳。"

明代文士,收藏鉴赏大家屠隆所著玩古琼笈《考磐余事》,多涉文房雅用之具。其在《文房器具笺》中写道:"得古铜汉钟声清韵远者,佐以石磬,悬之斋堂。……是非外一个闲人天地间事。"屠隆继之一段论磬文字,与李建勋所言毫厘不爽,清心清耳,可谓异代知交,两君足当之!屠隆曰:"有旧玉者,股三寸,长尺余,古之编磬也。有灵璧石,色墨性坚者妙,悬之斋中,客有谈及人间事,击之以待清耳。"(图8-3)

画家徐渭有幸获友人赠一灵璧石磬,高兴异常,不待"闲窗重理当时架",索性以手为悬磬之架,叩击起来,"亲提浮磬兴泠然"。

图8-3　明代四孔八角灵璧刻纹石磬

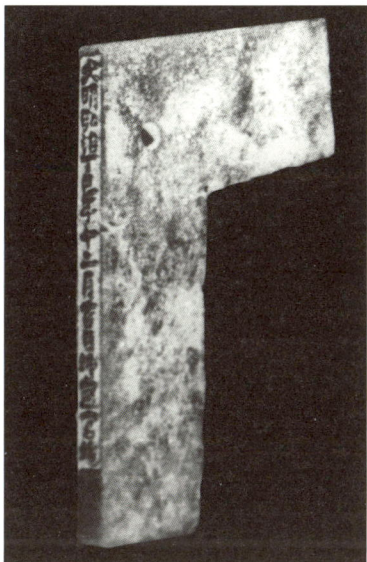

图 8-4 大明坤宁宫磬

戒牖间,遗人一片清凉世界:

> 翠微僧至,衲衣皆染松云;斗室残经,石磬半沉蕉雨。
>
> 灯一盏,香一炷,石磬数声,木鱼几击。
>
> 万窍疏风清,两耳闻世语,急须敲玉磬三声;九天凉月净,初心诵其经,胜似撞金钟百下。
>
> 山房之磬,虽非绿玉,沉明轻清之韵,尽可节清歌洗俗耳。
>
> 晓起入山,新流没岸;棋声未尽,石磬依然。

陈继儒笔下的小窗幽磬是一种品位、一种品格、一种意态、一种意境。

事后写下一首七律《某君见遗石磬》,不忘称赞磬声之美"一除梵版裁云俗,再扣春鹂绕竹园。"诵其胸联,知青藤雅人高义,深谙磬理,"老去固难腰似折,贫来直到室如悬。"

晚明大名士陈继儒绮语清华,见著于《小窗幽记》。随性所记,清兴无为,自自然然,只言片语,尽现空灵淡泊的情趣禅机。其末卷第十一条,发吉磬幽韵岂止于禅房

明代御史李俣,奉敕督储灵璧,津津乐道泗滨浮磬。主簿李琮以石磬献之。李俣清官,作《却璧铭》,以为座右。峻拒不肯受,反证泗滨浮磬之珍贵。今当恭录《却璧铭》及前绪引文,以其言近,其旨远,一慰天下雅人韵士嗜乐怡磬之怀:

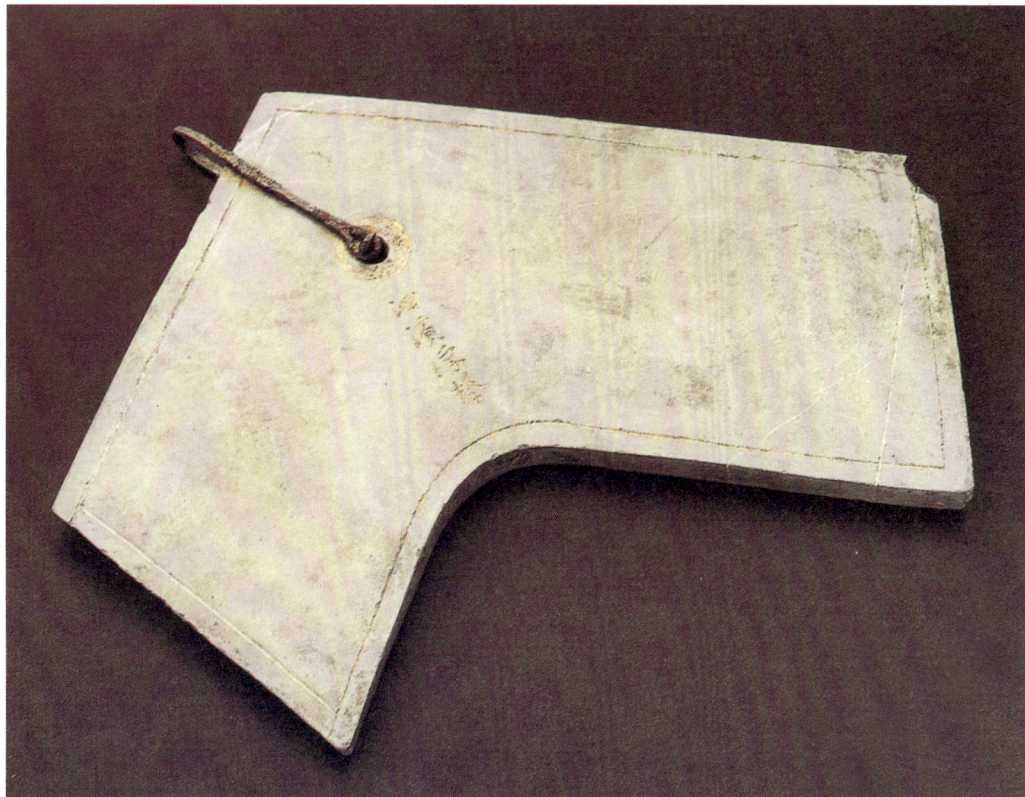

图 8-5a 延安市庙沟村"泗滨浮磬"

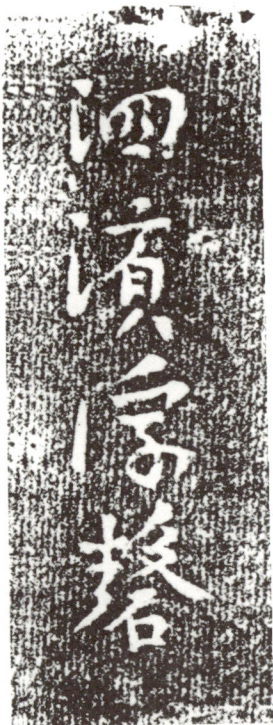

图 8-5b 延安市庙沟村"泗滨浮磬"拓片

嘉靖癸巳九月既望，余奉敕督储按灵璧。公余闲适，偶有"泗滨浮磬"之感。已而，主簿李总琮以其家藏为献。余取而扣之，其声清越。乃作而叹曰：今之乐犹古之乐也，今民其古之民乎。且璧之在古也，为朝廷郊庙之用；其在紧业，兼仕庶清玩之资，用之不穷，取之不竭，民乌得而不劳也，乃却而还之。因作俚句一章。俾县令初之芳刻而置之县厅，庶几览者取予少知所慎，而民财可以少纾也。铭曰：

维兹灵璧，产于泗滨。爰伐作磬，克谐八音。用者不一，取着益频。顾予小子，观风载临。偶有所同，县尉即陈。贪璧宝丧，爱石愚增。乃却断璧，乃作斯铭。缅维孝肃，一砚不擎。千载而下，袭其芳磬。

湖北省鄂州市博物馆曾藏一明朝皇宫流散之磬，半透明，墨绿色，当为玉磬，宽 26 厘米，高 15 厘米。鼓上侧有楷书阳文刻铭 16 字："大明弘治丁巳年十二月吉日坤宁宫施。"1980 年，此磬出土于鄂州市燕矶镇

映山村何家大坝村，1988 年被盗（图 8-4）。

陕西省延安地区文物管理委员会收藏一件明代灰白色石灰岩石磬，1990 年出土于延安市庙沟村，不对称曲尺型，倨孔内穿一铁环，石磬正面阴刻"泗滨浮磬"四字，宽 61.2 厘米，高 36.9 厘米（图 8-5a、5b）。

福建省厦门华侨博物院 20 世纪 50 年代征集到一件明代带磬架蝙蝠形云磬：

保存完好。石质。器身镂空成蝙蝠及铜钱形图案……磬体上部中间钻有倨孔，用于穿绳悬挂于木架之上。云磬边沿饰两道弦纹。中部铜钱形部位饰有两组弦纹，弦纹中饰以锯齿纹，铜钱形部位中心雕刻一朵菊花。云磬正、背面纹饰、构图相同。通长 39.5 厘米，宽 29 厘米，厚 1.6 厘米。（图 8-6）

考"云磬"，为佛寺之法器，用于佛教音乐，形制并无严格规范。所有娱目悦耳，可供清赏之文房磬器，皆可为佛寺引用，称"云磬"，亦乃佛家板状用磬之专属名词。

摩石精舍庋藏数件明代玉磬、石磬。计有三件套白玉磬、灵璧石四孔八角磬、梅花纹磬等，详见本史"磬三十六品赏析"章。

磬艺在明之发展恰逢其时，此时之磬

图 8-6 蝙蝠形云磬

图 8-7a　明代灵璧石磬，清代丁敬刻款带髹黑漆楠木磬架

图 8-7b　明代髹黑漆磬架或曰鼓架

图 8-7c　明代《鲁班经》中的鼓架

非礼乐文化意义之编磬，而是列属文房清供，文人赏用类玩磬，云其"黄金时代"，盖指于此。磬石极不易得，其价又极昂贵，所谓"士庶之家，不宜用也"。磬，正是文房书斋之玩磬，蔚然深得王公贵族、士大夫、文人高逸之垂爱，纷纷以清供为雅乐之事。悬磬之座架、插屏，无论在样式、雕工等工艺水准，皆取得了前所未有的成就。材质之优良，端赖于郑和七下西洋，带回了产于南洋群岛一带的紫檀等珍贵硬木材料。又兼擅采海南、安南（越南）所产之降香黄檀（黄花梨），给明代家具提供了最佳材质。悬磬之座架、插屏和许多古玩台座一样，直承明代家具之菁华。艺术风格多样，或光素古朴，或繁丽典雅（图 8-7a、7b、7c、7d）。当代藏家倘若机缘凑泊，便时有发现在样式、纹饰上构思巧妙、造型新奇、前所未见之悬磬妙构。明人认识到一件适宜之磬架，确为所悬之磬增添异彩，大为提高艺术观赏价值（图 8-8）。

明朝磬艺，不独传于九州域内，万历年间业曾远达异邦佛国。泰国士僧，钦慕上国礼乐，善制钟磬。此中端倪，见著于李日华《味水轩日记》。万历四十二年（1614 年）九月七日，李日华乘肩舆绕游西湖，访客不遇。回经岳坟古玩冷摊，购"文螺一具，大五升，背纹如鹧鸪斑，可供飞白之用。又黑髹

酒鸥一具，形如悬鼓，上有唇吻，高半寸，下有跌，容酒二斗余"。李日华此次所获，最堪夸耀之物是："购得暹罗钟、磬各一架。"

玩古之乐，际遇之奇，奇在钟、磬成双。日华携之归府，沉潜玩索，神凝气舒。

万历三十七年（1609 年）五月十七日，李日华白日逛古玩市场，未逢妙物，意兴未尽，晚间访珠宝商人叶贾，见其楼寓案上悬石磬一架，"长二尺五寸，高五寸，厚寸余，有腹背廉锷，形如悬鲤，色青绿相杂。叩之含宏清远，在宫商之间，云成国公家物"。李日华另一磬事：嘉靖初，南浔柳匡庐别驾，性耽古善鉴，"一旦，蹢跶山下，遇沙路铿然有声，知有伏石。发之，得磬材，异归以为宝"。日华又追忆苏东坡的一篇游记：

考《石钟山记》，称彭蠡之滨，拾片石叩之，无不成钟鼓音者，不独泗滨之浮玉也。然当其埋没，则佳响消沉。一遇奇人搜剔，遂为华屋锦屏之侑，摩挲戛击，不能自已。流传之余，尚获上价。士之遇不遇，何以异是耶。为之三叹。

明朝士人之于磬艺的另一重要贡献，是在磬身、磬架之上刻铭识款，臻于娴熟完美境界，其妙与奇石之玩法相仿佛。一经品

图 8-7d　明清时代三件
套白玉磬带流苏

图 8-8　明代黄玉磬带黄花梨磬架

题，身价百倍，文采焕发。此风尚实应在文人空气最为浓郁之两宋流行开来，而实未然，颇令人深思。

明以降至今，杳然几百年，明文化犹能播馨达远，植深弥久。举凡现今遗存于世的清代文化艺术载体，无一不受大明文化之熏陶，其最佳者，必为明式。

摩石精舍主人生未逢明清之世，何能侈谈明风，谬次清艺，贻笑于博学深雅之士。然其学术未足称道，雅兴则颇长，安敢以一己之好恶，窜易磬史于毫末间。清高宗乾隆皇帝弄磬之道一言以蔽之：奢华至极，倾国之力为之。乾隆皇帝晚年自号"十全老人"，当然最欲夸耀、自矜不已的还是文治武功方面的所谓丰功伟绩。后人或许应给予特别重视或曰应善加研究的乾隆乃中国历代皇帝中最擅玩古、藏古的千古一帝。九五之尊的最高地位，足以倾国之力来运作，乾隆一朝皇宫内苑藏珍纳宝之宏富，确亦达到历史鼎盛。

一个异族之首领——清朝皇帝爱新觉罗·弘历，何以对吾华诸般文物情有独钟，几至痴迷，似乎比汉家天子还要崇尚礼乐文化？最初定然是为政治利益服务，习汉为了治汉，治汉之所以习汉。于此，章太炎先生早有高论。乾隆玩古玩磬玩着玩着，居然真的喜好上了磬，尤为偏爱玉磬。视乾隆一朝，磬事大作，清宫"中和韶乐"，谨遵古制，充分体现传统礼乐文化的庄敬和正。可以说是"萧规曹随"，基本仪礼承自朱明前朝。清宫礼乐名目较多，以中和韶乐等级最高，应用于宫廷祭祀朝会和大型宴飨等礼仪场合。明清两朝中和韶乐所用乐器中均有编钟和编磬，清朝中和韶乐在乾隆二十六年（1761年）增加了镈钟和特磬，则因此年，地不藏宝，天降祥瑞，有古钟出土于江西。《清史稿》卷九十四记此事甚详：

> 二十六年，江西抚臣奏得古钟十一，图以进，上示廷臣，定为镈钟，命依钟律尺度，铸造十二律镈钟，备中和特悬。既成，帝自制铭，允禄等又请造特

磬十二虡，与镈钟配，凿和阗玉为之。

金声配玉振，乃使条理始终。

释乾隆二十六年镈钟铭文，知镈钟乃"一虡特悬，用起律首。编钟继奏，箫韶九成"。而特磬功能则如《清史稿·列传》卷二一九所记："乐阕击特磬，乃奏敔。"即在乐音临末击特磬，续之以奏敔，结束乐章。

清宫中和乐乐器之编配，以特磬对应镈钟，编磬对应编钟，中和韶乐钟磬等乐器配比详情，《清史稿》卷一〇一记：

> 中和韶乐，用于坛、庙者，镈钟一，特磬一，编钟十六，编磬十六，建鼓一，麾六，排箫二，埙二，箫十，笛十，琴十，瑟四，笙十，搏拊二，柷一，敔一，麾一。先师庙，琴、箫、笛、笙各六，麾四，余同。巡幸祭方岳，不用镈钟、特磬，琴、箫、笛、笙各四，瑟、麾各二，余同。用于殿陛者，箫四，笛四，麾二，琴四，瑟二，笙八，余同。

中和韶乐所用钟磬等乐器配比，视不同的礼仪场合有所异同。

特磬对应镈钟，须随月用律，《清史稿》卷一〇一记：

> 黄钟之磬，十一月用之；大吕之磬，十二月用之……十二磬不并陈，当月则悬其一，与镈钟同。

可知，自十一月始用黄钟特磬，每月一律，递次至十二律应钟，完成用律周期。

特磬和镈钟特悬，用于中和韶乐，随月用律，意义重在对传统礼仪的尊崇，编磬和编钟配套使用，利于技术上的旋宫转调。

山东曲阜孔府，与清廷关系之密切非寻常巨室望族可比。清康熙五十八年（1719年），颁赐孔府"中和韶乐"乐器一套。乾隆年间又增加了一些乐器，其他乐器外，共有特磬2件，编磬16枚，均为不对称曲尺型，灵璧石制，现存10枚，与特磬同藏于曲

图 8-9a　曲阜孔府编磬之一部

图 8-9b　曲阜孔府编磬之二部

图 8-10a 红木莲花边嵌白玉鱼磬插屏正面

图8-10b 红木莲花边嵌白玉鱼磬插屏背面

中国磬史

图8-11 法国藏家藏清乾隆青玉双鱼磬带鎏金云蝠挂件

阜孔子博物院（图8-9a、9b）。

曲阜孔庙大成殿保存并至今陈设一簨虡，16枚明清年代编磬，分上下两排悬置，青黑色似灵璧石制，亦为不对称曲尺型。木质髹漆簨虡，与清宫中和韶乐所用簨虡，形质基本相同，可证孔府礼乐规格之高。

清代用于礼乐的特磬和编磬之制式，基本为不对称曲尺型，严守"股二鼓三"之标准。清供赏玩之磬，样式繁多，以蝠形、鱼形居多，取其吉顺之谐音。鱼形磬和它的变体鱼化龙磬，深得世人喜爱。鱼形磬简而分之有两种，单鱼和双鱼。双鱼皆作联体式，

鱼嘴对鱼嘴。

北京故宫博物院藏清乾隆红木莲花边嵌白玉鱼磬插屏，边座红木制，屏心镂空嵌鲤鱼形白玉磬，四周雕莲花、荷叶及水纹。屏心正面上部刻隶书四字"蒲藻含辉"，背面上部隶书刻乾隆御制诗，署"臣王际华敬书"款，并"臣""华"篆书印章两方。屏框起混面双边线，屏下雕起线绦环板，光素站牙，回纹框底座（图8-10a、10b）。

法国藏家旧藏一清乾隆青玉双鱼磬，玉质细润。磬身为一头双身之鱼，双鱼并头摆尾，圆目胖头，背鳍耸立，作游弋之状，寓意吉庆（磬）有余（鱼），构思巧妙，附鎏金云蝠挂件（图8-11）。双鱼鳍、翅、尾雕琢细腻，整器刀工简略却不失生动。又因双鱼乃佛家八宝之一，代表慧眼与解脱，故此双鱼玉磬富含双重意义，可谓吉祥有加。

河北省定州市博物馆藏一双鱼磬，为典型器。此磬大体保存完好，黑灰色石灰石质，双鱼对衔，左右对称，两面鱼纹相同，阴刻鱼眼、鱼鳍和鱼鳞纹，倨句上阴刻云纹（图8-12）。

单鱼磬大多状似鲤鱼，头右尾左，倨孔在背鳍处。鱼化龙磬形制之变化，主要在于将鱼头琢刻为龙首样（图8-13、图8-14）。

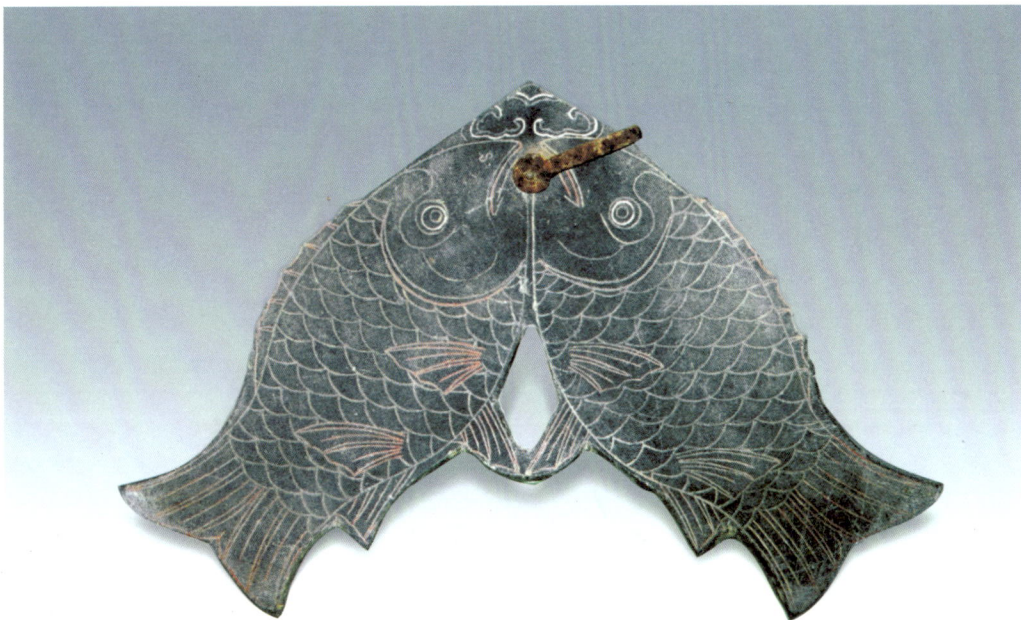

图8-12 定州双鱼灵璧石磬

图 8-13　单鱼鱼化龙玉磬

图 8-14　单鱼鱼化龙玉磬

　　清帝乾隆于玩磬一艺，更见精雅豪奢，有清一代紫禁、别苑使用陈设磬之量、质即多且佳，为多种宝玉或灵璧石制成。乾隆爱玉成癖，故以玉磬为贵，遗藏留传至今者，也大多为乾隆朝所制(图 8-15、图 8-16)。

　　遗珍中有大量各种材质的玉磬，以和阗玉为主。造办处量体裁衣，为每一件磬特制由紫檀等木为材质的磬架，体量较小，置于案几之上，一般用于宫廷陈设。为适应这种陈设，磬和磬架的雕刻都追求完美，精雕细刻，不惜工本，往往具有复杂的纹饰，有些配以鎏金套环、玉锁，并缀以编结珠宝的真丝流苏。此亦承袭汉唐皇室遗风旧制，譬

开先河之功，当属汉武帝、唐玄宗。乾隆后来居上，"宣风"宣雨，水势特大，磬事大兴，时逾半纪，愈发昌盛而不衰(图 8-17)。

　　乾隆朝玉磬大而分之，亦为两种形式，特磬和编磬。乐悬方式在乾隆以前三代及明朝，特磬和编磬均单独一件悬于定制的木牌楼状的磬架框内，"此框左右之柱名'虡'，其横架名'簨'，其上之屋名'业'，'业'上之装饰名'崇牙'，'虡'之足做成虎、犬等卧像。特磬者，框之横架上只悬一磬"。

　　《清史稿》卷一〇一，"乐八"记清宫编钟、编磬所配木架簨虡，有严格特定的规制，编钟"簨虡涂金，上簨左右刻龙首，中、

图 8-15　清代乾隆玛瑙磬

图 8-16　掐丝珐琅磬架带白玉磬

图 8-17　乾隆翡翠磬带乾隆工紫檀磬架

图 8-18a　故宫中和韶乐中使用的玉磬

图 8-18b　故宫中和韶乐中使用的玉磬及磬架、流苏全图

图 8-18c　明代鱼化龙灵璧石磬

下二簴俱刻朵云，系金钩悬钟。两虡承以五彩伏狮，下为跋，镂山水形"。编磬"簴虡制同编钟，惟上簴左右刻凤首，跋饰卧凫，白羽朱喙。"（图8-18a、18b、18c）

编磬在十二正律的基础上增加四个半音，编组十六枚，上下两排各八枚，共用一个磬架。按磬之大小，音色高低排列，每件磬上刻阴线描金云龙纹，御制磬铭、年月和律铭，音色特征分别为十二正律：黄钟、大吕、太簇、夹钟、姑洗、仲吕、蕤宾、林钟、夷则、南吕、无射、应钟。

乾隆年间使用的玉磬，大多由内务府造办处采办玉石，设计样式，呈上御批后发往苏州制作。清宫档案有案可稽，造办处活计档，详记乾隆二十七年（1762年）、三十六年（1771年）、四十一年（1776年），宫廷玉磬的制造过程，充分显示出乾隆爱磬深切且经年历久而热情不减，颇具持久性，可谓"吾道一以贯之"。

二十七年（1762年），乐部筹措制造玉磬，为投乾隆嗜好题铭之雅趣，拟在磬身刻铭。是年十月，收讫新疆和阗玉磬料四十件，乐部遂将玉磬款式制成木样，连同镌刻御铭呈览，乾隆阅后降旨："俱照此样办理。"乐部官员领旨后，未敢立即操办，担心当时接办磬差之人皆为生手，"俱未谙习做法"，恐筹划不确，误时延宕。呈文请乾隆定夺："臣等查造办处向来常办玉石活计，其官员、匠作自必熟悉办法，臣等请将此项玉磬料四十件会同造办处详慎办理。"乾隆亦觉有理，回旨："知道了，照此样做。钦此。"十月二十六日，乐部筹定后上奏，乾隆允准："玉石特磬三十二件，准交苏州织造萨载带往精细成造。钦此。"

三十六年（1771年），在乾隆亲力指导下，将圆明园、紫光阁两处太簇磬补齐。此前，圆明园编钟、编磬各一套。太簇玉磬用苏州旧料制成，因纳音太簇，发声有所拘束，又兼磬身偏小，独得蕤宾，与整套编磬不相谐和。

紫光阁使用的编磬为玉料，或许圣祖、世宗皇帝为彰明泗滨浮磬清越明朗的音

质，特别将第三正律的太簇一磬以灵璧石为之，置于群玉之中，傲屹突兀。后世子孙乾隆则以为不甚谐和，为求周致典雅。恰巧四月间，新疆叶尔羌进贡适于制磬玉料三块，各重四百斤、二百四十斤、一百六十斤。乾隆又最是惜玉，命将最重一块交如意馆，暂存。余下两块青玉转苏州织造刻制太簇玉磬两件，替换圆明园、紫光阁中和乐器中的太簇。

后世对乾隆工格外激赏的原因，不仅叹服"乾隆盛世"制器向来不计成本，更为乾隆善体格心成物之道，御览宏富，审美高瞻而庆幸。如今北京故宫收藏一百八十万件文物，无一不精美绝伦，乾隆居功至伟，"高皇帝的遗物没有不像样的。"

刻制两件玉磬，工程小小，竟亦用工耗时一载，管中窥豹，可见其一斑。三十七年（1772年）五月方始"玉成"。是月"二十二日，库掌四德、笔帖式福庆将苏州送到青玉特磬两面持进，交太监胡世杰呈进"。乾隆明示使用陈设于圆明园、紫光阁。易下两件磬，乾隆"朕意难舍"，留恋不已，造办处正拟配磬架利于陈设。乾隆下旨后又欲将磬改发热河行宫，行宫亦不适合陈设，故而"换下圆明园蕤宾尺寸青玉特磬，热河无可用处，应遵原旨仍交造办处配架另做陈设之用"。三十七年（1772年）十月，造办处制配"红油见线贴金木架"，奉乾隆旨意"在静明园玉皇庙前配高矮木墩暂安，俟呈览准时配掼砂子座"。

乾隆为知晓清宫各处编钟、特磬、编磬的材质等诸多情况，于是年颁旨一道："各庙坛所有乐器内，镈钟、编钟何处系赤金？何处系铜镀金？特磬、编磬何处系玉？何处系灵璧石？成造之处，查明俱奏。钦此。"奉旨后，各处立行查勘，查知热河行宫中和乐器内编磬全部十二枚，皆为青玉所制。圜丘坛等二十六处内惟圜丘坛、祈谷坛二处各有赤金编钟一套，其余皆为铜镀金制成。圜丘坛等九处编磬系青玉质地，朝日坛等十六处特磬、编磬系灵璧石磬。

热河行宫灵璧石磬的数量在乾隆一朝

远超玉磬，康、雍旧构当在其中，是否有出土或传世的古磬，尚未可知。

清康、雍、乾祖孙三代皇帝，皆精娴国故，工文善书，尤善鉴别古物，举凡金石鼎彝之属，鲁壁之书，汲冢之秘器，帝陵之法物……世人欲见而不得见，幽杳茫昧，即行家里手亦往往考之莫明，殆因寡识而趣于短见。帝王则富有四海，琼楼最高，眼界之宏富，搜罗之精覃，天下宝物，泰半爱入内府别苑。仅热河行宫所藏珍宝，经康、雍、乾三代蓄善蒙养，巧夺天工之物，充牣其间，奇奇怪怪，熠熠皇皇，壮丽奇幻，恍恍然，以为九天瑶台仙物，移至人间：

　　某殿壁嵌桃树高逾丈，根柯悉宝石，叶皆碎玉，枝上百余桃，累累下垂，皆红霞洗也，每桃约重四五两。又壁嵌《明皇坠马图》，悉以玉制，须发、袍带、靴骑大越数尺。最精为明皇，黄袍丹里，坠状袍角掀起，丹略露，有云谲波诡颊益三毫之致。一案中虚藏机械，悉秘戏图，手按人物皆动，发须若活。光绪末，宫中兴土木。孝钦后思移热河行宫物入大内，载一百八十巨车入京师，计瓷玉、雕漆及紫檀器（特磬编磬）十八万件，自是而热河珍异半入内廷矣。

乾隆盛世，虽未续之以始终。然观弘历先生玩磬颇具持之以恒的精气神。用"玩磬"一词借以形容弘历爱磬一往情深，恐致失敬失理，应易"玩"为"礼"。"礼磬"最宜诩赞乾隆以帝王之尊严、行家之睿识多年奉行的礼磬之举。

从嘉庆皇帝的一幅朝服画像中，可以看出乾隆的继任者也是"礼磬"有加。画面上嘉庆左侧紫檀桌上置古玩多件，以一象尊至为显著，白象驮一宝瓶，瓶中插一戟，上挂磬、鱼、流苏，喻意十分吉祥丰富："太平（瓶）有像（象）"、"吉（戟）庆（磬）有余（鱼）"、"岁岁（流苏）平安"。（图8-19）

乾隆在四十（1775年）至四十四（1779年），不间断地亲躬准请，造办处于

此五年中筹措承办了一次清史有录的较大规模的和阗玉磬制造工程。四十年（1775年）四月，乾隆选高手玉工邹景德精选可制玉磬之佳料，邹回奏所见之玉"足做编磬者有，但颜色玉情不或一……又兼俱有柳（绺）道石性，俱使不得"。乾隆何其讲究，自然一点不将就，因此番治磬事关重大，将有用于清宫中和韶乐，专为宁寿宫设计、设置青玉特磬二份，青玉编磬二份，总计达五十六件之多。

乾隆之于磬，拥有十分老到的丰富经验。宁寿宫制磬后尚富余一套编磬，乾隆照仿前朝朱明开国元君朱元璋赐灵璧石磬与各州府文庙之例，传旨："着英查热河乐器内系玉磬或灵璧石磬，如系石磬，即将苏州停办之磬十六面做成在热河用，换下之石磬在热河新建之文庙内用。钦此。"（图8-20）

四十一年（1776年）至四十四年（1779年），统共制成编磬三套四十八枚，特磬二套二十四件，仅为乾隆朝清宫藏磬的一小部分。据此际编撰的《皇朝礼器图式·乐部》记载，皇家郊庙祭祀圣地天神坛、地祇坛、太岁坛、帝王庙、文王庙、先农坛等处，皆为春秋两祭及特祭置备了符合传统规制的编磬、特磬，为礼乐文化之重要载体，"审音协律，咸备中和"。故不可以玩磬视之。

乾隆喜欢各式玩磬的浓郁兴趣，远在礼乐文化意义范畴之内的编磬、特磬之上。清宫造办处向来精擅敷对、讨好帝王之术，专事特制了各种材质的玩赏、陈设吉磬，乾隆闻"吉磬"之谐音，已然深慰朕心。

造办处曾遣能工入"龙兴"之渊的松花江，取松花佳石无绺无斑之材，琢成一件"对称云朵形"松花石磬，镌刻乾隆御铭，原配磬环。这件稀世吉磬，磬体硕大，宽近一米的磬正面竖排乾隆御笔五言诗一首："真水冬弗冻，名山寒亦温。情知有茗椀，遂与过松门。竹绿无改色，藻青托本源。何须观玩象，成性体存存。"（图8-21）

此磬2009年惊现于翰海艺术品拍卖有限公司"十五周年庆典拍卖会——清代

图 8-19 清嘉庆皇帝朝服画像象尊中插悬的小玉磬

宫廷御用专场"，几路买家经多个回合踊跃竞投，最终落槌价过底价多矣。

"楚王好高髻，宫中皆一尺；楚王好大袖，宫中皆全帛。"此乃楚宫之末俗，非草野得为之事。然则凡人皆难免俗，历朝历代的皇帝更可尽施一己之好恶，秉承九五至尊，独领高标，御极海内，引导风雅潮流。

乾隆好玉磬，和珅编成架，有清一代庋藏玉磬之精美，媲之帝王，有过之而无不

及的是乾隆宠臣和珅。"水大漫过桥"，岂有好结局？乾隆晏驾，嘉庆罗织和珅二十款大罪，看在他是乾隆十女儿固伦和孝公主公公的份上，"姑免肆市，赐令自尽。"

事隔九十余年后，曾国藩四大弟子之一薛福成犹深惕醒，于《庸庵笔记》"查钞和珅住宅花园清单"一条，备载翔实，誊录嘉庆四年（1799 年）正月十一日上谕：

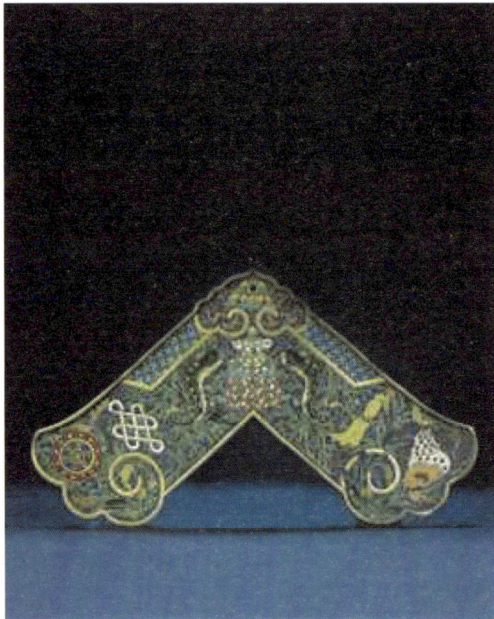

图 8-20 乾隆掐丝珐琅磬

戴之物。而整块大宝石不计其数，且有内府所无者……

和珅藏磬之数，又据薛福成附录清单标明"玉磬（二十八架）"，虽曰不及其藏如意规模之巨富，远超清宫别苑所蓄太多，几至倍蓰之数，令人瞠目。"嵌玉如意（一千六百零一个），嵌玉九如意（一千零十八个）……整玉如意（一百二十余枝）。"

和珅藏玉磬二十八架，其中含单悬之特磬，编悬之编磬，以和珅之豪奢，编磬之数其必求十二正律之数，其所藏磬当在三位数。然犹不及如意之夥，非和珅不能至，实乃笃爱玉如意胜过玉磬。乾隆一朝，皇室、王府、八旗贵族、达官贵人、富商大贾，每逢喜寿，必献如意，喜求"事事如意"，合谐完美。至若"吉庆（磬）有余"，欣逢喜乐场面，则稍逊如意一筹。且古今知磬、藏磬之人，多为雅士。和珅一味贪腐，清磬善终条理，和正之气，与之云烟阻断，其理必然。

薛福成晚岁每论故难时务，慷慨激发之色，愤愤于笺楮之上：

昨将和珅家产查钞，所盖楠木房僭侈逾制。其多宝阁及隔段式样，皆仿照宁寿宫制度。其园寓点缀，竟与圆明园蓬岛瑶台无异，不知是何居心。又所藏珍宝内，珍珠手串二百余串，较之大内多至数倍。并有大珠，较御用冠顶珠尤大。又有真宝石顶数十颗，并非伊应

图 8-21 乾隆御题松花石磬

嗟乎！乾隆中叶最为天下全盛之
时，不幸和珅入相，倚势弄权，贪婪周
忌。自督抚以至道府，往往布置私人。
或畏其势焰，竞营献纳，以固其位。浸
至败坏吏治，刻剥民生，酿成川楚教匪
之变，元气一戕，至今未复。和珅卒伏
其辜，一朝籍没，多藏厚亡，岂不信哉！

"多藏厚亡"，报应不止应于和珅一身，
乾隆晚期，国势颓败日久，又非多藏一弊所
致。乾隆昧于国际大势，"夜郎自大""徒以
不求进化，故步自封，为列强所藐视"，惘不
知世界已进入工业革命时代，先自输在起
跑线上。而这一条起跑线，清初之际，已然
横亘在乾隆乃祖圣祖仁皇帝康熙面前。且
其一朝，延聘西人为朝廷命官，康熙虽亦敏
求好学西人之术，如天文、历算，但乏宏深
远识，妄拒西国科学精要。孤陋有如此，当
知乾隆之刚愎，其来有自：

康熙朝，掌钦天监事西人南怀仁
所著《灵魂学》一书。其言以灵魂为性，
一切知识记忆，不在于心，而在头脑之
内。圣祖阅之，大怒。斥其语为不经，尤
刺谬，立命焚之。

乾隆以后之五帝，识见更在乾隆之下。
国运飒衰，再无老本可吃。鸦片战争之后，丧
权辱国，国已不国，号称万园之园的皇家别
苑圆明园被英法焚掠一空，无数的奇珍异宝
为洋夷所得，特磬、编磬尽在劫数之中。

当今西方世界各地不论大中小规模的
公私博物馆收藏清宫玉磬，究其来历，大有
由不正当途径所得者。其唯三缄其口，难以
说清，非不能说清，实不愿说清。清廷无能，
国运衰，磬事焉得独兴。乾隆之后的造办处
已无力经办磬务，日见末世之种种败象。痛
定思痛，深究其因，是为历史学家不可推卸
之责任，本磬史且不去管他，但将细细评述
域外留存之玉磬。

凭借现有之资料，仅对留存于美国的
清朝乾隆玉磬揭示一二，难以概括全部。

美国芝加哥、纽约等地的博物馆、艺术
馆和美术馆等单位，收藏有清代乾隆二十
六年(1761年)、二十九年(1764年)用于宫
廷中和韶乐的特磬、编磬。据方建军先生
考证，美国收藏乾隆二十六年(1761年)特
磬五件，其曾依照特磬铭文中的十二律
名，按律序排列为：太簇磬(芝加哥艺术
馆)(图8-22)，林钟磬(诺顿美术馆)，南吕
磬(罗德岛设计学院艺术博物馆)，无射磬
(旧金山亚洲艺术博物馆)(图8-23)，应钟
磬(诺顿美术馆)。这五件特磬，均由和田碧
玉制成，通体呈墨绿色。形制为不对称曲尺
形磬，磬底为折角，股、鼓设计宽大，鼓长大
于股长，股博又大于鼓博。磬体较大，为利
于区别乐音高低的不同，因此特磬的设计
大小厚薄不一。

五件特磬应称作云龙纹特磬，磬两面
预留空白以镌磬铭，鼓、股中部饰龙纹，龙
纹四周饰云纹，琢制精美，纹饰华丽。篆书
铭文刻于两面，兹举芝加哥艺术馆所藏太
簇磬为例，磬一面上部铭文右至左为："特
磬第三，太簇。"下部铭文右至左，竖排以下
文字："大清乾隆二十有六年，岁在辛巳，冬
十一月乙未朔，越九日癸卯琢成。"

磬之另一面铭文右至左，竖排乾隆御
制三十二句四言诗，铭曰：

子舆有言，金声玉振。一虞无双，
九成递进。准今酌古，既制铸钟。磬不
可阙，条理始终。和阗我疆，玉山是蠢。
依度采取，以命磬叔。审音协律，咸备
中和。泗滨同拊，其质则过。图经所传，
浮岳泾水。谁诚见之，鸣球允此。法天
则地，股二鼓三。依我绎如，兽舞鸾鬈。
考乐维时，乾禧祖德。翼翼绳承，抚是
万国。益凛保泰，启域伐功。敬识岁吉，
辛巳乾隆。乾隆御制。

此四言诗御铭，大多附会古义，表现出
乾隆时期宫廷礼乐的复古倾向。

国内故宫博物院、湖北、山东等地的博
物馆及香港索斯比等处，也有乾隆二十六

图 8-22　乾隆御制太簇磬(芝加哥艺术馆)

图 8-23　乾隆御制无射磬(旧金山亚洲艺术博物馆)

图 8-24a　乾隆御制玉磬·夹钟磬正面

年(1761年)特磬的收藏，唯有故宫博物院所藏为成套一组十二件，图形和铭文见著于《钦定大清会典图》卷三十七、《皇朝礼器图式》卷八。

湖北一地现藏乾隆二十六年特磬四件，黄梅县博物馆藏黄钟磬、大吕磬，湖北省博物馆藏夹钟磬，武汉市文物商店藏无射磬。

四磬保存完好，由和田碧玉琢成，玉质纯净，玉色深绿。描金有不同程度脱落，夹钟磬、无射磬品相上佳，金碧一色，耀人眼目。黄钟、大吕二磬形制特大，无射磬较小。四磬两面均有篆铭，背面铭文四言诗相同，且与美国几家博物馆所藏五件乾隆二十六年特磬背面铭文毫无二致(图8-24a、24b、24c)。

散落于世界各地的乾隆特磬特征与《清史稿》卷一〇一记载尽相吻合："特磬，以和阗玉为之，凡十二，应十二律。其制为钝角矩形，长股谓之鼓，短股谓之股，皆两面为云龙形，穿孔系紃而悬之。"

美国收藏乾隆二十九年(1764年)编磬同二十六年(1761年)特磬一样，亦为五件：倍无射磬(纽约索斯比)，夹钟磬(芝加哥艺术馆)，姑洗磬(芝加哥艺术馆)，蕤宾磬(加州大学圣巴巴拉分校音乐系乐器博物馆)，应钟磬(沃尔特艺术馆)。

乾隆二十九年(1764年)编磬尺寸小于二十六年(1761年)特磬，二者纹饰大致相同，编磬两面无铭文，满饰云龙纹。年款铭文"乾隆二十九年制"刻于股上边，律名刻于鼓上边。

乾隆二十九年(1764年)编磬，股、鼓比例遵循"股二鼓三"的磬氏尺度。以上各处收藏编磬，尺寸差别不大，可证乾隆时清宫造办处制磬严守制磬规制，俾益于乾隆万机之暇，不惮烦琐，亲躬磬事，频下旨谕，亲为裁定，清代所遗之磬，方获后世历代方家嘉许。

湖南省博物馆曾于1954年收藏入馆清道光九年(1829年)所制石质特磬1件，清道光九年至民国时期编磬55枚。

图8-24b 乾隆御制玉磬·夹钟磬背面

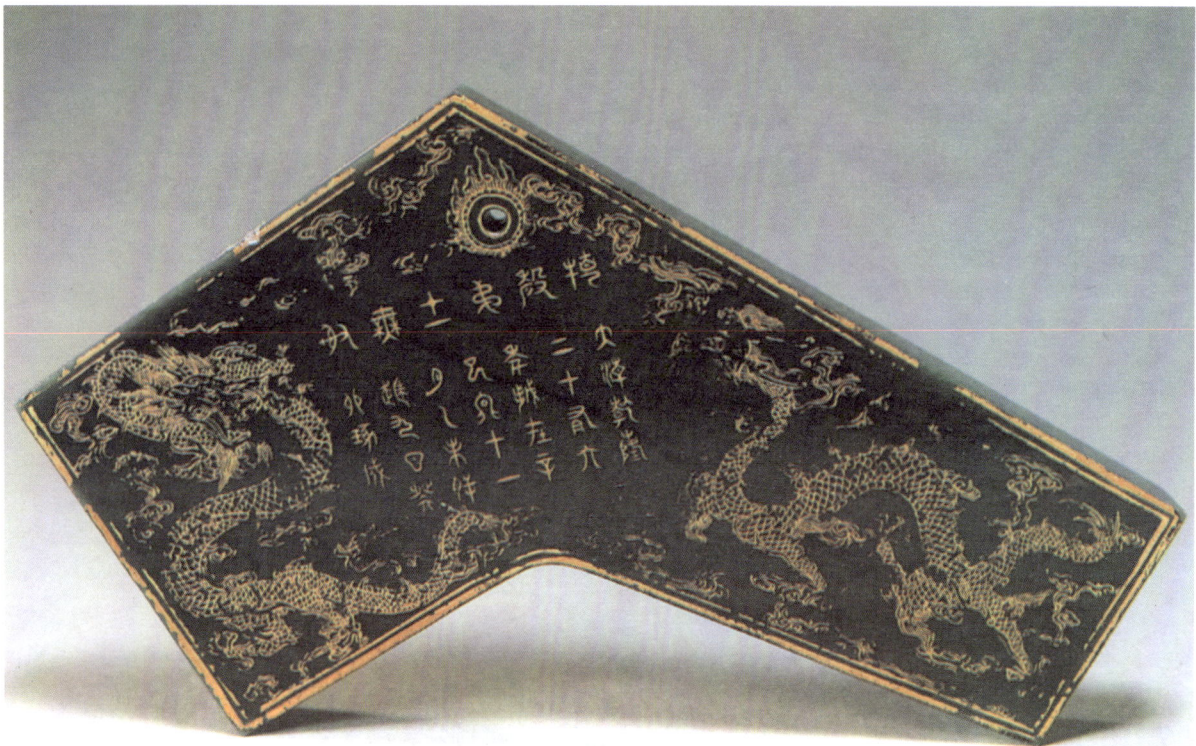

图8-24c 乾隆御制玉磬·无射磬正面

图 8-25a　特磬带描金髹漆二龙戏珠磬架

图 8-25b　特磬·正面

图 8-26　编磬·正面

特磬带原配描金髹漆二龙戏珠磬架，非常奇特的是此二龙戏珠图案，一反常态，不以左右二龙龙首衔接宝珠，而是以龙尾衔接，殊为罕见，别有意趣。磬面描金稍有脱落，不对称曲尺型。磬倨孔附有铁蝙蝠，挂件与磬架相连。磬正面沿边缘阴刻双层界框，磬面饰描金龙纹、花草、蝴蝶等，背面光素。磬宽54.6厘米，高35厘米（图8-25a、25b）。

55枚编磬，皆为不对称曲尺型。双层界框内刻回纹，磬面分别刻有律、吕名称，尺寸大小不一（图8-26）。

乾隆之后的一百多年，磬艺一路衰落，大不似往昔礼乐文化盛况。殆至民国，战乱频频，炮声隆隆，掩压玉磬锵锵……（图8-27a、27b、27c、27d、27e）

风云难摧风月之时，偶亦有之。民国年间，"上海大同乐会"乐人雅逸多才，参照历史资料，精选灵璧磬石复制一套仿古编磬，音质、音色不让曲阜孔府珍藏灵璧编磬，适为一时名物。

岁次不辰，唯此磬声，响穷淞沪之滨，清音朗朗，远声遥岑，距于今，杳然寂历已近百年春秋。

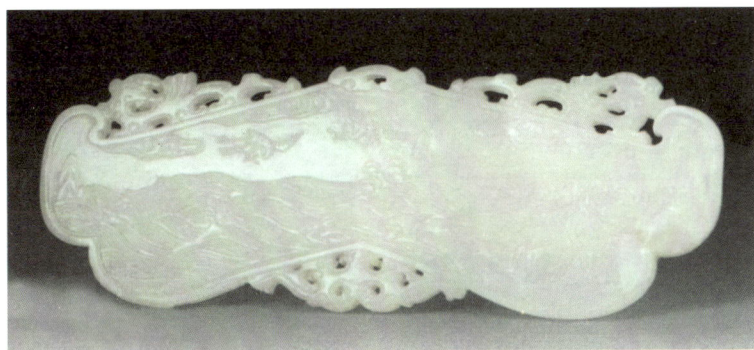

图8-27a　清代玉磬十八式

图 8-27b　清代玉磬十八式

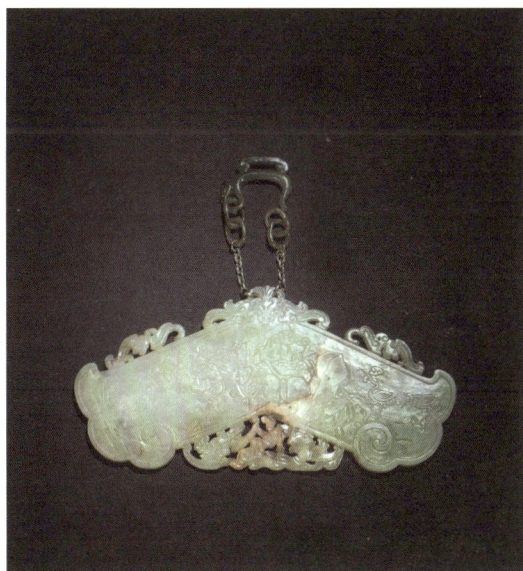

图8-27c　清代玉磬十八式

图 8-27d 清代玉磬十八式

图 8-27e　清代玉磬十八式

第九章 当 代

磬之于当代，作为传统文化之显要符号，国人满怀国泰民安、复兴盛世的祈福之心，特于祭孔、祭祖、祭古贤的传统文化日，敬奉编磬之谐音，虽与古代礼乐文化之祭祀意义不可同日而语，然磬在中国古代礼乐制度中曾经荣获的和敬庄严的辉煌地位，充分展示出磬作为国粹之一的文化当量之巨大。

磬，拥有足以上升为"磬学"的丰富内涵，古老之磬，不废于今，即为力证。

古柯绽放新蕾，古磬推陈，适以今用。佐以现代工艺，聊发新声，则别有一番创意出新，倘使古贤聆之，自必莞尔。

磬自问世以来，最为壮阔辉煌的一次叩击，使地球之上的人都听到了它清亮悠扬的声音。时间：20世纪60年代最后一年。地点：万古莽苍的宇宙太空。

1970年4月24日，中国第一颗东方红号人造卫星发射成功，遨游太空，向全世界人民播放的《东方红》乐曲，就是用灵璧磬石制作的编磬演奏发出的声音。古人赞颂美妙的歌声曾用"绕梁三日"来形容，而磬气势宏博，洪厚清亮的泛音响彻云天，绕"球"三年而其声不息。

1980年，湖北省博物馆和武汉物理研究所合作，将湖北随州曾侯乙墓出土的两千四百多年前的战国初期大型编磬复制成功，发音与原编磬的标音铭文一一相合，低音浑厚沉郁，高音明朗清澈，音色十分优美动听，音域达三个八度，可以旋宫转调，演奏多种乐曲。

1978年，位于山东泗水之滨的滕州市出土了一套十三枚的战国泗滨浮磬，出土状况良好，品相一流，音乐效果之佳，非他磬可比。著名民族音乐家彭修文先生得知此事后，对这套编磬情有独钟，非常喜欢。音乐家有心让人们欣赏倾听到两千多年前的古乐妙音，展示礼乐文化的独特魅力，当

机立断要用这套出土石磬与其所在的中国广播艺术团民乐团演奏合成一首乐曲《流水操》。合成后的乐曲很成功，从作曲到配器都无可非议，古磬的声音时隐时现，合成得天衣无缝，甚至可以说达到了尽善尽美的程度。

此情此景，感动了滕州当地的音乐工作者杨浚滋先生。《流水操》的美妙乐声，更加深了他对泗滨浮磬原本具有的深厚感情，天公作美成全了杨浚滋楚弓楚得心愿，觅得了与出土石磬音质相同的泗滨石，成功复制。雅士偏嗜锦上添花，后又制成了三十枚半音阶编磬。彭修文先生很快获悉这一消息，特派乐团的指挥楚世及先生千里赴鲁找到杨浚滋，带去一封写给杨浚滋的亲笔信，信中说："编磬的试制成功，的确是民族音乐发展中的又一大事，谨此向你们表示衷心的祝贺。"彭修文先生信中语多鼓励之意，杨浚滋先生也不愧是当代中国成功复制成套编磬可用于演奏的早期实践者，于礼乐文化功不可没。

彭先生当年的肯定，事后杨浚滋回忆起来，仍很动情，写了一篇文章《彭修文与石磬》，真实感人，文中写道：

现在回忆起来，正是这两句话："编磬的试制成功，的确是民族音乐发展中的又一大事，谨此向你们表示衷心的祝贺。"为我们点燃了精神的火花，没想到这点小事，竟得到一位音乐大师的鼓励。信中还说：广播民乐团，将在今年首届中国艺术节中演出民族音乐会，经过研究讨论，决定把编磬推上舞台。这封于1987年8月1日写的信，我一直保存着。我总想这位音乐大师不仅是独具慧眼，而且敏锐性、果断性是那样的惊人。这套三十枚的泗滨编磬在首届艺术节上没负众望，它那清脆纯净的音色在首都音乐厅回荡，时而悠扬舒缓，时而亢奋激昂，在场的观众都屏气静听，被它的声音陶醉。

演出一结束，不少人跑到了后台，有的去看那套编磬，更有不少记者尾追彭修文先生采访。彭先生当时十分兴奋，他滔滔不绝地对记者讲："山东滕州出土的石磬，是一个完整的音阶系列。山东枣庄的石磬，也就是我们今天晚上演奏用的这套石磬，它的一大特点就是：出土的石磬和现在的石磬，运用的材料是一致的。这样一来，声音就没有什么差别了，说一个夸大的话，今天在舞台上响着的是几千年前的声音，从这个方面来讲，是世界上少见的。比如说古代的巴洛克乐团，用欧洲十六七世纪的乐器来演奏，距今也不过四五百年的历史。那么编磬出土，已经是两千多年前的春秋时期，是耶稣诞生之前那时的声音，今天给广大观众来听，我觉得这是一个罕见的事件，也是一个值得高兴的事情。"

彭先生讲得十分激动，他既为我们悠久的民族音乐而骄傲，又为能使广大观众听到两千多年前的声音而自豪。他虽然很累，但没有一点倦意，他兴致勃勃地谈了很长时间，事后我复制了记者的录音，至今还保存着。没隔几天，彭修文先生亲笔书写了"泗滨浮磬，大放光彩"八个大字，另有一行小字"首届中国艺术节使用编磬有感——敬赠杨浚滋同志"捎给了我。我接到后，心里不能平静，能得到彭先生如此厚爱，感到受宠若惊。

没过多久，我托人给彭先生带去一枚小磬，没想到他对这枚小磬是那样的重视。他向在座的人介绍说："古代，在击磬之前，往往先沐浴，后焚香，其实这不是什么迷信，是人们对古代文化的尊敬。"彭先生一边介绍，一边真的洗了手，然后才毕恭毕敬地击磬。当时在座的人，无不产生敬仰之心，都亲身感受了这位大师的风范。他和家人围在磬边，一直高兴地谈到深夜。

在彭先生的鼓励下，我从仿制出土磬到制成十二平均律的半音阶磬，从十三枚到四十一枚不断发展，还制成了两孔仿古钱币造型的布币磬，这些情况彭先生都是了解的。彭先生在本团一面使用编磬，一面又思考传统磬的改革与发展。在他的想法成熟后，百忙中给我写了封信，信中说："编磬是祖国的瑰宝，我想它会走向世界的。这两年我通过演奏，感到磬的声音还可以有所改善，比如加共鸣管，当然乐器不能悬吊了，这算是一种新乐器，但仍有独特性，因为石乐器是世界上少见的，我建议你们做试验。"

1989年10月11日的这段文字十分简练，要点也十分清楚，一是要使磬走向世界，使之成为全人类的文化。二是要借鉴西洋乐器的长处增加共鸣管。三是因为石乐器在世界上少见，特别要重视它的发展。也可以说，对编磬的发展指明了方向。为了同西洋乐器区别，采用了卧式共鸣管，并制成了多种排列形式的石琴。有按扬琴音位排列的，有按木琴音位排列的，并且获得了多项专利。特别是加共鸣管后，声音发生了很大的改变，我深感彭先生起到了点石成金的作用。我想石乐器的每一个进步，都离不开设计师彭修文先生。

彭先生见到了这些新型的石琴兴奋异常，他对石乐器的这一进步连声赞扬。他立即用石琴演奏了数首乐曲，并制成录音带，还郑重地签上名寄给了我。对我来说，这比什么样的奖赏都更珍贵，它确实给我带来了温暖，带来了力量，而且都是那样的及时，那样的有价值。

现在对石乐器的发展做了不少报道，像《人民日报》及《人民日报海外版》，中央电视台的《中国报道》《中国风》《变化中的中国》《神州风采》栏目等，我坦白地讲，没有彭先生就没有石乐器的今天，他生前的愿望，还要靠我们奋力地去实现。

每当我们听到石乐器的声响，都仿佛听到了彭先生殷切的教诲，都仿佛看到彭先生和蔼的笑容。

是的，我们不应忘记彭修文先生，一部中国磬史也应标榜他的名字。彭先生以他丰富的音乐知识、精湛的演奏艺术，使神圣的艺术殿堂，第一次震响起几千年前编磬的古音。更有划时代意义的是：彭修文借鉴西洋乐器的长处，给石磬第一次装上共鸣管，一变古磬的编悬式为编卧式，于古典艺术的推陈出新，今人绝少成功，而彭修文先生的尝试是完全成功的，对当代磬艺之贡献，居功至伟，谱写了数千年磬史的崭新乐章。

泗滨浮磬的产地——灵璧县为挖掘传统艺术，弘扬礼乐文化，先后建立了灵璧县磬石厂、灵璧县磬石开采厂和灵璧县磬石工艺厂，对得天独厚的灵璧磬石进行开发利用。几十年来曾吸引为数众多的中外学者、音乐专家和博物馆院的考古专家们，不辞辛劳至灵璧，对泗滨浮磬进行多方面的考察和研究。在专家的悉心指导下，该县的一些磬石工艺生产厂家，制造出多种高水平、高质量的石磬和磬石工艺品，为当代石磬在研究、收藏、教学、演奏、陈列等诸多方面提供了优质产品，为在当代复兴礼乐文化及振兴民族音乐做出了重大贡献。

灵璧县磬石工艺厂，早在20世纪80年代曾为南京歌舞团成功制造出三套不同型制的编磬，分别为云磬、鱼磬和条磬。该团在1985年于古城西安举办的"七省市打击乐演奏家金石之声音乐会"和"全国首届艺术节"上，用这三套新仿制的编磬演奏，以其独特的音响效果，赢得了在场中外音乐家的充分肯定。尤其是鱼磬和条磬音质纯正、音色华美，鱼磬磬声在中高音区滑动，柔和悦耳。条磬磬声于高音区回旋，清越洪亮。而有独特的推陈出新的创举是条磬不但能击奏，且能"刮奏"，实为数千年以来石磬演奏的首次突破，也因此得到中外音乐专家的高度重视。

灵璧县由于有得天独厚的条件，在恢复、创新古代石质乐器方面，屡获成功。1980年，灵璧新兴工艺厂在高仲均和金慎昌先生的指导下，历时三个多月，试制出世界上第一只灵璧石篪。

篪为管乐器，是远在三千年前殷商时代的常用乐器之一。古篪"长四尺，圆三寸，七孔，横吹，以竹为之"。音质较笛声沉闷又比箫明亮，悠扬悦耳。自明代之后退出乐坛。销声匿迹几百年后的1990年11月，在四川成都召开的中国古琴艺术国际交流会上，由一只灵璧石篪吹奏的一曲《西楚辞》，震惊四座，日本的中国太古乐器研究专家坂田进一先生激动不已，走上乐坛，手持石篪，一赞三叹。

当代中国将古老的磬艺继承并有所发展的古乐团，天津市华夏正声古乐团乃其中出类拔萃的优秀团队。该团成立于2013年，此前对传统礼乐文化中编磬之使用，进行了大量深入细致的研究应用工作。最终以1978年春秋晚期楚庄王之子、令尹子庚的墓葬中出土的河南南阳淅川下寺楚墓二号墓中的王孙诰编磬13枚为依据。并在原件的基础上增加至26枚，双排悬挂，拓展了音域。在演奏曲目上首先十分重视乐曲来源，委托国内作曲家根据河南出土和现存的音乐实物、图像、文字、乐谱进行创编。使用最多的是河南博物院馆藏清高宗乾隆《诗经乐谱》中的诗经系列作品：《诗经·郑风·子衿》《诗经·周南·关雎》等。此外，历代古曲、古琴曲、唐诗、宋词也是天津华夏正声创编乐曲的主要来源。

目前，乐团编磬的使用是以钟、鼓、瑟和箫、埙、琴、笙的古乐器配乐合奏为主，二三件乐器小合奏较少。磬的发音延音短，声音清亮。叩击时多与线性旋律乐器配合使用，如与箫、歌钟等。如在《七盘舞》的伴奏音乐中，用歌钟走旋律声部，编磬走双音，两种乐器合奏出现在乐曲的开头部分，衬托舞蹈演员的剪影造型。于节奏的使用方面，音乐中庄敬雍穆的仪式多在强拍出现，之于《诗经·商颂·玄鸟》，即是在强拍上使用不同的四度双音，增强音乐沉稳、厚重之感。弱拍和快速敲击多在民间音乐中使用，表现活泼、俏皮的音乐风格。如在河南传统筝曲《上下楼》中，用弱拍的双音，模拟了红娘上楼时的急促步态，快速敲击则刻画了莺莺小姐那种渴望和急切的情感世界。

乐团对磬槌的选择也十分在行。执使两种木质击槌，其一长20厘米，其二长26厘米。26厘米长击槌，快速敲击时使用方便。击槌分两部分，槌头和槌杆。槌头大小和木质硬度影响敲击音色，槌头大敲击出来的音色柔和，槌头小敲击出来的音色尖利。木质密度小在编磬上的震动好，木质密度大，弹性不好，故使延音更趋短促。

编磬的受击部位在鼓部，郑司农注《考工记》，所云明确："股，磬之上大者；鼓，其下小者，所当击者也。"古代绘画中的图像可与郑说互为印证，如东晋顾恺之《女史箴图》中的击磬情形。有必要说明的是，同样在鼓部敲击，因击点不同，基音和泛音的清晰度和时程的长短都会不同，根据人耳听力对基音和泛音的感应，并利用现代科学仪器分析磬音时程，确定了磬的最佳敲击部位是磬旁鼓上角（图9-1）。

图9-1　当代汉装少女击磬图

编磬的演奏技法多样，分单击、双击、轮击、摇击、琶音等。其中单击和双击使用最多，轮击是左右手快速交替敲击，多用于乐曲的结尾处，烘托乐曲高潮。摇击有两种，一种是单音摇击，另一种是双音摇击。摇击可以敲出长音的音色，丰富了表现力。琶音多用在小乐段的结尾处，目前乐曲中用到的是低音到高音的琶琶音。

以上种种迹象表明，磬之于当代，作为传统文化之显要符号，国人满怀国泰民安、复兴盛世的祈福之心，特于祭孔、祭祖、祭古贤的传统文化日，敬奉编磬之谐音，虽与古代礼乐文化之祭祀意义不可同日而语，然磬在中国古代礼乐制度中曾经荣获的和敬庄严的辉煌地位，仍可充分展示出磬作为国粹之一的文化当量之巨大。

磬，拥有足以上升为"磬学"的丰富内涵，古老之磬，不废于今，即为力证。

古柯绽放新蕾，古磬推陈，适以今用。佐以现代工艺，聊发新声，则别有一番创意出新，倘使古贤聆之，自必莞尔。

2008年8月，北京举办了举世瞩目的第二十九届奥运会，亮丽典雅的中国色彩，举世惊艳，更令人激赏不已的颁奖仪式音乐，融春秋曾侯乙编钟原声合中国当代玉磬及西洋交响乐之声，营造出庄严盛大的礼仪氛围，金声玉振，嘈吰清朗的钟磬妙音，不是天籁，胜似天籁！洞彻九天云霄，穿越三千年时空隧道，响腾余韵，久久回荡……

中国磬史 余编

第十章　古磬三十六品赏析

一、新石器时代马家山石磬

随形五边型。

高 50 厘米，长 45 厘米。

马家山文化遗址挖掘后多年，方圆周遭地区时有先民遗物出土，破碎残损，以古陶器为多。当地一位有心人，捡起一块近似方形的黑色石板，无缺无残，品相完美，以为有用之物，可知其粗通文物知识。石板中心靠上部位有一明显人工穿孔，材质是石非玉，估计不值几个钱，随便倒给了一古董商人，商人卖给了在北京潘家园古玩城开店的老板。

2001 年我逛古玩城，走进这间店，听老板口音，是甘肃马家山一带的当地人。进门第一眼，老板长什么样还没看清，已断出此物当为年份很老的古代石磬。玩古之士看古玩，第一眼的认识最灵，也最准，基本上该是什么东西就是什么东西，看走眼的概率很低。店老板与我接谈之前，也不知这片有孔的石头是磬。几番搭讪后，又得在此楼面开店的熟人证实：这间店中环壁陈设的古物大多是马家山出土的东西。店老板珍重的是玉器，可卖好价钱，没拿这件不知为何物的石头当好东西。没费三言两语，就以我认定的廉价购成，满心欢喜，我的藏磬又有了一件年份出土等几方面较为证信可靠的藏品。磬为五边形，一面较平整，经打制、磨制。背面呈原始状态，起伏不平，厚薄不均，最厚处约 3.5 厘米。磬孔取中，距最高边约 5 厘米处，从正背两面对冲钻孔。两面孔洞呈覆斗形，孔洞外沿直径 4 厘米，对通交接处内孔洞直径 1.8 厘米。

同行的友人一直在旁边，目睹购磬全过程，知我购磬花费是多少，出了店门就替我不平："你买贵了。前两天有人问价，他开价也没这么多。谁叫你多嘴抖机灵，非要告他这叫磬。人家一下子就明白了，不宰你宰谁。"我听了这话，一点儿也不扫兴。这么多年我始终没有学会为省下些银子故意贬损好东西，或是指东而买西的坏门儿。至今依旧认为藏古之道、际遇之奇全在"缘分"二字上。有幸碰上心仪爱物，人家还肯让给你，多开心的事，违心说不好，不唯伤物更亦伤德。卅载玩古，上天眷顾，每遇妙物，欣喜之情即使在卖家面前也从不稍加掩饰，而我自觉得之益处更多，因为有不少的古玩商人、藏家也是性情中人，物遇明主，愿意将己之爱物转手让给同样珍惜的道友，看重的是给好东西找个好下家。你为图便宜"扒次"人家好东西，人家一生气，再说甚好话也不卖给你，如此一来，岂不适得其反。物亦有灵，不可恣意漫语唐突。

携石磬回府，系之以绦绳，提之以檀槌敲击不同部位，其音不同，各具音节。非我搏拊有法，实乃吾华先民识石之性得石之趣的智慧不容忽视，早已知晓特选薄厚不均的板形天然石，不施斧斤，只琢出一圆孔，悬起叩之。古磬初成，数千年后为我摩石精舍磬室雅物，赏玩之际，可证磬史一节，诚乐事一桩（图 10-1a、1b）。

图 10-1a　新石器时代马家山随形五边型磬带楠木磬架

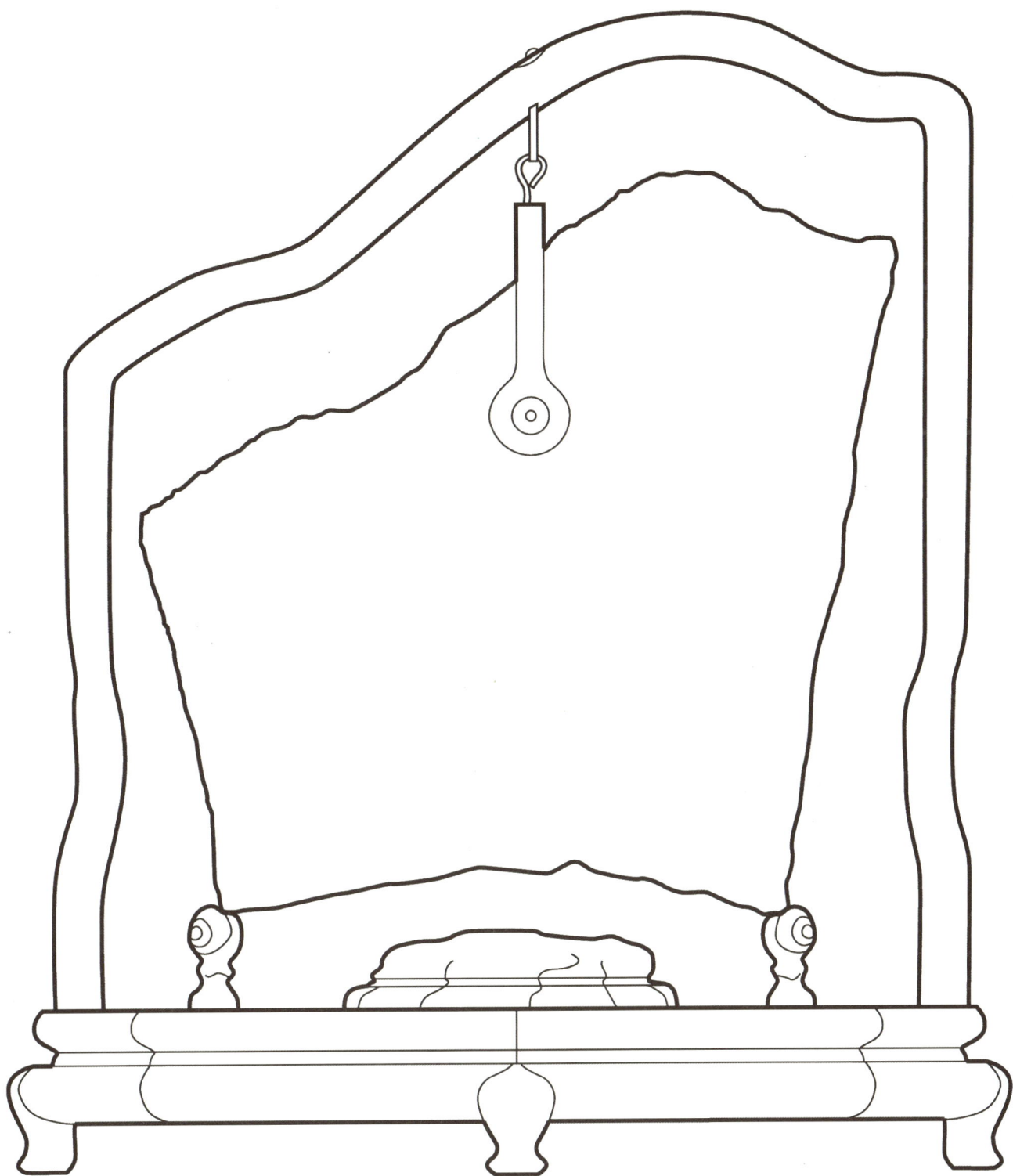

图 10-1b　新石器时代马家山随形五边型磬带楠木磬架线描图

二、新石器时代石磬

古代农具铧犁型。

高 30 厘米，长 100 厘米。

摩石精舍主人业曾论磬，可存一家言，其曰："古人制器，格物致理，必存精义，铧犁尖头在农夫推力下划然'破土'，磬仿其形，有如万籁俱寂，乐人搏之拊之，戛然'破岑'。"此亦符合石磬用途三个发展阶段之一：生产工具之崇拜。

至今令人遗憾的是，世人，甚至有些专业的文物考古工作人员，只知有磬而不知有磬，如在山西夏县东下冯夏代文化遗址发现一石磬，考古工作报告及其后的新闻报道称其"形状像耕田用的石犁，其斜上方，有一圆孔用于悬挂，整体打造非常粗糙，有的棱角还十分锐利，敲击时仍能发出清脆的声音"。分明一石磬特征，各类报道仍称"发现了一石磬"。

磬乃古磬中的特制，当属特磬。特磬特别于编磬，需要单独悬挂，自用一架材质为木或为青铜的磬架。特磬式样繁多，有雕刻或彩绘的花纹，如商代虎形特磬等。

编磬顾名思义，是将至少为奇数的三枚磬或更多枚编悬在同一共用磬架上。编磬依古制编为奇数而非偶数之因，后人颇费思量。奇数并不合乎古乐十二律，古人编磬为何弃偶择奇，定论尚待确证。适有奥妙居其间则无疑，最简单最小的奇数是一，一为始亦为全，"圣人抱一为天下式"，"道生一，一生二，二生三，三生万物"，故可知编磬基准之数为三，岂止乐理已尽释，钟磬合奏之编钟为偶数，钟磬之属"负阴抱阳"，合于"道"。

古人穷诘通归，不囿于择奇弃偶，《周礼订义》记："天子之士，钟磬各十六枚为一肆"，肆之意为"十六编磬为一虡则谓之肆，肆如市肆之肆，谓其全也。""一虡之所垂者，钟磬各止于八，然后谓之堵。""堵如墙，堵谓其半也。"

出土或传世的石磬也有偶数为 10 或 12 的编磬，如东周编磬组合以 10 枚和 13 枚为多。四川德阳孔庙保存有明清时期祭孔编磬 12 枚。

摩石精舍主人廿载前，起兴藏磬，源自玩石，玩奇石中叩之最具妙音的灵璧石。古人以

图10-2　新石器时代或商代石磬带非系黄花梨托座案几

为，人世间最美的声音宛若天籁若钟磬中出。磬材选石必以出自安徽灵璧磬石山为正朔。古人欣赏灵石之美，初不谐趣"皱、透、漏、瘦"之形，"清、奇、古、怪"之意，率先发现灵璧石敲击之下可发出清朗悦耳的声音。磬之造型迭经数千年演变，尤其是各类文房玩磬之美，可谓异彩纷呈。此磬乃新石器时代远古之文物，今为摩石精舍文房清供神逸之品，目接神迷之际，以手轻弹，或以檀槌拊声搏音，课虚叩寂，大可一破岑寥落寞之氛，不必抚焦尾之琴，不必吟阳春之曲，雅士已然神情萧朗，六气一清！

得此大磬之过程，亦颇有趣，时在十多年前的 2002 年，购自收藏家故友王其发之手。其发之前不知由几人又倒了几手，说"有一大个的磬，老东西有年份，是汉代的，上面刻着一个耳朵。得有几十斤重，在同行手里"。我闻听后很有兴趣，请他帮我询价。三天后买下，收藏了两年多，我也一直认定年代是汉。大磬两面刻云气纹。

2004 年，正在做出版工作的文博专家王敬之约我写"收藏名家话收藏"系列丛书中《张传伦说供石》一书。书成，王兄携一友来寒斋，玩石赏磬，见此磬，说我把年代看近了，少算了两三千年，"应是新石器时代，保存完整还有简约纹饰，好东西"。王兄玩古深雅，眼力好，信然。

古物鉴定，各执己见，不足为奇。数年后，又遇专家指为商代，因暂且无从考证此磬确切出土地域及其他证据链，亦不可遽定。然其下限不会晚于殷商，则无误。

云气纹大磬入藏"摩石精舍"意义殊大，可为磬头，藏磬一事由此而大兴。后之十多年内，常思为此磬配一适宜之磬架，设计总觉不甚佳妙。延至 2015 年初，灵感突来，一改往日架悬式为台座式，以非系黄花梨制作双层台座。大磬置于随形雕蝌蚪纹、火焰纹台座，台座接长方形带束腰、壶门矮几，以直榫固定连为一体。最妙是下承同一木质卷草纹琴几，观者无不以为木纹之美观华丽不让海南黄花梨，细赏做功、样式，更加赞赏不已。几面独板，用料宽硕厚实，两端柔和下弯，与板足闷榫相接，边抹铲地，外勾平直或曲卷双阳线，延展于几面边抹，板足之内，以四牙板攒圈口，上牙板，浮雕卷草纹。足端向内做大兜转，呈卷书式。

此几虽系慕古、摹古之作，然贵在专为大磬而配制，出新之意全在与大磬、台座互为合气，其势不可分，分则如云离月，云、月两凄清，雅士所不忍见也（图 10-2）。

三、春秋编磬一组五枚

弧底五边型。

此组编磬现存五枚中有三枚局部被溶蚀，可以判断墓中原有磬数应不止五枚。因受土压、水溶或盗扰的影响，仅存此五枚，厚度由3厘米至1.8厘米不等。五磬高、长依磬体大小不等依次为：

一、高16厘米，长46厘米。

二、高14厘米，长43厘米。

三、高12.5厘米，长36厘米。

四、高11.5厘米，长32厘米。

五、高10.5厘米，长26厘米。

五磬均为灵璧石打制，虽遭水溶侵蚀，磬体斑驳，犹可见灵璧特有之白脉石筋纵横其间，以槌叩击仍发清音，足以验证灵璧石坚致密栗的卓越品质，两千年沉埋不掩其声。摩石精舍主人昵古情深，爱磬心切，特为五磬中之最大者，选佳楠，倩良工，制匣以藏，亲题六字隶书"春秋战国编磬"，刻于匣盖，涂以石青，且识"摩石精舍"图章款，惜之若珍宝（图10-3a、3b）。

图10-3a　春秋弧底五边型编磬五枚

图10-3b　其中一枚带楠木匣

图10-4 春秋猪首形编磬

四、春秋猪首形编磬

变体弧底五边型。

高14厘米，长38.5厘米。

此磬石质为石灰石。灰色，磬体散布黑白色土沁，石性较疏松。磬人制此磬，以较为夸张的艺术手法，将股博打制成简约变形猪首状，鼓博如翘尾，构思奇异，形制罕见，却又不违考工之法。具有底边上凹、股二鼓三，磬背有140°左右的倨句，鼓边、股边大致呈直线的特点。除却股博、鼓博，为体现艺术性一改直线为曲线，基本可归于东周以后弧底五边型磬之范畴。然细味此磬，总觉有些不妥不当之处，其工大胆改动股、鼓博直线，是否会影响石磬音质，尚须考证。因此磬土沁状况迥异于春秋时代出土石磬，故其年代是否为春秋亦不做确论（图10-4）。

五、南北朝时期沁色三件套白玉磬

对称云朵型。

主体沁色云纹白玉磬，高16厘米，长16厘米。白玉蝠纹磬头为变体对称曲尺型，高2.5厘米，长5厘米。白玉磬环直径2.8厘米。

磬与磬环，二者玉质虽同为白玉，因年代不同，玉色有别，前为南北朝时期，磬体正面泛红褐色，土沁斑驳，背面发糖色。后为明代白玉磬环，圆润有致。青白玉磬头系于二者之间，亦为明代物。

不知是明朝的哪个年代、哪一位喜磬、懂磬的雅人，有幸得此南北朝时期沁色云纹白玉磬。缘磬周边起洼线，磬面光素，中上部左右透穿两孔，下部中心阴刻圆线，突出一敲击点，整体造型古朴简约。取青白玉透雕蝙蝠纹磬头，白玉磬环各一，以鎏金錾花铜构件相缀联，组合成此三件套文房玩磬。后又不知经几代玩家宝爱雅藏，品相完好，再现于2005年古代艺术品拍卖场上。摩石精舍主人经多个回合竞投成功，携磬归舍，广我磬藏。越二载，购一清代红木磬架，始成完配（图10-5）。

图 10-5　南北朝时期玉磬带红木磬架

图 10-6 明代变体对称曲尺型黄玉磬带清初黄花梨磬架

六、明代黄玉磬

变体对称曲尺型。

高 18 厘米，长 27 厘米。

磬倨句下 1 厘米处打孔装原配铜挂件、铜环、铜链。磬底呈曲尺形处，雕刻双鲤鱼。鼓、股上部刻回纹。正面大部刻勾连纹、蝌蚪纹，背面刻二龙戏珠。磬底下边缘左右各打一小孔，系以双穗流苏。配清初黄花梨木磬架（图 10-6）。

七、明代三件套白玉磬

变体对称曲尺型。

主体白玉磬高 8 厘米，长 16 厘米。配缀一白玉蝠纹磬头，高 4.5 厘米，长 6.5 厘米。白玉椭圆玉环最宽处 5.2 厘米。磬首倨句上雕龙纹，似小出脊。下倨句雕一蝠下挂，接小勾云纹。鼓、股博略上翘。蝠纹磬头雕工简洁而润活。

此明代三件套白玉磬，明代风格显著。

贵有银质錾花链相勾连，银活做工式样臻于极致，当为明清之际顶尖银匠所制。摩石精舍主人玩古卅载，不欲自夸眼界宏福，然视此等银质玉磬构件，厥为仅见之物。最妙之处，磬头与磬环以透雕两系双"寿"字缀合，精雅中寓意吉祥，彰显主题，为旧日簪缨大家祝寿之物。配诸青铜凤首"大清乾隆年制"款磬架（图 10-7a、7b）。

图 10-7a　明代三件套白玉磬带清乾隆青铜磬架

图 10-7b　明代三件套白玉磬拓片

八、明代四件套青白玉磬

变体对称曲尺型。

主体青白玉磬高 10 厘米，长 16 厘米。配缀二磬头：一为青白玉双鱼纹磬头，高 7.5 厘米，长 6.5 厘米；一为青白玉蝠纹磬头，高 4.5 厘米，长 8 厘米。青白玉环直径 3.3 厘米。

此磬当为文房清供之妙物。一应悬磬之配饰俱全，摩石精舍特制红木磬架，黄杨围栏、挂牙披子、黄花梨高束腰。四件玉系出于同一块青白玉，玉色及糖化润痕，谐和娱目。原配银挂件、银链，下垂流苏。

磬双龙出脊，两面同工，为变体对称曲尺型。雕勾云纹、锦纹，刀法精炼娴熟。双鱼嘴衔云朵，蝙蝠尾卷勾云，上接玉环。此类磬之图案、刻工、搭配，兴盛流行于明清之际，吉庆(磬)有余(鱼)！福(蝠)在眼前！喻意之吉祥，无过于此，故乃深得国中各阶层人士之喜爱，一至于今(图 10-8a、8b)。

图 10-8a　明代四件套青白玉磬带红木嵌黄杨、黄花梨、流苏磬架

图 10-8b　明代四件套青白玉磬拓片

九、明代灵璧石四孔八角磬

对称云朵型。

高 28 厘米，长 24.5 厘米。

摩石精舍藏磬卅载，以明清两代玩磬居多，论形质最佳者，当推此磬。

时在 2005 年夏，摩石精舍主人月余内，于沽上多个古玩店陆续购得玩磬七八件，均为古董，年代大抵为明清间物。或有年代更为久远者，私箧皮藏已逾十载，犹不能鉴之以确论，姑且暂定上限为明初。殆因古今古玩行存一不成文之规：凡证古物之年代，"宁近勿远"。意即为明代物一时难以分辨，可遽定为清代物，虽亦不逮，然却远胜好高骛远定为元物者。品鉴古画亦有此类不得已之做法，"真画看假，好于假画当真"。两害相权取其轻，岂其君子明哲保身之术之于玩古者乎？

摩石精舍主人数十天内得磬四五件，欣忭之余，心生疑念，盖因磬存世者较其他古物，更为稀绝珍罕，适一经验老到之古董商，历时一二载，八方茫摸，至多搜购一两件。摩石精舍为广磬学，专事藏磬，良有年矣，未有似乙酉鸡年大利于行，是岁"五行属井泉水命，午唱之鸡"，泗滨浮磬"石露水滨，若浮于水"。雄鸡"喔喔"，应和吉磬"锵锵"。摩石精舍主人焉得不清（磬）兴大发！吉庆（磬）有余！

向使以往，尝有一二年内，一磬未获。今朝一月获磬之夥，奏功不让十年，大异于常情，此中必有蹊跷，颇费思量之时，遇一古玩界资深大贾，忽言于摩石精舍主人曰："君所得磬，悉由我出，我乃源头，尚存一磬不肯轻易出手，可共赏之。"此贾手眼通天，据坊间传闻其所得磬，尽出于某一公家文物内库。贾呼店员速速取来，剥袱观之，摩石精舍主人惊喜之情，不加掩饰，不虑卖方得窥志在必得之意，且喜贾之索价，未恃奇货可居，漫天要价，尚在行情之内，遂降价一口成交，急急打道回府。此磬高不盈尺，业曾入土，间发土沁。以湿巾细揩，古薛斑斓，古韵环生，灵璧石质，黝如玄圭。磬形四孔而八角，清音藏之八角；声远振于四方。磬之形圆融周致，缘磬边等距离八角内敛，随四孔缩收。此磬格物，最见磬义和谐之理。磬两面俱刻仿古玉对称勾云纹（图 10-9a、9b）。

福建省莆田市博物馆藏一四孔八角"寿字纹云磬"，原为莆田兴化府文庙祭孔所用乐器。此磬一角残缺，中心部位雕刻一朵团花纹，四周装饰 4 个团花寿字纹，背面中部刻一"寿"字。通长 36.8 厘米，宽 29.9 厘米，厚 2.1 厘米。

图 10-9a 明代四孔八角灵璧石磬

图 10-9b　明代四孔八角灵璧石磬拓片

十、明代灵璧石磬

对称云朵型。

高 45 厘米，长 37 厘米。

此磬除光素无纹饰、磬体较大外，磬型与明代灵璧四孔八角石磬相类。此磬久不盘玩摩挲，磬呈灰色浆口，然行家一望而知其为数百年前旧物，带原配青铜挂件，尤为珍贵（图 10-10）。

图 10-10　明代四孔八角灵璧石磬带落地紫檀磬架

十一、明代灵璧石梅花纹磬

斧形。

高 27 厘米，长 24 厘米。

此磬形为仿斧形。磬体左边端面为锐口，颇似上古时代之石斧。明人以此形施之于灵璧石磬，向所仅见，必有深意存焉。磬背面光素无纹饰，正面上刻老梅一干，曲如龙、劲如铁。若作悬崖临水，枝闲花茂，繁而劲、老而媚，含苞欲吐清芬；离披烂漫枝头。其下一枝短如戟，低回偃折，息霜凝露，花蕊轻寒，气压松虬瘦影。下刻一松，故乃偶作桃李夭夭状。

磬若斧形，图之寒梅，弹指未叩，已令世上雅士神骨俱冷。观梅之妙，应在夜半雪霁、寒雾飘浮之时，斯磬当与寒月共悬于燕室西窗，不必拢雪烹茶；不必对弈抚琴。对斧梅之磬，当吟辛豪之词，借一阕《念奴娇·题梅》，梅花一枝傲冰雪，劲节处，郁勃透杀攻伐气，虽憾壮志难酬，留下奇香一段，纵是寒荒万里，足以酽地酬苍天！听耸磬音伴诗韵，看："疏疏淡淡，问阿谁、堪比天真颜色。笑杀东君虚占断，多少朱朱白白。雪里温柔，水边明秀，不借春工力。骨清香嫩，迥然天与奇绝。"

辛词、清磬，一可傲雪，一可凌霜，其所蕴藉之气节，不亦吾华旷代高逸块然自垒之精神实质（图 10-11a、11b）。

图 10-11a 明代灵璧梅花纹磬

图 10-11b　明代灵璧梅花纹磬拓片

十二、明末清初"范长白""西山逸士"款英石磬

天然随形。

高42厘米,长62厘米。

此磬为天然美石,具清、奇、古、怪之意,皱、透、漏、瘦之形。清初名士李渔对赏石三要素"透、漏、瘦"之诠释,最为到位,舍"皱"而不论,自有高义存焉:"此通于彼,彼通于此,若有道路可行,所谓透也。石上有眼,四面玲珑,所谓漏也。壁立当空,孤峭无倚,所谓瘦也。"视此石磬尤为珍罕,石品妙孕奇相,石色灰黑,黄、白石脉笼络上下,错综左右。置于台座,可为供石;悬之簨虡,可为吉磬。

其为石者,状如瑞兽,若跧若踞,若踢若啮,耽之尽怪。西山逸士溥心畬留意奇石,叹其雄奇,特镌草书"获麟"二字石铭,

"心畬"方形小章,原配晚清旧制苏作红木雕树瘿随形底座。

其为磬者,巧夺天造,嵌空玲珑,云窝月窦,更喜天生一孔洞,可穿银钩。磬右下方刻石铭"藏音",亦草体,名款"长白",图章单字—"范"姓。范长白雅人,明末奇士,所构私家园林,极水石林木之清幽。张岱于《陶庵梦忆》卷五记之甚详。此人奇丑,然"冠履精洁,若谐谑谈笑",陶庵深赏之,长日勾留,比晚辞去,长白又加挽留,"宽坐,请看少焉。"陶庵一时不解此语为何意,长白释曰:"吾乡有缙绅先生,喜调文袋,以《赤壁赋》有'少焉出于东山之上'句,遂字月为'少焉',顷言'少焉'者,月也。"于是陶庵"固留看月,晚景果妙。"长白又恐陶庵不

图10-12a 明末清初"范长白""西山逸士"款英石天然随形磬带清代雕古藤磬架

图 10-12b 英石天然随形磬带清代红木托座

图 10-12c 英石天然随形磬带新制黄花梨托座

知范园之奇美更在雪日，唯惜陶庵今晚不得赏此"世上伟观"："山石硌砑，银涛蹴起，掀翻五泄，捣碎龙湫。"陶庵流连范园，动心处实在园中峰石之奇美。长白藏石宏富，园林在天平山下，园中奇石，不可尽数，张岱赞以"万石都焉，龙性难驯，石皆笋起。"主客"开山堂小饮，绮疏藻幕，备极华缛，秘阁清讴，丝竹摇飏，忽出层垣"，鼓钲渐歇而磬声繁兴，谐音锵锵然，知此磬石正明季士夫上流如长白、宗子（张岱）宝爱之物。

甲申国变，世事沧桑，簪缨缙绅，清苑名士皆不免"邯郸梦断，漏尽钟鸣"。长白或不似陶庵穷困，陷至"瓶粟屡罄，不能举火"之窘境，然亭台荒废，珍玩尽失。此件英石吉磬，果为长白亲制，失之所向，下落不明，乱世之秋，亦无可奈何之事。

图 10-12d 英石天然随形磬刻铭"藏音"

图 10-12e 英石天然随形磬刻铭"课虚"

图 10-12f 英石天然随形磬刻铭"获麟"

图 10-12g 英石天然随形磬刻图章闲款"碧山元玉"

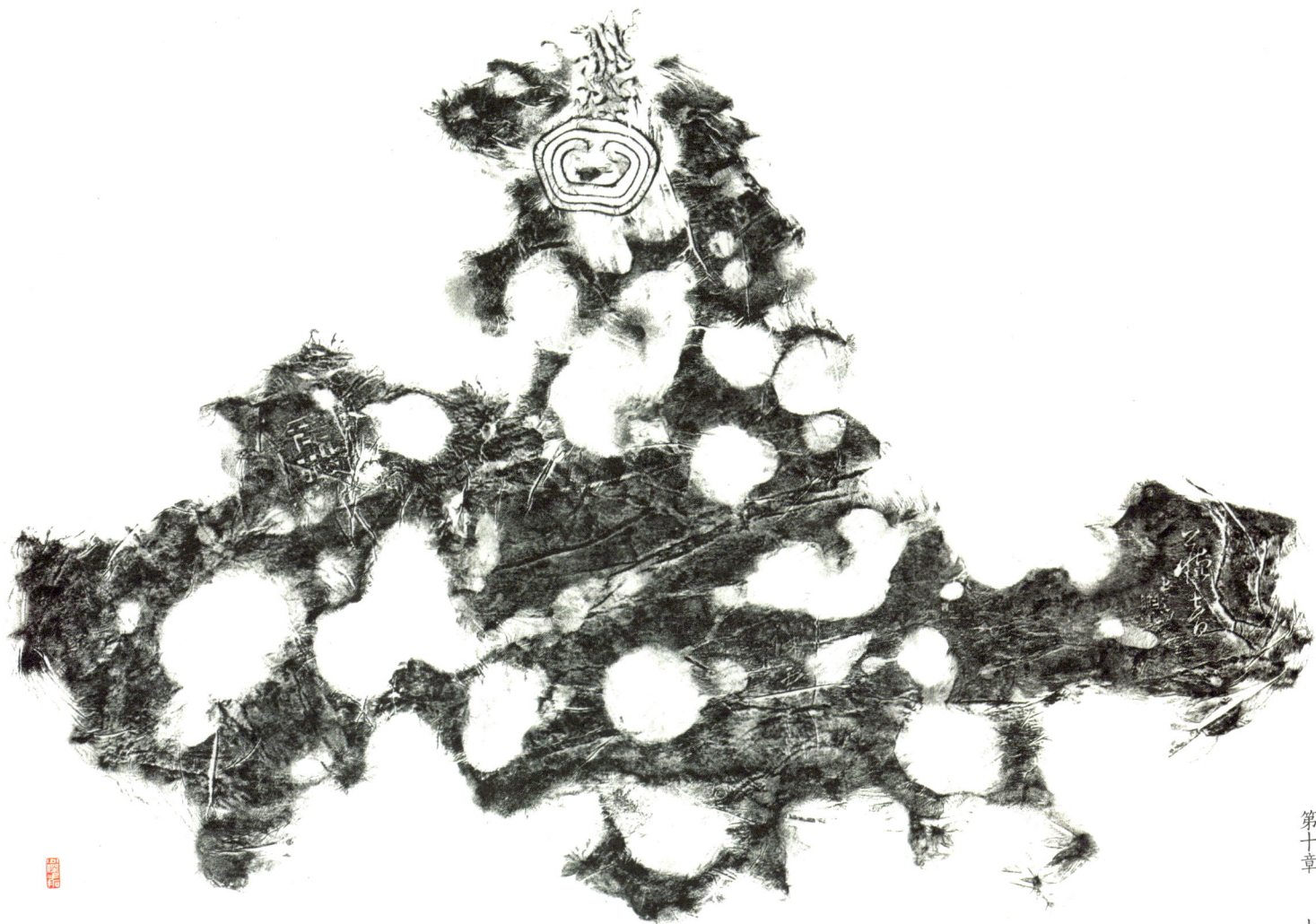

图 10-12h 英石天然随形磬拓片

三百年后,吉磬浮出于世,孰知石气轩昂,朗朗然悬之于清代红木仿古藤磬架。形制奇绝,仿佛深谷幽壑,峭壁悬岩间千年老藤绕柯而成,古韵苍郁,与磬之奇气,悄然暗合。

悬磬铜环为原配旧构,挂饰更其考究,铸银灵芝上接小银钩,富丽典雅而不失潇散野逸之趣。

摩石精舍主人得此奇物于 1995 年,初识即嗟为至珍,焉得不宝之如隋珠,藏之似和璧。观之愈久愈觉其正侧颠倒,皆成景观。适有清人深识此中趣,制一红木雕树瘿带底足石座,以为奇石清供,一慰岩崖高致。摩石精舍主人虑其未尽幽致,观石一面之景,尚无台座托承,奇韵未足焕发,常思设构。越十年,始制一双层雕树瘿黄花梨台座,全石三面之景,抒吾雅士之怀(图 10-12a、12b、12c、12d、12e、12f、12g、12h)。

十三、清初"旧城庄乙巳年"铁磬

对称云朵型。

高45厘米,长45厘米。

图10-13 清初"旧城庄乙巳年"铁磬

十四、清末"耶稣基督降世壹仟捌佰玖拾肆年"铁磬

对称云朵型。

高57厘米,长57厘米。

云板是铁磬或铜磬的俗称,因这类磬呈如意头的外形,状似云朵,故民间谓之"云板"。以铁质居多,磬身高逾尺半者,多系露天悬挂。最初的使用功能源自佛教,名称"云磬",佛寺用于佛门规制的诸多礼佛之事。唐代之前,云板已作为一种报时工具,使用在宫廷。铁磬的另一个重要功能是古代的报警器,悬于城上或庄内村头,有寇匪犯境,击之传声报警。和平时代的用途相当于今日的扩音喇叭,敲响以聚众,展开各种社会活动。磬声当然自有分别,实亦远绍祖音,与商以前、商代特磬及两周时期石磬的一个特点遥相弥合,即石磬、铁磬皆具节奏乐器功能,有固定音高和音色。而石磬之声,数千年前业已成为凝聚一个氏族并区别于其他氏族的信号标志。

铁磬作为信号乐器存在，大大晚于石磬。

考铁磬，其最早记录见于《南齐书·百官志》卫尉"府置丞一人。……宫城诸却敌楼上本施鼓，持夜者以应更唱，太祖以鼓多惊眠，改以铁磬云。"

《名山记》："修真四坛在九嶷山上，第二坛有齐末明中所铸铁磬十二枚。"

以铁为质的古代文物，最古老的遗存是一柄战国铁剑。铁在金属中最易氧化，铁剑剑身出土锈蚀剥损严重。体量最大的铁质原野文物是古代的沧州铁狮子，千余年来雄峙华北平原，身历无数个日阳月阴风霜雨雪，历代兵燹战乱的人为损坏，铁狮子"老态龙钟"，不加修复支撑，恐亦早为"睡狮"。凡文物为铁质，年代久之损坏最难修复，不知是古铁的金属成分不同，还是经年氧化等原因，采取如修复金银铜锡等文物的焊接方法毫不奏效，因铁质古物一概不吃铁焊条，两相不融。今日科技如此发达，此一难题，犹不可解。

摩石精舍主人所幸无此困扰，所藏铁磬两件均以如意为形，模铸而成，边沿起

图 10-14a　清末"耶稣基督降世壹仟捌佰玖拾肆年"铁磬

图 10-14b 潮州开元寺云磬正面

图 10-14c 潮州开元寺云磬背面

线，品相完美。表面一层铁锈益增古趣而于铁质无伤，击之其声虽不若黄钟大吕，犹自锵锵震耳。且喜两磬皆著铭文，其一尚存原配铁磬挂环。磬高45厘米，最长处45厘米，最厚处2.6厘米（此类如意形磬，不论何种材质，高、宽均尺寸相同，古人制器皆守此制式），最厚处居磬靠下正中，为固定的直径为6厘米凸起的固定主音敲击点，距之左右10厘米为二枚次音敲击点，直径、厚度稍小稍薄。中部竖分两行模铸阳文六字，字体拟唐代楷书大家笔意，"旧城庄乙巳年"，字口清晰，历历可辨（图10-13）。考此磬形制、锈蚀、磬环等诸项鉴定指标，当是明末清初所铸。

摩石精舍所藏另一铁磬，磬身略长略宽略薄于"旧城庄"铁磬，高57厘米，最长处57厘米，最厚处2.3厘米。铸有花纹、铭文。花纹是看不出名堂的西番花卉，与鼓部竖分一行铭文相契合"耶稣基督降世壹仟捌佰玖拾肆年"（图10-14a）。耶稣降世之年为公元纪年的元年，壹仟捌佰玖拾肆年亦即1894年（光绪甲午二十年）。此十四字铭文不可小觑，中为洋用，洋人的基督教堂用上了伽蓝圣物、坛场法器——铁磬。铁磬配合西洋风琴唱诗行仪，定可感动圣灵，圣堂将肃，琴磬和鸣，韵奏达天，仿佛圣灵降临人间。佛教寺庙、道教宫观用以警戒人众，"节度威仪，容止所要"。

东、西宗教文化适有交通融汇之点，此件铁磬可为铁证。

广东省潮州开元寺藏有元至正六年（1346年）云磬。

该器保存完整，铜质，色淡青。体形硕大，体呈圆板形，样似连体双凤，凤首向内朝尾部回曲，胸、首左右分开，彼此对称。腹部下垂至底端，体尾相连上翘至顶部，尾部向左右两面扩出成锐角，往下内收，与凤首之间形成一条宽约4厘米的弧曲空隙。云磬正反面边缘饰有凸棱，首部饰凤眼，中部可见方框，上、下绘饰莲纹，尾部凸棱下方可见系有粗

铁索的钻孔2个。磬体有铭文，其中胸、尾部阳刻4字，中部方框内阴刻100字左右，记载器物的铸造时间与缘由。通高137厘米、长127厘米、边缘厚6厘米（图10-14b、14c）。

又广东省连平县博物馆藏有明崇祯二年（1629年）云磬。

此云磬为贵东镇大华村南玉庵遗物。南玉庵建于明万历年间，内曾有清康熙十年（1671）获赠之千僧锅等物，20世纪50年代被拆毁，仅存云磬1件。云磬保存完好，铁质，通体红锈，体大，如意云头形。头部中间有一凸起圆圈。尾部有圆孔，用以悬挂。左、右两端分别刻有"日""月"字样，外饰单阳线圈，下方饰祥云纹2朵（图10-14d、14e）。中部有铭文，铭文内容如下：

韶州府翁源县南木山南玉庵住持僧戒广化缘僧清清朗徐口前来南海佛山佛门弟子江寂洋等铸云板一面重九十八斤众信等奉送南玉庵永远供养崇祯二年岁次己巳秋月吉日铸造。

立通高83厘米，长80厘米，重45千克。

沈阳故宫所藏国家一级文物铁质云板铸造于后金天命八年（1623年），为当时驻城八旗官兵报警传令之物，与现存所见云板相同，均为生铁一次浇铸而成。上下部分均呈云朵形状，为穿系挂绳或铁活挂环，云板上部有一圆孔。一面铸有文字和花卉图案，上下铸云朵、卷草花纹，云头内各铸有一朵凸起花卉。另一面铸纹较少，仅在下部云头内铸有稀疏花卉纹饰，两面下部中心均为鼓起的圆形敲击点。周围饰有花瓣及板身中部一面铸有汉字，右侧为楷书双钩体"大金天命癸"，左侧为楷书阳文"亥年铸牛庄"，两行字底部有楷书阳文一"城"字（图10-14f）。

祈望用磬之仪不废于今。

图 10-14d　连平南玉庵云磬

图 10-14e　连平南玉庵云磬铭文

图 10-14f　"大金天命癸"铁磬

十五、清代石磬

肺石形(石种不详)。

高 28 厘米,长 47 厘米。

从头到尾让我一字不落读完的古书不多。别怨古人学问太大,只恨今人读书太少,以致才疏学浅,十书九册读不懂,却常用这样的理由聊以自慰:古书虽好,涉及的知识不是自己需要学习的内容,读不读两可,不读也罢,大可不必掩卷太息。好在不知哪一天闲来无事,随手抽架披览,未读几行,兴味大增,于是不忍释手。北宋科学家沈括所著《梦溪笔谈》，可为这类书中的琼编玉笈。

沈括为我国 11 世纪的卓越科学家，是一位学科知识面涉猎非常广泛的学者。史传沈括撰著的各种自然科学专著，迭经近千年兵燹战乱，大多散佚，幸运并泽福后世的是其各种专著的主要内容和观点，几乎都在《梦溪笔谈》中保存原作的若干片段或是精审摘要。当代学者评《梦溪笔谈》是沈括科学论集的一个缩影，英国著名科学史家李约瑟盛赞《梦溪笔谈》是中国科学史上的坐标，在世界科学文献领域享有崇隆地位。如此高论尚不足以彰显《梦溪笔谈》巨大的历史文化价值，它浩繁精博，涵盖了那个时代已知的所有学科。沈括是儒雅的学者，《梦溪笔谈》也可说是一部文学著作，宋人笔记中的佼佼者，意义远在唐人段成式《酉阳杂俎》之上。

《梦溪笔谈》所谈科技、宋朝诸般制度之外，大率为历史掌故、人物简介，于哲学、文学、音乐、书画以至社会生活中的各个剖面，无所不及。虽"率意谈噱"，下笔处分寸谨严，当知沈括不仅学问淹雅渊博，器识宏阔，且见其为人仁厚醇和。除"圣谟国政，及事近宫省，皆不敢私纪"外，"至于系当日士大夫毁誉者，虽善亦不欲书，非止不言人恶……不系人之利害者"……以上的两段文字摘自沈括《梦溪笔谈》自序，其"不敢""不言""不系"的"三不"原则，有意无意间保护了这位官宦家庭出身的科学家能在北宋纷乱的政治格局下，"明哲保身"。

我格外喜读这本书，可谓百读不厌。《梦溪笔谈》成书早在宋哲宗元祐年代（约 1091 年），奇怪的是比之晚了数百年的明清士夫文人行文却太多晦涩佶屈，不似沈括辞章读来明晓畅意。书中有几卷谈及我潜心励志，廿载深研的古磬，怎不令我兴味大增。更为有趣的是十九卷"器用"，有"肺石"章。肺石的描述，分明是一只大石磬，不知何故，沈括却未归类于磬。或许是吾辈才识浅薄，未能尽悟沈括不以磬观的深雅之意。

今人唯叹"肺石"早已荡然无存，从沈记中领略"肺石"之奇亦颇引人入胜。妙在其文十数句，字字雅训周详又丝毫不古奥冷僻，很容易读懂的。不必译释，全文照录即可：

> 长安故宫阙前，有唐肺石尚在。其制如佛寺所击响石而甚大，可长八九尺，形如垂肺，亦有款志，但漫剥不可读。按《秋官·大司寇》："以肺石达穷民。"原其义，乃申冤者击之，立其下，然后士听其辞，如今之挝"登闻鼓"也。所以肺形者，便于垂。又肺主声，声所以达其冤也。

古代统治者知"以肺石达穷民"助其申冤。为维护社会的和谐与各阶级关系的平衡共存，对社会的弱势群体给予特别的照顾，将穷民申冤者划分明确。何为穷民？穷困无依叫天天不灵叫地地不应的"天民之穷而无告者"——"孤独鳏寡"是也。幸赖朝廷爱育黎首，圣贤垂注仁义施恩于此"孤独鳏寡"。又何为"孤独鳏寡"？唐贾公彦曰："少而无父者谓之孤，老而无子者谓之独，老而无妻者谓之鳏，老而无夫者谓之寡。此四者，天民之穷而无告者也，皆有常饩。"

自然界中奇形怪状的石头很多。模样与人的五脏六腑十分相像的石头，在南方喀斯特地貌的山洞里几亿年前即已生成。清朝乾隆年间袁枚应西粤某地太守盛邀，游历甲天下的桂林山水，此山多洞，袁枚见洞石形状万端，"如狮、驼、龙、象、鱼、网、僧磬之属"。"又次日，游木龙洞。洞甚狭，无火不能入。垂石乳如莲房半烂，又似郁肉漏脯，离离可摘。疑人有心腹肾肠，山亦如之。"袁枚动生感慨，"刿诸山之可喜可愕哉？虑其忘，故咏以诗，虑未详，故又足以记。"遂于三百年前将此山石之奇异记载于题为《游桂林诸山记》的一篇游记美文之中。

"肺石"其实就是磬，由此证知至少在唐时寺庙已有悬磬的佛门规制存在。磬材选料含石、铜、铁，此三类材质的遗磬存世

图 10-15　清代肺石形石磬带髹朱漆磬架、髹朱漆竹节桌

量不在少数。磬材实则远不止这三种，如木、瓷等，因实物难觅，暂不信笔详以为证。沈括不以磬目之，是乃奉循高义"取法乎上"，即"以肺石达穷民"。

行文至此，忆起沈括与郑玄有关的一个真实故事。记之不唯助人谈资，可见沈括少年时代聪敏好学，对世间万物充满好奇，有疑处必通之，后世喻其为科学家有由然也。郑玄在自著中谬称"车渠"为车轮，孩提时的沈括通过发现出土的大蚌壳，请教乡人知其名为"车渠"，乃匡正玄之误。重要的是透过这则轶闻得知"佛教七宝"（砗磲、玛瑙、水晶、珊瑚、琥珀、珍珠、麝香）之说抑亦"车渠"为其一的历史必在东汉之后。东汉年间，佛教已传入中国，若此际存此"佛教七宝"，依郑大经师之博雅，岂会不知。

"肺石"是一只状若肺形的巨磬，多半生成于万古沉黑窅渺的山洞，迷不知其亿万年前在"以石为天，以沙为地，以深壑为池，以悬崖为幔"的洞穴世界里何等孤峭自屹？！究其"以石脚插地为柱"？还是"以横石牵挂为栋梁"？更不知何年何月由何人好事起此巨石，移至中土长安。

北宋年间的某一天，沈括有幸得见此石于"长安故宫阙前"，且不忘即兴援笔记之甚详，言其"甚大，可长八九尺"，唐尺一尺与今日度衡所差不多，以九尺算长达近三米，确是名副其实的巨磬。与此"肺石"相媲美者，唯有明朝出土的两只天然石磬，初见之者亦未以石磬视之，此事详载于《清稗类钞》。明朝时，当地土人掘地得两大块灵璧石，纹理奇异，色韵苍古，通体遍生孔洞幽窍。以槌击之，响泉叠韵，余音袅袅不息。石高近丈，壁厚仅数寸，初识宜为厅堂屏风。老子山上有和尚号悟本，深谙石趣，妙悟石理，独具慧眼，识得此石乃天赐巨磬，连环生出九个玲珑婉转的小孔洞，可系磬绳。悟本当即买下，请吴中高手石匠，依据石之长短、壁之薄厚，稍加琢磨成两只巨磬。悟本爱之如命。后悟本圆寂，弟子犹视此巨磬为衣钵传承般虔诚供奉。高邮进士吴氏于寺中见此奇物，以为至宝，拂之良久

不忍离去。吴氏遂出资修庙，赠金三百。悟本弟子感其厚意，无以相报，便以双磬回赠，吴氏运石至高邮，构筑磬园清供。清初时，名人韵士争睹此石，纷纷题字刻铭。

细阅《梦溪笔谈》"肺石"章未几年，奇缘骤降，时在2006年初夏。沽上鼓楼开古玩店的一位王姓古玩商前来告我说："在外地同行家里看到一块自然形的磬，有一个眼，系磬的皮条都是老的，磬的包浆特好，一敲声响也好。你要，我再跑一趟买来卖你，要几万元，不知这个价位你能接受吗？"隔山买老牛，东西没见着，怎能知贵贱呢？我只好这样回话说："东西看见了，喜欢我就买，又不是第一回买你东西，你没把握先活拿（北方古玩行的行话，意即先取货看中后再付钱）。"王哥听了有点儿不爽，说："我会看，玩了这么多年，我有眼，拿来你看不上就不要。"这样一来当然好，我觉轻松了许多，等待的过程还是有点儿熬人，恨不得转天见到。

过了半月，电话通知我买来了，到鼓楼北街的翰林苑看货。我连连称谢，匆匆上车，二十分钟后到了翰林苑，看他一层层拆包后，磬静卧在案上。我惊喜得心跳加速，天哪！竟然、竟然是沈括笔下"肺石"的"子孙石"，缩小八九倍的样子，正是适宜雅室清供的案头"玩磬"。惜无磬架。磬发马肝暗红色，如郑玄注云："肺石，赤石也。"唐贾公彦疏析更其明理："肺石，赤石也者……肺属南方，火，火色赤，肺亦赤，故知名肺石，是赤石也。必使之坐赤石者，使之赤心不妄告也。"明人赞良吏秉公执法："其治狱多阴德，肺石无冤，似于定国。"清王湘绮《上征赋》有骈句："伤肺石之无听兮，对嬴老而淫淫。"

小"肺石"形似垂肝、垂肺、垂脾胃……须知佳磬、响石自古有此一品。唯其形异，古贤借以誓一法、善穷民。"子孙石"约尺幅面积，上端偏右处有一天然孔洞，正好系之以悬空叩寂。其声似灵璧而传音稍薄，聆之娱耳，望之怡神，"使之"不必坐，有无"赤心"，妄亦不妄者，皆不必告也。

究其何种石质，得此磬已近十年，今日写此文，仍须注明"石种不详"。然此磬非凡物，石体沉实，石质坚致密栗。含有某种金属元素的矿物质则为业内方家识者一致认同。与王姓古玩商商议两次后，折其开价半数购此"肺石"，悬于寒舍前年入藏一清初大漆竹节磬架之上，下置清初大漆竹节黄柏木桌。玩家上眼，许为绝配（图10-15）。

十六、清代"麋公"灵璧石磬

对称云朵型。

高24.5厘米，长24.5厘米。

古人制物，慎理绳墨，稳操斧斤，规矩之中不越雷池一步。今日藏家但见此类"对称云纹型"磬，无论何种材质若石、玉、铜、铁、瓷，磬体高、长必为同一尺寸，偶一上眼观之，觉其高恒逾其长，此磬亦然。

磬背面光素无纹饰，正面刻一古代高逸宽衣博袖，策杖徐行。杖头挂二小卷，左鹤右鹿，旁植芝兰，一老梅桩，槎枒斜出，繁梅点点。高逸正欲手抚之鹿，乃大角麋鹿，典出明代高逸陈继儒。继儒号"眉公"，清苑名士，声华行远，而其又复"麋公"之号，则知之者不多，关乎张岱父亲、祖父。张岱著《陶庵梦忆》，于卷五特辟"麋公"一章，其文短而趣：

图10-16a 清初"麋公"灵璧石磬

万历甲辰，有老医驯一大角鹿，以铁钳其趾，设鞲韄其上，用笼头衔勒，骑而走，角上挂葫芦药瓿，随所病出药，服之辄愈。家大人见之喜，欲售其鹿，老人欣然，肯解以赠，大人以三十金售之。五月朔日，为大父（祖父）寿。大父伟硕，跨之走数百步，辄立而喘，常命小侯笼之，从游山泽。次年，至云间，解赠陈眉公。眉公羸瘦，行可连二三里，大喜。后携至西湖六桥、三竺间，竹冠羽衣，往来于长堤深柳之下，见者啧啧，称为"谪仙"。后眉公复号"糜公"者，以此。

若使"谪仙"见此磬，亦必目睁口开，谓"区区一磬，哪得如许前尘影迹耶！"（图 10-16a、16b）

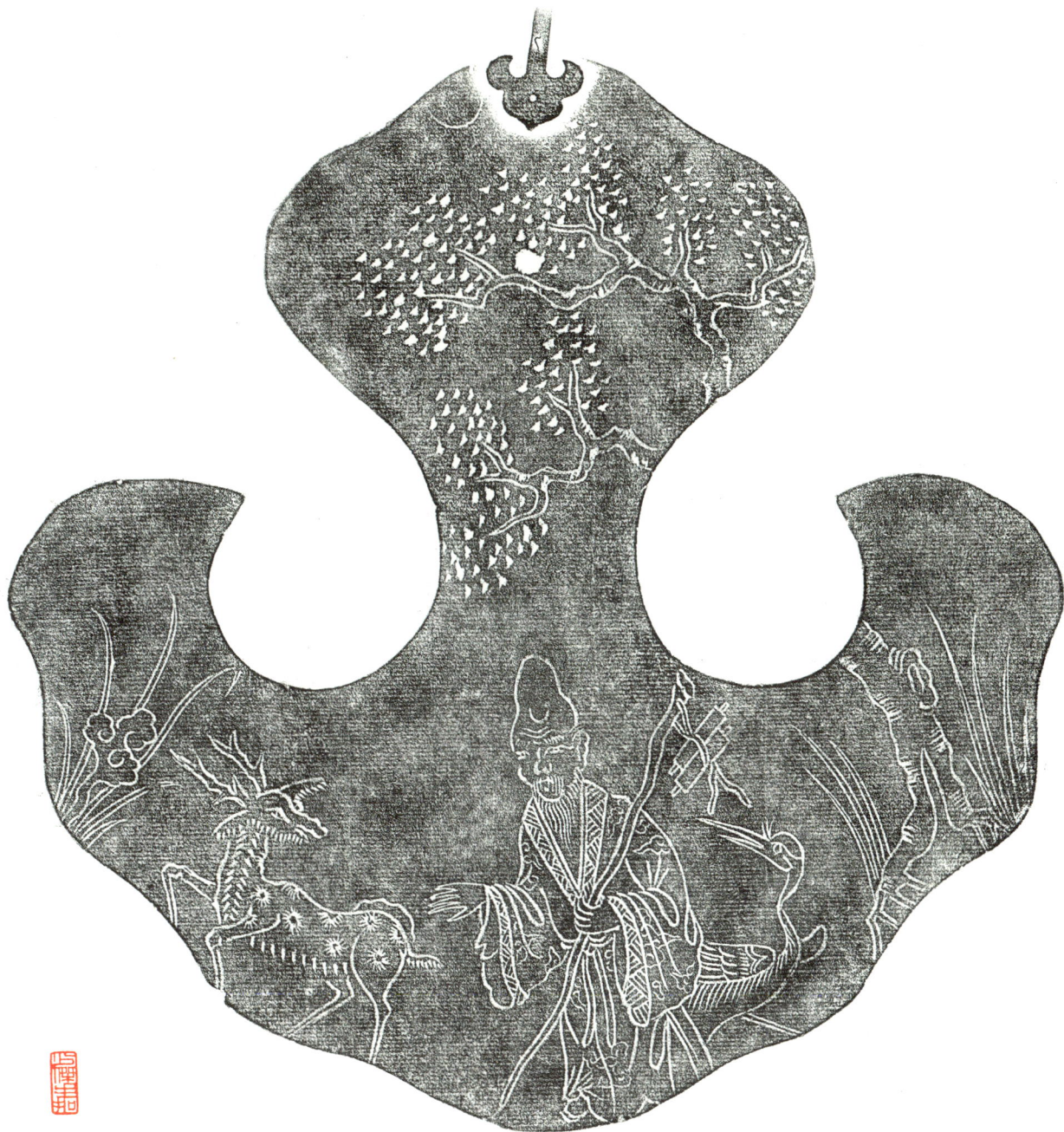

图 10-16b　清初"糜公"灵璧石磬拓片

图 10-17a　清初云龙纹石磬正面

图 10-17b　清初云龙纹石磬背面

十七、清初"宝善堂制"云龙纹石磬

对称云朵型（石种不详）。

高 44 厘米，长 38 厘米。

磬两面满工，刻对称云龙纹，两面图案一致。刻隶书款，磬正面中部竖刻"碧山元玉"，背面相同处刻堂号"宝善堂制"。此磬纹饰最为繁复华丽，令人思及清代"万花不露地"花瓶。此磬形制，纹饰刻工，款字书写、篆刻，无不精妙至极。必得文人韵士、书画高手亲力参与设构而成，非庸工俗匠所能为之，诚清代吉磬之佳者。磬色灰黑，包浆厚泽苍润，原配铜挂件设计巧妙，铜钩稍做扭转，利于磬悬，简捷实用（图 10-17a、17b、17c）。

图 10-17c　清初云龙纹石磬拓片

图 10-18a　清代雍正粉青釉暗花瓷磬带春秋青铜钟、红木三层磬架

十八、清代雍正粉青釉暗花瓷磬

云朵型。

高10厘米，长16.5厘米。

古磬多为石磬，兼有玉磬，古墓中曾有陶、木质磬出土，非礼乐实用之物，乃陪葬之明器。上古无瓷，故无瓷磬传世。即至明清两朝，瓷磬亦不多见，此清代雍正粉青釉暗花瓷磬，实为珍罕之物。两面图案同为平刻云纹、灵芝纹，间施镂空，得空灵之韵。磬悬之法，尤为别致，与一春秋青铜钮钟共一簴虡，磬上悬，钟下置，以应古人"天籁之声若钟磬中出"。雅人观之，自当别有会心（图10-18a、18b）。

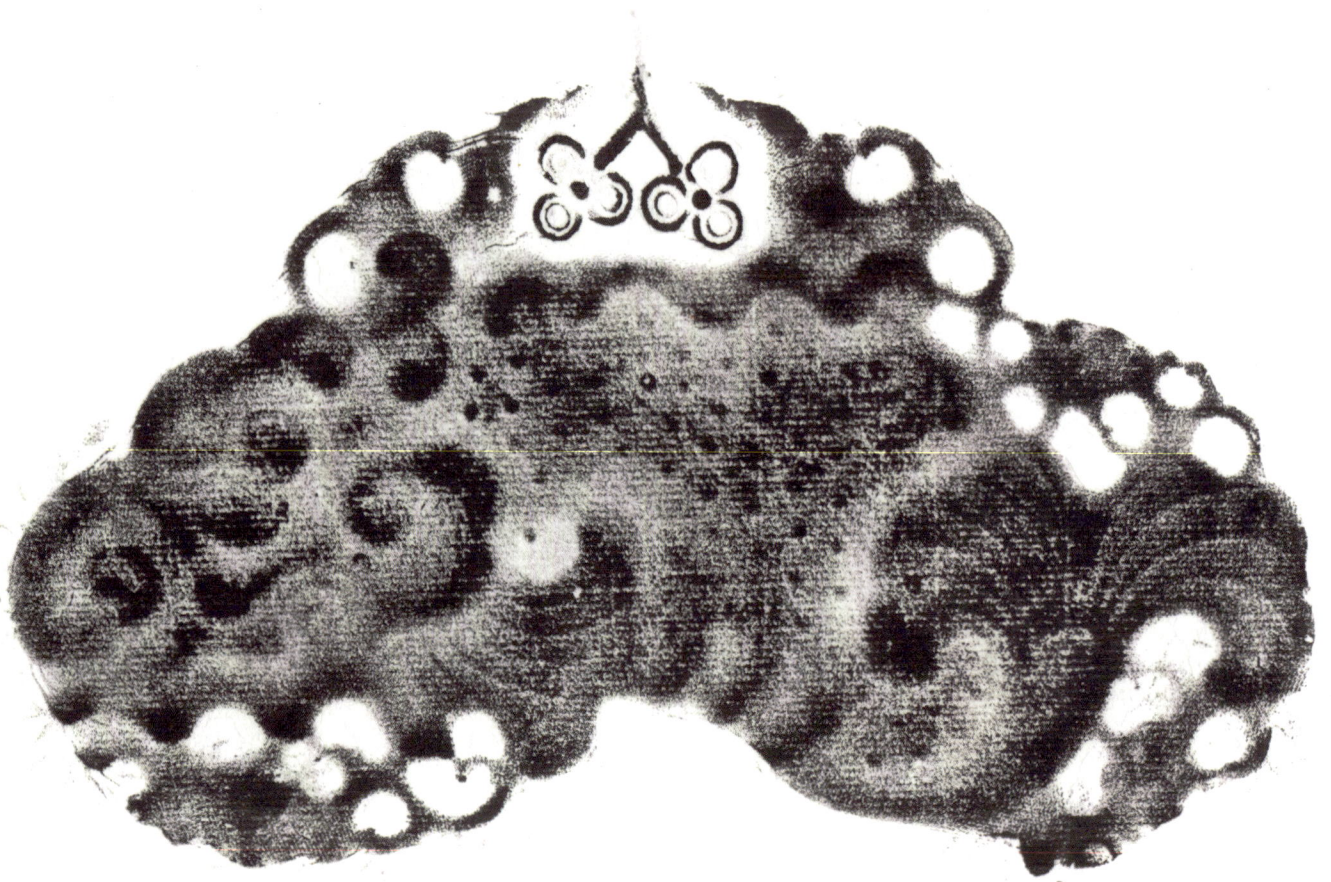

图10-18b 清代雍正粉青釉暗花瓷磬拓片

十九、清代乾隆番枝花、北斗七星铝磬

变体对称曲尺型。

高 10 厘米,长 21.5 厘米。

2011 年 6 月某日上午,无事闲逛,碰碰运气,好给寒斋一磬配上装饰适宜的流苏。路经一古玩店,店主熟人,邀我进店小坐,稍事寒暄,捧出一磬,告我"是铝的,要是铜的就好了"。我随口应答"是呀是呀,当然铜的好"。脑海中一刹那间产生的想法是,铝磬,没什么年份,顶多是清末民国货。有些好奇,因此前不曾见铝质磬,一经上手上眼,便觉非凡物,细细一观,吓一大跳。但观此磬银灰色,模制铸造,土沁斑驳,显见入土有年。缘磬边周遭起皮条线,磬首倨句处铸一蝠,正面浮雕隆起乾隆朝制物典型图案番枝花,背面为北斗七星。令我既惊且喜的是,玩古藏磬三二十年的经验告诉我,磬形、纹饰、包浆的老旧程度,应是两百多年前物,而两百多年前又不可能有铝磬。铝色似银,然其手头轻飘,铝质轻而银重,当非银磬,识为铝磬,更有分教。遂急急买下,未出古玩城,遇二三藏友,出示此磬,征询年份,不约而同,一致认定不低于乾隆,故此区区铝磬出现意义之大,或可改写人类用铝的历史,也就是说中国人发明使用成品铝的历史早于欧美一百年。

因为距今一百多年前,铝还是一种稀有的贵重金属,被称为"银色的金子",比黄金还要珍贵。法国皇帝拿破仑三世,为显示自己的富有和尊贵,下令为其制作一顶比金冠更名贵的王冠——铝王冠。拿破仑三世在举行盛大宴会时,只他一人使用一套铝质餐具,王公贵族只能用金、银餐具。

1885 年,在美国首都华盛顿特区落成的华盛顿纪念碑上的顶帽,也是用金属铝制造的。

铝即使在化学界也曾经被看成是最贵重的金属,英国皇家学会为了表彰俄国科学家门捷列夫对化学的杰出贡献,不惜重金制作了一只铝杯,赠给门捷列夫。

为什么一百多年前的铝如此珍贵,因铝的化学性质活泼,一般的化学还原剂很难将它还原,铝的冶炼比较困难。1866 年,美国科学家查尔斯·马丁·霍尔发明了电解炼铝法。这种廉价炼铝方法的发明,使铝这种在地壳中含量占 8%的元素,位居金属元素第一位,是铁的 1.5 倍,铜的近 4 倍,从此成了为人类提供多方重要用途的金属材料。

铝材制磬则十分罕见,若有之,依常理年代上限应为百多年物。

清乾隆番枝花、北斗七星铝磬入藏摩石精舍后,曾请金属材料研究专家做金相分析,取得 400 倍下的一个视野能谱,含少量铜、碳、氧,铜铝的质量比约为 1∶22,碳应该是杂质的存在造成的,氧可能是铝的氧化带来的。由此可以确定此磬为铝质磬,则无可疑问。初步鉴定其年代为清乾隆时期,涉及考古学的断代。断代有两个概念,相对年代和绝对年代,判定绝对年代的方法,如"碳 14 加树木年轮法""古陶热释光断代法""钾氩断代法""古地磁断代法"和"铀系测年法"等理化方法,且不说这些方法有很强的专业性,要由专家在具备必要条件的实验室进行,难度更在于以上方法适用于超年份的古物分析,计算单位多为千年甚至万年。三四百年前古物断代,尤其是古董类,目前只能靠经验"目鉴"为主,得之年份,只能是相对年代,故此铝磬之断代,暂不可做定论(图 10-19a、19b)。

图 10-19a　清代乾隆番枝花、北斗七星铝磬正面带流苏

图 10-19b　清代乾隆番枝花、北斗七星铝磬背面带流苏

图 10-20a　清初玉磬带红木磬架

二十、清初玉磬

对称曲尺型。

高 11.5 厘米，长 21.5 厘米。

磬制古雅，玉色发黄，缘磬身环刻阴

线，鼓博、股博及下倨句处，均以云纹出之。磬饰所用之流苏雅宜可人（图 10-20a、20b）。

图 10-20b　清初玉磬拓片

二十一、清乾隆白玉磬

变体对称曲尺型。

高 11.5 厘米，长 15.5 厘米。云纹磬头高 3.5 厘米，长 8 厘米。

磬温润如羊脂，磬头与磬同出一块玉料，连缀系统诸活计不仅十分考究，且为百年前旧构，保存如新。磬、磬头之间以丝结织成一横梁，拴编二丝柱，下缀玉磬，上联磬头，上穿錾花鎏金铜活。此挂玉磬装饰上

下两层猩红色流苏，上者横梁两端缀以流苏二穗，磬底缀流苏五穗。所配磬架以红木、黄杨、黄花梨精制而成，品式高雅。趺为台座式，红木嵌黄杨云纹。黄花梨高束腰，雕龙纹。下挂黄杨披子，上置黄杨围栏，左右两立柱上接双层雕如意纹、龙纹横梁，下梁中部打孔系铜钩以悬磬。整体效果华贵而典丽（图 10-21a、21b）。

图 10-21a 清乾隆白玉磬带流苏

图 10-21b　清乾隆白玉磬带红木嵌黄杨、黄花梨磬架

二十二、明代勾云纹灵璧磬

变体对称曲尺型。

高 24 厘米,长 38 厘米。

此乃摩石精舍主人廿载前雅藏首件磬器。得自沽上一资深藏家之手,考其年份当为明代物。磬质为灵璧,正面雕勾云纹,中刻一敲击点。背面光素。配清代红木雕云龙、云蝠、番枝莲纹磬架,磬架两相雅宜契合之美,庶几可为原配视之(图 10-22)。

图 10-22　明代勾云纹灵璧磬带清代红木磬架

二十三、清乾隆翡翠龙纹磬

变体对称曲尺型。

高 14 厘米，长 22 厘米。

磬两面主要雕刻图案为龙纹，唯磬正面倨句隆起，刻双凤首。背面刻云朵纹，上端打孔装原配鎏金錾花铜挂件，上接鎏金铜环。磬正面平刻满工乾隆朝花样图案，龙纹交织拐子纹，中刻一寿字团花。背面左右刻拐子龙纹，二龙昂首对一云纹小磬。为突显主题，磬面地子光素无纹饰，古韵苍苍，发人幽思。此磬为冰种翡翠，浅绿淡淡中隐隐透发紫罗兰色。其质之上乘，可为珠宝级别，斫之以磬玩，完整如新，传之于今，弥足珍贵，可证乾隆盛世上层阶级之奢侈（图10-23a、23b）。

图 10-23a　清乾隆翡翠龙纹磬正面

图 10-23b 清乾隆翡翠龙纹磬背面

图 10-24a　清代翡翠云龙纹磬带红木嵌黄杨、黄花梨磬架

二十四、清代翡翠云龙纹磬

变体对称曲尺型。

高 11.5 厘米，长 16.5 厘米。

此磬绿色斑纹深浅不一，间发黄翡。磬

两面雕刻图案相同，以平刻龙纹云纹、蝌蚪纹为主，小施镂空。原配铸银蝉形挂饰银链（图 10-24a、24b）。

图 10-24b　清代翡翠云龙纹磬拓片

图10-25a　清代二件套翡翠鱼龙变化纹磬带红木嵌古玉磬架

二十五、清代二件套翡翠鱼龙变化纹磬

磬为随形。

磬头为对称龙纹形。

磬高19厘米，长36厘米。

磬头高10厘米，长18厘米。

磬两面满工，刻鱼龙变化纹，辅以云

纹。磬头两面刻龙纹，中刻团光寿字。此二件套磬，于翡翠质地吉磬中，以长逾尺距，体量硕大，刻工精美古雅，翠色多变，每为观者所赏。更喜铜活出之以梅瓣，清雅怡人，铜链、铜钩皆鎏金（图10-25a、25b）。

图10-25b　清代二件套翡翠鱼龙变化纹磬拓片

图10-26　清代荷叶纹灵璧石磬带清代楺黑漆磬架

二十六、清代荷叶纹灵璧石磬

随形。

高26厘米，长41厘米。

半亩荷塘，秋光渐老，诗人留恋"白菡萏香初过雨，红蜻蜓弱不禁风"的盛夏景致，故而写出"荷尽已无擎雨盖"，此乃宋人吟秋之叹。百年前一位清人雅逸沉静而别具幽致，忽发奇思，斫灵璧美石，巧夺天工，宛若留停避菀就枯，半舒半卷之荷叶。雅人手持沉檀之槌，叩此石荷之磬，不亦擎雨之荷盖，水珠点点，声声清耳。

此磬之作，极见匠心，略施刻刀，荷形磬质，双美臻至（图10-26）。

二十七、清代灵璧石磬

对称曲尺型。

高17.5厘米，长33厘米。

磬正、背两面缘周边刻回纹做边框形。倨句下约2厘米处打孔装原配铜挂件、铜钩。磬两面雕刻喜庆图案，花卉、文笔，连之以飘逸的绶带。股、鼓博上下两端打四孔，细节之处，怡人雅兴，可缀双排流苏，错落有致，又可增加喜庆气氛（图10-27）。

图 10-27　清代灵璧石磬带紫檀嵌黄杨磬架

二十八、清代道教青田石八卦纹小磬

对称曲尺型。

高6厘米,长9厘米。

主体纹饰表现为周易八卦纹,刻于鼓、股上边之端面。磬孔一反常规,打在矩句顶端,穿透磬体至磬底。以上边磬孔为中心左右阳刻八卦纹,左鼓上边刻巽、离、坤、兑四卦符,右股上边刻乾、坎、艮、震四卦符。磬面、磬背皆缘周边阳刻一组勾连纹,凸起素面中心部位阴刻圆线,界出直径为1.5厘米敲击点,鼓博、股博略呈弧形。此磬特殊的打孔方式,易于拴系绦绳,便于道士随身佩带(图10-28a、28b)。

图10-28a 清代道教青田石八卦纹小磬带楳黑漆磬架

图 10-28b　清代道教青田石八卦纹小磬鼓、股上边端面刻八卦纹

二十九、清代云龙纹叶腊石磬

变体对称曲尺型。

高 13 厘米,长 22.5 厘米。

此磬纹饰繁缛,正旧时坊间所谓"小工套大工"者,溯本正源,乃商周青铜器模范制法。磬面小工为仿古细密谷纹地子,大工为体量大于小工十倍之云龙花纹。刻工精雅娴熟,图案布置合理。二龙拱出一云朵位上倨句处,原配铜挂件之下,平地起刻一团光"寿"字。下倨句处,独出心裁刻出一对称曲尺型小磬,分外谐美。鼓、股博,上翘作卷云状。小磬下边端面附铜饰,装一小铜环,以垂流苏,细节益显匠心。磬两面同工。

叶腊石磬多出于清代,纹饰大同小异。民国年间亦有刻制,质地软,易奏刀,石色以暗绿黄为主,至今于厂肆冷摊不难遇到此物。长久以来,业内人士有误为青田石质或谓冻石者,虽然产于福建寿山的寿山石,浙江青田的青田石和浙江昌化的昌化石等皆为叶腊石,但因石料质密,适用于篆刻图章。而制磬之叶腊石产于山东莱州地下数十百米之石坑,今日石坑仍出石。工艺美术厂以此石雕刻生产多种工艺品,独不治磬,诚憾事也(图 10-29a、29b)。

图 10-29a 清代云龙纹叶腊石磬

图 10-29b　清代云龙纹叶腊石磬拓片

三十、清代蝠纹叶腊石磬

变体对称曲尺型。

高 12 厘米，长 21 厘米。

此磬与云龙纹叶腊石磬之石质、石色、外形基本相同，极有可能为清末同一作坊所制。雕刻图案主体为蝙蝠、凤尾。上倨句处刻后脑相对二龙首，龙嘴上卷。下倨句处亦刻一对称曲尺型小磬。带梅瓣纹铜挂件、铜链。通观此磬整体艺术水平略逊于云龙纹叶腊石磬（图 10-30a、30b）。

图 10-30a　清代蝠纹叶腊石磬

图 10-30b　清代蝠纹叶腊石磬拓片

三十一、清代灵璧石磬

对称曲尺型。

高 24 厘米，长 40.5 厘米。

清代灵璧对称曲尺型磬，摩石精舍共收藏五件，三件有纹饰，两件光素。各磬鼓、股，鼓博、股博长度不同，故使各磬尺寸大小不一，厚薄亦不相同，然为同一型制，均为上下倨句形状。汉代以后的编磬一直沿袭此种形制，见著于北宋聂崇义《三礼图集注》和陈旸《乐书》。

此磬正面正中刻花瓶上插三戟，左右刻书、笔、云头、飘带，意喻平（瓶）安大吉（戟）！梦笔生花！十分喜兴祥和（图10-31a、31b）。

图 10-31a　清代灵璧刻纹石磬

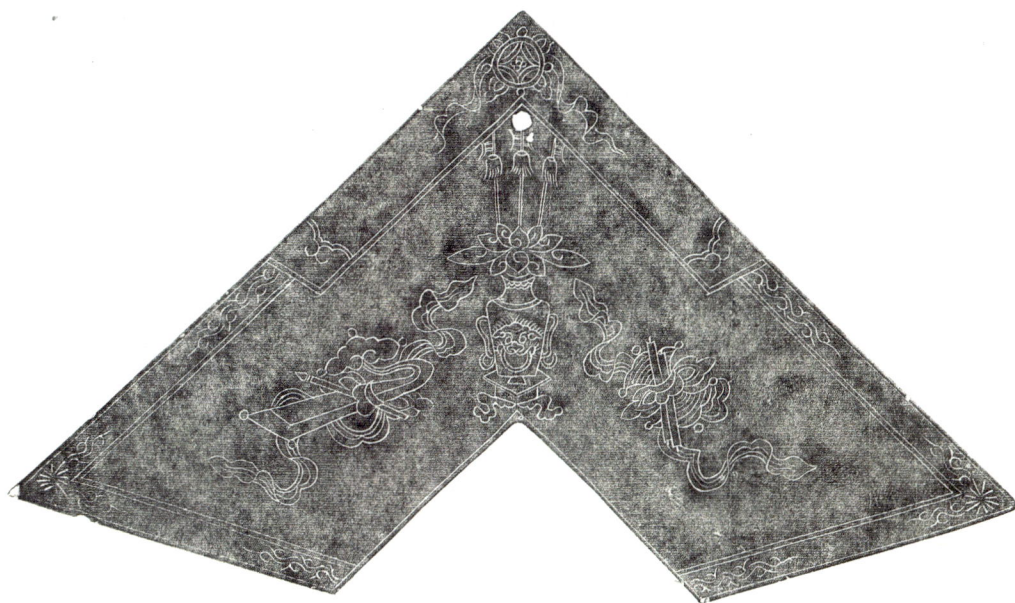

图 10-31b　清代灵璧刻纹石磬拓片

三十二、清代鱼龙变化纹灵璧石磬

云朵型。

高 17.5 厘米，长 35.5 厘米。

磬之妙，适有两大吉语，应在此磬。有赖铜挂件制作精美，本身即是一件刻铜艺术品，具独立审美价值。铜件自下而上由双鱼、蝙蝠、铜钱组成。铜钱外圆内方，透眼空灵，由是便与云朵形灵璧石磬完成了自磬体向上观赏的吉祥福祝之美意，顺势念下来即是"吉庆（磬）有余（鱼）"！"福（蝠）

在眼前"！

磬背面光素无纹饰。正面右下部刻云纹，云气翻腾向上，云中刻一龙喷水成渊；左下部水浪间有一鱼将欲跃出水面，寓意"鱼龙变化"，借喻世事或人会发生根本性变化。传说"鱼跃龙门，幻化为龙"，古喻仕子金榜题名。"鱼龙变化"典出宋代刘克庄《水龙吟》："任蛙蟆胜负，鱼龙变化。"（图10-32a、32b）

图 10-32a　清代鱼龙变化纹灵璧石磬

图 10-32b　清代鱼龙变化纹灵璧石磬拓片

三十三、清代灵璧石磬

对称曲尺型。

高 21 厘米，长 39.5 厘米。

磬两面阴线刻"五福（蝠）捧寿"图案，应为清代吉庆（磬）祝寿之物。磬架殊妙，一改横梁悬挂，为插屏式样，攒四边框，装屏面，挖空呈此磬形。镶一圈硬木洼线，顶端穿铜钉，挂铜环以悬磬（图 10-33）。

图 10-33 清代灵璧石磬带攒四边框、装屏面插屏

三十四、清代灵璧石磬

对称曲尺型。

高 15.5 厘米，长 26 厘米。

磬两面光素无纹饰。灵璧石质上乘，间发石脉，包浆温润（图 10-34）。

图 10-34 清代灵璧石小磬

图 10-35　清代灵璧石大磬

三十五、清代灵璧石磬

对称曲尺型。

高 34 厘米，长 45 厘米。

磬两面光素无纹饰。磬型小异于常规，鼓博、股博加长，遂使磬体宽硕，磬音因此变得沉郁厚重（图 10-35）。

三十六、清代灵璧石磬

对称云朵型。

高 35 厘米，长 45 厘米。

磬两面雕云纹、蝌蚪纹。磬首及鼓、股博部位雕透空云朵，下垂明黄双流苏。雕工图形高古典雅，出蓝于上古玉样，为后世石、玉磬成熟造型之一。磬体较大，铜活原配。得此磬十年后，奇缘一夕骤降，摩石精舍主人"自中国嘉德国际有限公司'承古容今古典家具及工艺品拍卖专场'，经场上七八个回合竞争，竞得明代黑漆榆木磬架一件，高 91 厘米，长 77 厘米。其上铁活亦为明代原配构件，铁角铁铆，十足明味。形制与万历年间《鲁班经》中一鼓架（两用，亦可为磬架）的木刻插图几乎一致，当为明式之典型，工艺古朴端庄"。悬此清代灵璧石磬，可谓璐联璧缀，始为完物（图 10-36）。

图10-36 清代灵璧石磬带明代髹黑漆磬架、清代流苏

第十一章　磬架赏析及其他磬饰

磬字，"其形象石之虚悬"，许慎释"磬"，最为明白："磬，乐石也……象悬虡之形，殳击之也。"磬悬空，方可击之发声，古人称悬挂磬的木架为虡。磬与磬架在"磬"字之形上已连为一体，可知磬架之重要。磬无架悬，不可称其为磬。一块板状石片，其自然状态多为平置附着于地，击之则无声。自磬存世那一日起，远古先民就解决了将磬空悬，系之于架的关键问题。磬架经历数千年的发展，蔚然大观，尤以悬挂特磬之磬架，形制多样，雕刻精美，材质精良。视吾华工艺匠做之传统，分门别类，追根寻源，必奉一开山之人为祖师爷，如木工为鲁班，梨园为唐玄宗，磬架的祖师爷辈分更高，应为尧舜时代的大禹。

汉武帝招仙阁所悬"浮金轻玉"之磬，固极珍贵，即其附属装饰以"翠羽麟毫"为流苏，此与唐玄宗宫中磬饰流苏，缀以"金钿珠翠珍怪之物"一样奢华。然此种流苏独为皇家可办，普通流苏亦为皇家所用，即令改朝换代，皇宫殿堂内黄穗红罩的宫灯照常夜夜高悬（图11-1）。

古代艺术品收藏大热于今世，已有多年，温度一直不减。玩家藏者越玩越精，不独表现在藏品的精美稀世，更是随着收藏雅道的渐趋深入，懂得了如何装饰扮靓自家的藏品，增加观赏性。起初是为诸如玉器、瓷器及林林总总的杂项器物，配置托、架、台、座。更为讲究的玩家，甚至对于承载这些玩物的桌、案、几、格，特于明清品式，精覃搜罗，力求相得益彰，期与所衬托之物两相契合。近二三年来，藏界名家越发雅人深致，竟亦不约而同将睿目盯住了一种轻灵飘逸的丝织丝编物"流苏"，俗名"穗"。仅其谐音，人们已很容易将吉祥之意，推想到"岁岁（穗）平

安"。思至此处，有谁会不喜欢呢?!

流苏作为许多种艺术品无可替代的最佳装饰，依其物性，多缀之于古玩下部，其与所饰之物的美化是独一无二的，焕发而出的雅韵高格，令人目迷心醉，真是古玩知己，如咖啡之于奶粉十分融合，更亦隽味十足。这般赞喻，可谓贴切，细一思量，犹觉未能尽现流苏大雅于万一。流苏之美，最堪比拟于水一方、风情万种的美人，那流苏的纷纭绦丝，不宛若美人临风飘拂的秀发一样的吗!?

张爱玲闲心执闲笔，解语娴雅，便无一丝矫情，描绘出的美人如解语花一样可人。于是不吝遐思与幽情，赐芳名"白流苏"于《倾城之恋》中的女主人公，气质温柔娴雅。说来好玩，真流苏七色之彩，靡不备具，世上独无白色流苏，因其太过素净，不喜兴，"素以为绚兮"的道理于此不通。所以然之故，若置微词半句于张大才女，不唯冬烘甚矣，几为刁难苛责。"白流苏"在文学的框架下，雅得很，不然的话，换上"朱流苏"什么的试试，哪怕是"金流苏"，都嫌俗气。不怪张爱玲多事的。

流苏之美，美得简单纯真，绝不自矜自傲，孤芳自赏，一如小鸟依人，虽甘为陪衬，而无丝毫阿谀气。又似空谷幽兰，摇曳出无限风姿，贵在一一服气，谐合于各个历史年代的艺术载体。

流苏以蚕丝为本，妙手编织，绦丝飘拂，上联缠头，接丝绳，绾成"中国结"，上留挂绳。绦丝多为单穗或双穗，亦有多穗，帷幄之上常见横排，联缀数十上百流苏，适于旧时喜寿帐子。而玉用、剑用、如意用、笛箫之所用缀之流苏，可单穗至多不过双穗，过则入俗流。流苏最宜缀之于悬磬下端，须左右各一，对称系挂，好事成双。

图 11-1 清宫宫灯上的流苏

饰磬流苏多以蚕丝编结而成，挂起来，往下垂，释名"穗"，乃俗称，雅名"流苏"，为名动词。"流"字训物之流动，流苏，有下垂的穗子摆动不定之意，故而流苏在古代最初装饰在行进的车马、季风中的帐幕。

《后汉书·舆服志上》："大行载车，其饰如金根车……垂五彩，析羽流苏前后。"王维《扶南曲歌词》："翠羽流苏帐。"

流苏在帷幄中的装点更为奢华。帷幄在古代多为缯帛所制，幄通常出现在级别很高比较重要的场合。《周礼·幕人》郑注："四合象宫室曰幄，王所居之帐也。"流苏的应用便由不得简慢，帷帐的四角或前方两端妆饰的金龙头，龙口即为挂悬流苏之用。其为名物，至少在汉魏年间已是流行于上层社会的一种风尚。目前所知最早一例，见于"山东临沂白庄汉墓所出画像石。宴饮堂中，设一具方形平顶的坐帐，帐的两个对角各装一个怒目奋鬣的龙头，大张的龙口中衔着下垂的流苏。"又见《晋书》卷九九《桓玄传》云玄入建康宫，'小会于西堂，设妓乐，殿上施绛绫帐，缕黄金为颜，四角作金龙，头衔五色羽葆流苏'"。

流苏（穗）为古老的装饰物、吉祥物，《诗经》早有记载，《诗·王风·黍离》："彼稷之穗。"古代传说中有五仙人乘五色羊执六穗至岭南之地——今称广州，因称广州为"穗城"，又别称"羊城"。使有"岁岁（穗）吉祥（羊）"之谓，世人喜"穗"之谐音，度为吉语："岁岁（穗）平安"，"吉庆（磬）有余"，最讨国人欢心。故制磬之时即在磬身鼓、股下部各穿一小孔以系流苏，也可在磬架左右系之，美观之余，益增祥和气氛（图11-2、图11-3）。

图 11-2 清代磬形流苏

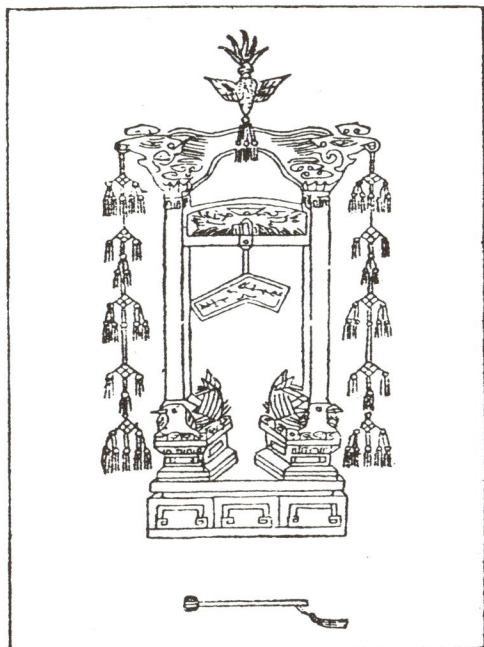

图 11-3 古籍中磬架上的流苏

图 11-4a 春秋曾侯乙墓青铜磬架

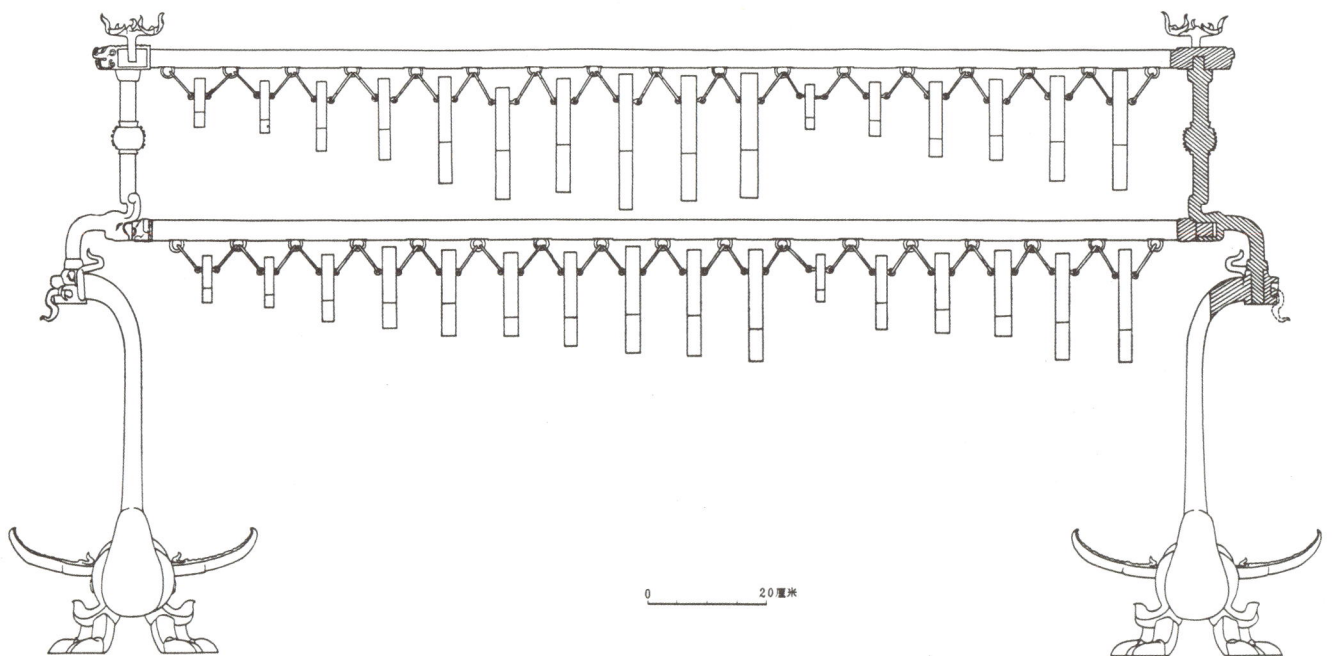

0   20厘米

图 11-4b 春秋曾侯乙墓青铜磬架线描图

留存于今世之绝大部分磬架，分属于文玩架座类小器作制品，系指置于案几之上的玩磬磬架。器小格高，气局宏大，其中杰构妙造者不输落地式簨虡磬架。既言簨虡，其所悬之特磬、编磬乃西汉之前物，簨虡多为木制，少有青铜，且距今杳邈数百代，什九散亡，非古墓出土而不得一见。

曾侯乙墓出土是为保存最完整之古代编磬青铜簨虡。详以释名簨虡，簨为横梁，虡为左右立柱。曾侯乙墓青铜簨虡，上下二簨悬磬两排，两虡与翼兽之趺，连体铸成。趺古代亦称柎，俗名座、墩子（图11-4a、4b）。

20世纪20年代，叶伯和先生撰著近代第一部《中国音乐史》，其于第二章"中亚音乐之扩散"中，以文字配图形式介绍一磬架，样式古朴，举凡磬架某些细节部位构件之考工释名，周而密、详而细，遍阅有关古籍，迷不知其出处，然其名称之古雅，非袭古本而不得，颇具参考价值。

1957年河南陕县后川2040号墓出土战国编磬一套，簨虡为木质，通体髹黑色大漆，纹饰描以朱漆，形制较之曾侯乙簨虡更为古朴简约，流行于春秋战国时代。一簨由两虡夹榫托起，下承方形趺（图11-5）。

若言之以磬架，其所悬者，多为明代之后各种类型各种材质之玩磬。玩磬磬架有不同于普通古玩台座之处，一改置放台座之上，而是有由金属质钩环固定于磬架上端中心部位。第其工用，较之台座更须其他匠作配套方可完成。除此特点之外，磬架与其他古玩架座无甚区别，艺术风格多样，或光素朴实，或繁丽典雅。若依地分南北，可广而分之为南作、北作。南作，工丽精雅；北作，古朴大方。京作虽归于北作，然则一木秀出于林。擅集南北之长，复承宫廷官器之豪华典丽，却少奢靡之气。遂将京作磬架，从选料、造型、雕刻、拼榫、接缝、打磨、擦漆之众多工艺，推向极致，法度精严，可谓观一器而尽得佳妙。北作中之鲁作，粗犷端庄，古风独存。晋作有类于鲁作。鲁作、晋作，常髹大漆。南作中又分苏作、广作。二者艺术风格不尽相同。苏作设制工巧，精雅秀媚，京作多有借鉴于苏作者，以至今日苏作、京作遽而难分其谁。广作料材宽硕，且圆而少起线，舒展飘逸，多呈大角度弯腿弯足。

各地器作坊磬架之制作，考其品式，大多循规蹈矩，以古法规制样式，颇显古意。由明至今，杳然数百年，其间亦有俗工潮手

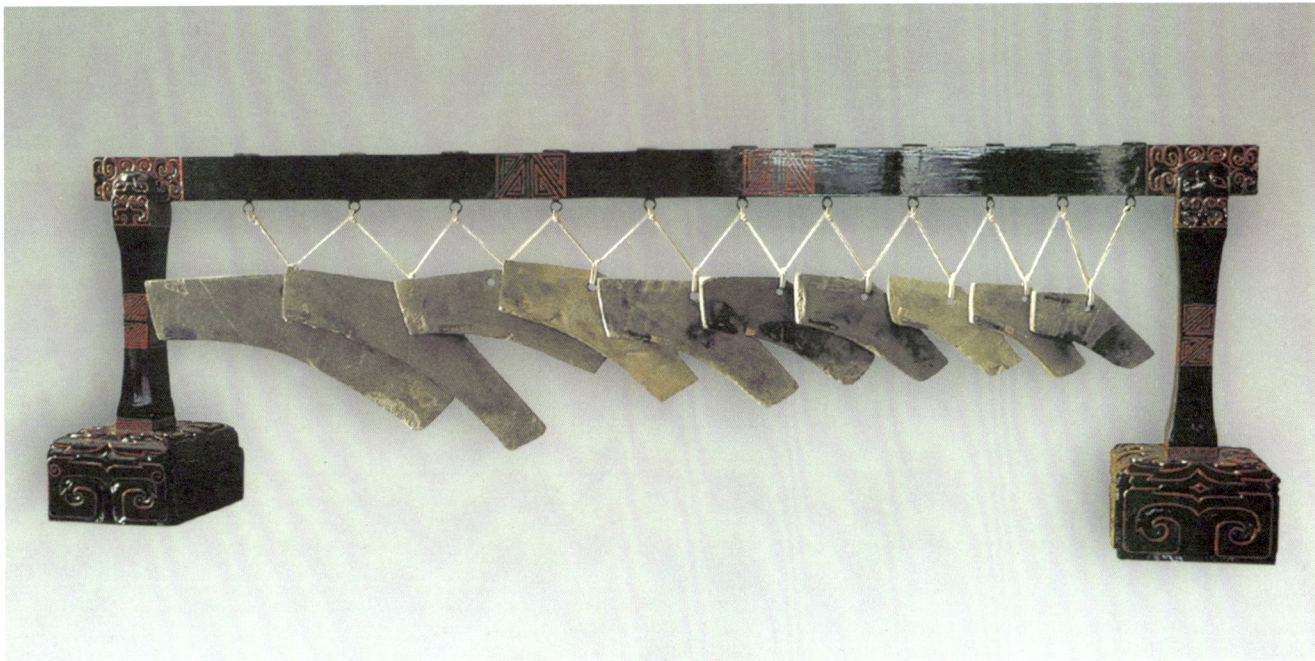

图11-5　春秋陕县后川木质磬架

图 11-6 清宫用于"中和韶乐"的木质磬架（祝勇提供图片）

臆造野作之磬架，难登大雅之堂。为免鱼目混珠，徒乱耳目，本磬史则黜而不录，精中选精，择其十二式品高雅驯者，以广磬艺。

兹以北京明清故宫所藏特磬磬架释明磬架各部位名称，故宫藏物名称，均谨遵古制，仍将磬架立柱称虡，横梁称簨。簨虡髹漆涂金，上簨左右刻凤首，凤喙衔五组丝质流苏，挂垂于左右两虡外侧。中簨刻云朵，下簨光素，系金钩悬磬。两虡承以卧凫，下为跋，有刻工（图11-6）。

收藏中国古代文物之海外重镇英国大维德基金会，藏有清雍正《古玩图》手卷，是中国宫廷绘画中比较少见的题材。手卷长度近六十尺，高度近二尺，由宫廷画师在清代宫廷绘画风格基础上，融汇欧洲西画技巧，绘制了精选皇家收藏文物古玩的图录，极有可能只是在此手卷上记录、再现了清雍正年间某一宫殿内藏品之总汇，已然洋洋大观，美不胜收。其中有三个紫檀文玩架子，所悬之物并非玉磬，而是形似玉磬的玉璜类古玉件。这种形制多样可用于悬挂古玉的架子，一般通称为磬架。

摩石精舍主人廿载前收藏第一件磬架，高74厘米，宽45厘米。年代为清中期，

图 11-7 清代红木云蝠纹磬架线描图

图 11-8　清代乾隆红木嵌黄杨磬架线描图

红木质地,立柱与横梁连体,刻云龙、云蝠纹,蝙蝠口悬祥云,系铜环悬磬。磬架底座由两块红木刻蝌蚪纹作墩子,以卷纹站牙抵夹,两立柱间安桄子两根,装云蝠纹透雕绦环板,上桄上承透雕番枝莲花牙。桄下安浮雕蝌蚪纹披水(图11-7)。

清乾隆年制红木镶嵌黄杨磬架,高43厘米,宽24厘米。此磬架珍罕之处,全在于通体以红木透雕拐子纹,凹地起玉线,满镶黄杨。立柱与横梁连体,横梁设计宽硕,加之立柱上端相连纹饰,具三组拐子纹。墩子呈弯弓形,刻云朵纹,以站牙抵夹,两立柱间安桄子两根,所装绦环板与桄下安披水均为透雕拐子纹。此磬架玲珑精巧,悬之以玉磬,最相适宜(图11-8)。

2015年,摩石精舍主人自中国嘉德国际拍卖有限公司"承古容今古典家具及工艺品拍卖专场",经场上七八个回合竞争,电话委托竞得明代髹黑漆榆木磬架一件,高91厘米,宽77厘米。其上铁活亦为明代原配构件,铁角铁铆,十足明味。形制与万历年间《鲁班经》中一鼓架(两用,亦可为磬架)的木刻插图几乎一致,当为明式之典型,工艺古朴端庄。磬架以厚木两方作墩子,上植立柱,每柱前后用站牙抵夹。高古、高妙之处为两墩之间空无一物,不似常见磬架加以横桄、绦环板、披水,只在磬架上方加一横桄,横桄及顶端横梁与立柱相交处,皆有雕花角牙支托和裙牙装饰。视此磬架铁活,虽亦配件,至为珍罕,不逊金银所

图11-9 明代髹黑漆磬架线描图

图 11-10 红木嵌古玉璧龙纹磬架线描图

制。铁价值廉，贵在工艺。明代"宣铁"制器，格高韵奇，明末才子张岱于其所著《夜航船》卷十二，"宝玩部"记"宣铁：宣德制铁琴、铁笛、铁箫，其声清皦，非竹木所及。"（图 11-9）

红木嵌古玉璧龙纹磬架，高 82 厘米，宽 49 厘米。磬架通体刻龙纹、变形龙纹，立柱与横梁连体。横梁中心部位嵌一古玉璧，二龙左右拱托，与下悬之翡翠龙纹磬相得益彰，可谓匠心独运。磬架以厚木两方作墩子，两立柱前后用站牙抵夹，两立柱间安枨子两根，装透雕龙纹绦环板，上横枨与立柱相交处有角牙支托（图 11-10）。

清代黑漆光素磬架，高 45 厘米，宽 74 厘米，木质不详。几无雕刻装饰，只在磬架两横枨间安倒角方形矮老，左右各一，上横枨两端出头上翘似搭脑状。所有构件均由直径约 2 厘米圆料构成，两墩子由四根圆料纵向加二横枨组成，立柱中穿二横枨。四根圆料组成之墩子横向无横枨、披水支固。

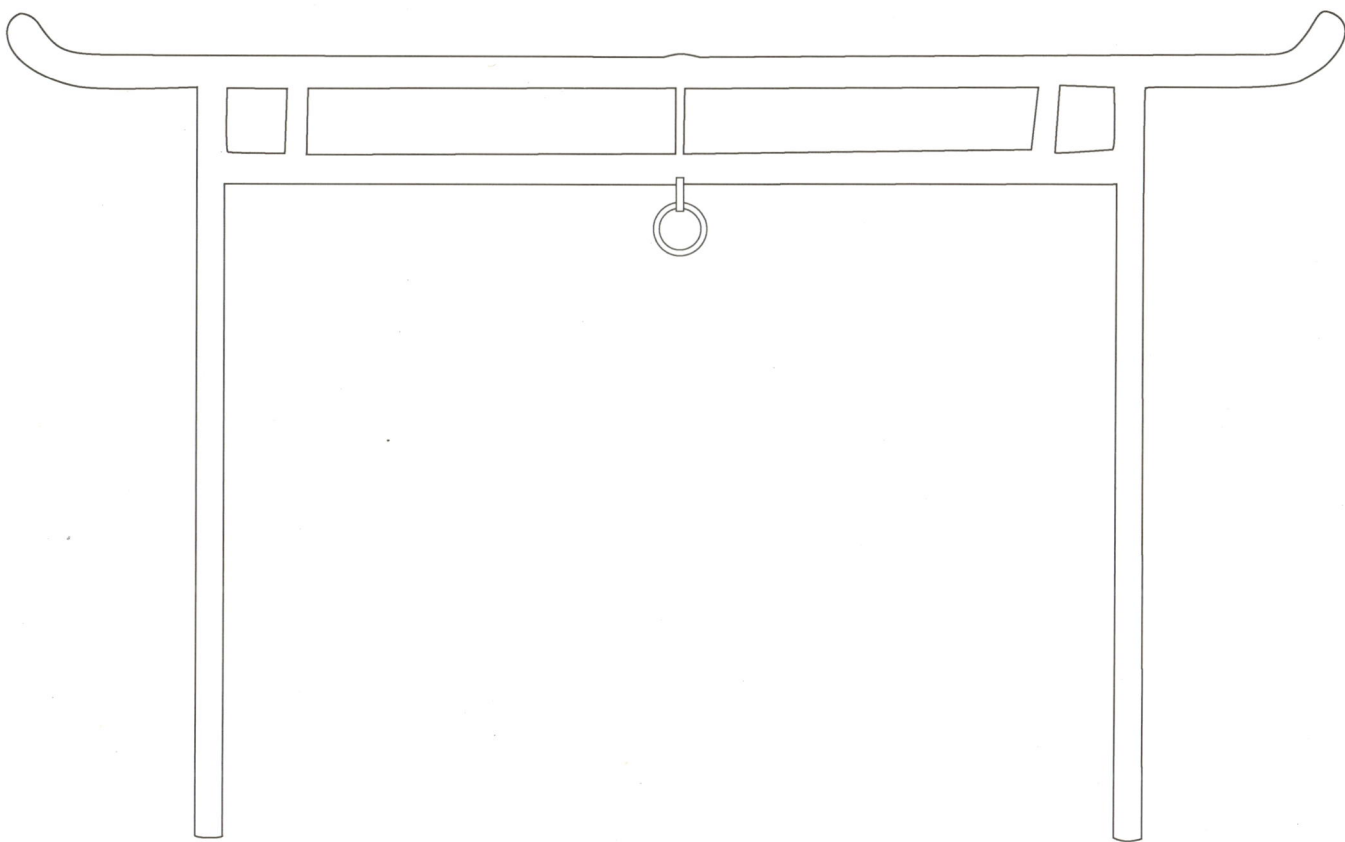

图 11-11a　清代黑漆光素磬架线描图

图 11-11b　清代黑漆光素磬架

图 11-12　清代乾隆青铜磬架线描图

至为简约工致,幽淡有韵。惟憾稍有东洋器气,其为泊来品乎?不得而知也(图11-11a、11b)。

磬架多木质,以青铜为之,是为西汉前"乐悬"落地虡簴。后世文房摆设玩磬磬架,若有以青铜铸成,世所罕觏,即资深藏家,平生多有不曾寓目者。摩石精舍主人十五年前于厂肆冷摊,有幸购得一"大清乾隆年制"款凤首磬架,高51厘米,宽26厘米。携之回府,立于案上,启匣中一挂明代"福在眼前"三件套白玉磬,系之于磬架上簴左右凤首相交火焰纹顶花中心处。两立柱为圆柱体随磬形弯曲折带,与横梁连为一体,与磬上下左右呼应,同气相求。磬、架两相适宜,观者无不称绝,庶几可以原配视之。磬架造型为台座式,年款铸于台座底部。台座上起玉台,环刻一圈绳纹。台座镂空拐子纹,台座前后中部和左右两端以高浮雕法铸西洋花束。此乃乾隆朝制物,洋为中用,纳以巴洛克风格之典型器。

且喜此三件套白玉磬由主体磬、雕蝠纹磬头、椭圆形磬环组成,以银质錾花链相勾连,银活做工式样臻于极致,当为明清之际顶尖银匠所制。摩石精舍主人玩古卅载,不欲自夸眼界宏福,然视此等银质玉磬构件,厥为仅见之物。最妙之处,磬头与磬环以透雕两系双"寿"字缀合,精雅中寓意吉祥,彰显主题,为旧日簪缨大家祝寿之物(图11-12)。

红木仿古藤磬架,高76厘米,宽108厘米。此磬架形制奇绝,有如妙造天成,与所悬天然生成英石石磬,随形之势两相适宜,互为采撷,奇气弥合。磬架横梁、立柱、墩子浑似深山古藤缠绕而成,左右两墩合为一段古藤,益现自然古朴。更其巧妙之处,将常见磬架用以固定支撑之横桄、绦环板、披水尽悉省略,简约至极,无可复加。悬磬铜环为原配旧构,石磬挂件更其考究,为铸银灵芝形,上接小银钩,下悬石磬,装饰富丽典雅而不失

图11-13 清代红木雕仿古藤磬架

图 11-14a 楠木嵌红木座屏式磬架线描图

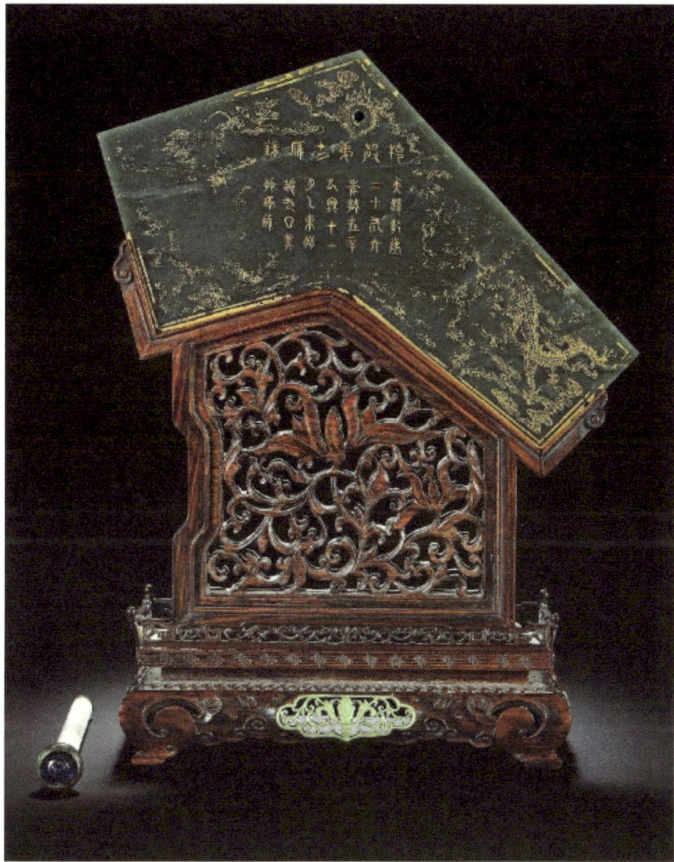

图 11-14b　清代乾隆造办处制红木嵌虬角座屏式磬架

潇散野逸之气（图 11-13）。

楠木嵌红木座屏式磬架，高 78 厘米，宽 61 厘米。此磬架特为一清代树叶形灵璧石磬而精心设计。底座如同供桌，周边围栏透雕花卉、卷草纹。座面四边环刻回纹，束腰光素，鼓墩满饰勾云纹，中嵌红木花卉花牙，四角镂出勾云纹足。座面中置攒框，内装透雕花卉、卷草纹绦环板。攒框左右立柱尺寸高低不同，是为磬之倾斜角度而专门设计。前后有四站牙抵夹，上承一随形横梁。开槽装树叶形起洼线框架，内装影木芯板，再接一专为随树叶形磬所制起洼线内框，尺寸略大于树叶形磬。将此磬以自然悬体角度，以铜挂件固定于内框上梁偏中心处。此设制高妙之处，磬仍可悬空，叩击有清音。此件磬架一改常见攒框对称立柱横梁式样，美观而别具意趣，诚为古今磬架卓绝仅见之品。

此磬架之设制，多有借鉴清宫造办处为乾隆二十六年造"特磬第十二应钟"，所制红木镶染色象牙刻花卉、卷草纹座屏式磬架（图 11-14a、14b）。

楠木台座式不对称磬架，高 79 厘米，宽 65 厘米。底座下接前后左右起棱四象足，双层菱花口独板，束腰光素。座面中部装饰双层菱花口玉台，两边植立柱，左低右高。为支撑稳固，立柱下半部分为双柱体，上收为单柱，接随形横梁，形成不对称形框架，均起瓜棱线。框架横梁装铜钩，悬挂马家山五边形石磬。石磬左上边大角度向下倾斜。此磬架独特之不对称形，即专为此磬而设计，亦鉴于磬体厚实，以免磬架变形，于座面立柱与玉台间，植立两如意纹托牙，如同两足，承托磬下边左右两角，大为减轻磬架负重，是为此磬架又一匠心独运之处，美观而又增强了稳定性能。格物致理，洵为佳构（图 11-15）。

清初黄花梨龙纹磬架，高 67 厘米，宽

39厘米。磬架底座用两块厚木雕抱鼓作墩子,上树立柱与雕对称龙纹横梁相接,成悬磬之架。立柱以雕龙纹站牙抵夹。两立柱间安栈子两根,装雕龙纹绦环板,栈下安雕卷草纹披水。磬架整体用料厚重,图案饱满传神,小器大样,气势不让落地式大型磬架(图11-16a、16b)。

2002年购得新石器时代大磬,只有外形仿古代农具铧犁状的大磬方为馨。其后十多年内,常思为此馨配一适宜之磬架,设计总觉不甚佳妙,甚恐宝之不及,有失馨之大雅。延至2015年初,灵感忽来,一改寻常架悬式为台座式,以非系黄花梨制作双层台座。大馨置于随形雕蝌蚪纹、火焰纹台座,台座接长方形带束腰、壶门矮几,以直榫固定连为一体。最妙是下承同一木质卷草纹琴几供案,观者无不以为木纹之美观华丽不让海南降香黄檀。细赏做工样式,更加赞赏不已。案面独板,用料宽硕厚实,两端柔和下弯,与板足闷榫相接,边抹铲地,外勾平直或曲卷双阳线,延展于几面边抹,板足之内。以四牙板攒圈口,上牙板,浮雕卷草纹。足端向内做大兜转,呈卷书式。

随形雕蝌蚪纹、火焰纹台座,竖高20厘米,横宽102厘米,纵深11厘米。下承卷草纹琴几案,竖高78厘米,横宽150厘米,纵深41厘米。

卷草纹琴几案虽系慕古、摹古之作,然贵在特为大馨而定制,出新之意全在与大馨、台座互为合气,其势不可分。分则如云离月,云、月两凄清,雅士所不忍见也(图11-17)。各式磬架及磬饰欣赏(图11-18~图11-26)。

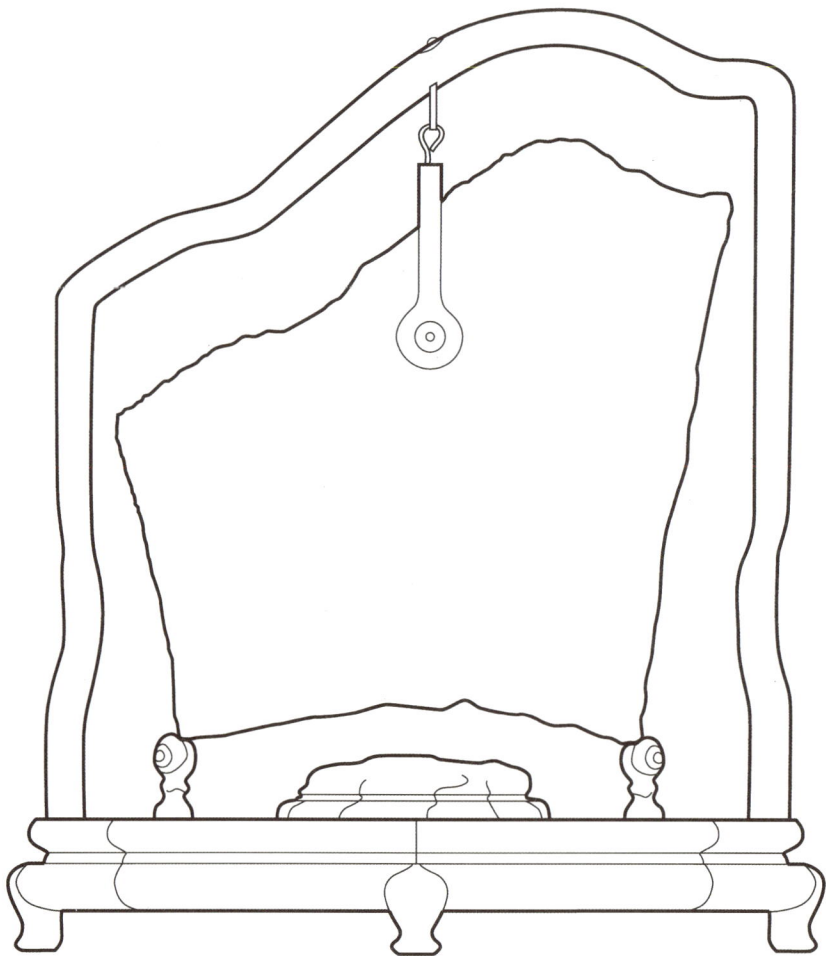

图11-15　楠木台座式不对称磬架线描图

图 11-16a　清初黄花梨龙纹磬架正面线描图

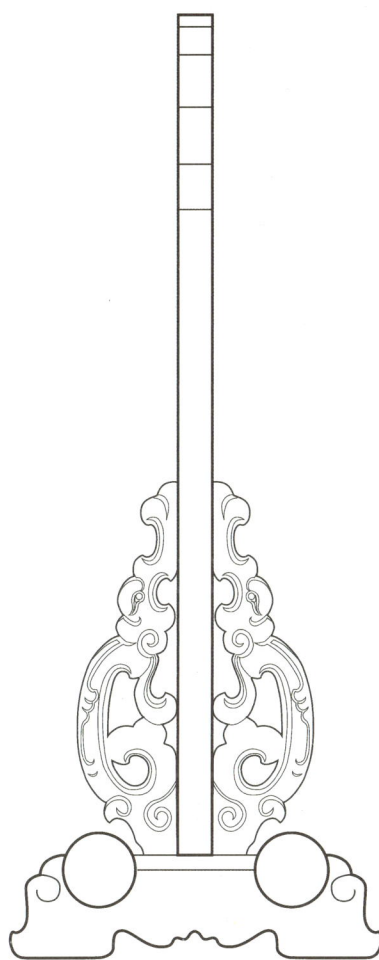

图 11-16b　清初黄花梨龙纹磬架侧面线描图

图 11-17　非系黄花梨双层台
座及卷草纹琴几线描图

图 11-18　自然树桩形磬架

图 11-19　红木雕树桩形磬架

图 11-20　自然树桩形落地磬架

图 11-21　非系黄花梨嵌大理石屏雕螭龙、如意纹落地磬架

图 11-22　清代红木雕卷草纹磬架

图 11-23　清代雕云龙纹磬架

图 11-24　清代红木雕竹节纹磬架

图 11-25 红木龙首磬架带掐丝珐琅磬

图 11-26 烧蓝鎏金双鱼磬挂件

第十二章　磬之于佛教

正如"天下名山僧占多"一样，世间有不少的绝妙佳磬深藏于深山古刹，都邑大寺。梵钟清磬，青灯古佛，早已成为佛门寺庙恭持礼佛的独特景象。虽不克礼乐文化之用，磬之于佛教的意义却具多重性，磬的形制亦复多样。

曲尺型、云朵型板状磬乃佛门清规之戒器，敲击以律时，规束种种佛事时序（图12-1）。佛寺中还有一种铜质似钵的磬，名为"仰钵形坐磬"，安置于木质座架上，铺衬软垫，亦名"圆磬""大磬"（图12-2、图12-3）。在唐代寺庙中使用十分广泛，大者如缸瓮，沿用至今，是为佛教法器"僧磬"中存世数量最多也最为常见的一种，与悬

图12-1　开封玄帝宫云磬

图12-2　坐磬

图12-3　罗定坐磬

图12-4　佛山引磬

于磬架上以木槌或其他材质工具敲击能发出清亮声响的片状磬完全不同。磬型为钵形，钵形磬与钵互为演化而来，率为同一物，敞口、平折沿，腹微凸，圜底。大者直径约二三尺，高不逾二三尺。小者则径、高均不逾半尺。《文献通考·乐考》载："铜磬，梁朝乐器也……今释氏用铜钵，亦谓之磬，盖妄名之耳。齐、梁间文士击铜钵赋诗，亦梵磬之类，胡人之音也。"

日本僧人无著道忠编著《禅林象器笺》"呗器门"一章记："僧磬与乐器磬，其形全别。乐器磬：板样曲折……僧磬：如钵形。《只园图经》云：'可受五升'。可知天竺磬亦如钵器矣。"

佛教的"僧磬"有三种："圆磬"（即仰钵形坐磬、大磬）、"匾"磬（石质，即曲尺型、云朵型板状磬）、"小手磬"（即引磬）。亦可通称为"梵磬"（图12-4）。

僧磬的主要用途是在寺庙众僧集体礼佛时，敲击以指挥进退起止，号令赞诵。

具体地说，"大磬"大抵用于指挥"腔调"，并有振作心神的作用；"引磬"则用于指挥"行动"，还可配合木鱼作为敲打"板眼"之用。在大寺院、大丛林里，"维那"管用"大磬"，"悦众"持用"引磬"。"大磬"的使用，多半是在"起腔、收腔、合掌、放掌"以及"佛号"等时候。"引磬"多半是在"问讯、转身、礼拜"以及其他"动作"的场合使用。除在"日常课诵"及各种"法会、庆典、消灾、度亡"等场合须敲击磬外，在许多礼仪活动中也要敲击。尤其是"大磬"用途最广，凡住持或尊宿、仕官、施（施主）护（护法）等礼佛上，皆要鸣"大磬"。磬还被视为一种神圣的器物，据《中天竺舍卫国祇洹寺图经》卷下《佛衣服院》条云："佛衣服院，阿难所止，常护佛衣。有一铜磬，可受五升。磬子四边悉黄金。镂作过去佛弟子。又鼻上，以紫磨金为九龙形；背上立天人像。执玉槌，用击磬，声闻三千世界。"由此亦可知，古代印度祇洹精舍已设有铜磬。

可知《只园图经》所云"可受五升"源出此条。

"小磬如桃大，底有窍贯绪，连缚小竹枝为柄，以小铁槌击之，名为'引磬'。""引磬"，通常磬口直径只有7厘米，也可安于一根木柄上端，全长约35厘米，木柄旋绕条纹为饰。演奏之时，和尚左手持木柄下端，右手执细长铜棍敲击节奏，发声清亮。

河南省南阳市博物馆征集到一件宋代带铭文大磬，是为南宋寺院湖北"光化军净土院"所用之"僧磬"。口缘处刻划楷体铭文，口缘下亦有楷体铭文，然系锻凿而成。

现存一传世唐代仰钵形坐磬，高19厘米，口径24厘米。此磬须另置木槌敲击磬口边缘发音。口缘处刻篆书"皇唐大中五年九月九日造"，磬腹外周刻《般若波罗蜜多心经》等经文。发音清越动听，实为罕见的传世珍品。为中国音乐学院杨大钧教授旧藏（图12-5a、5b）。

佛门藏磬的传统由来已久，其中奥妙，本磬史汉唐、宋元章，多有介绍，兹不赘言。可喜的是在当今世界各地寺庙，偶有发现

图12-5a 仰钵形坐磬（中国音乐学院杨大钧教授旧藏）

图12-5b 仰钵形坐磬演奏图

石磬、铜磬、铁磬，仍在发挥它们应有的作用，且大多为旧制古物，有的被奉为佛门至宝，如藏于日本奈良兴福寺的泗滨浮磬。

佛门寺庙中地位最高之磬当属陈设于大庙两侧成排之编磬，尊贵崇隆，一般只作仪仗展示之用。佛门仪轨，早已上升为佛教法宝，洵为圣物，不可轻易触碰。

曲阜孔庙大成殿保存并至今陈设一磬架，16枚明清年代编磬，分上下两排悬置，青黑色似灵璧石制，亦为不对称曲尺型。木质髹漆磬架，与清宫中和韶乐所用磬架，形质基本相同，可证孔府礼乐规格之高（图12-6）。

而独立悬挂一磬一架之特磬，如同文士书斋供养之玩磬，佛门大德高僧所居僧寮禅房，多有所藏，可为佛殿供品。磬式，甚至磬架之考究，无疑为文玩雅物之上品。大和尚无一不具大学问，书生之根底，往往由儒而道而佛，"孤霞选云，不带人间气色"。能于影中息影，则水月可揽。和尚与夫文人，探其文源，差强一体，拈云弄影，所好略同，不足怪矣。

佛家藏磬易为文士之爱物，最有名的故实发生在明代，《清稗类钞》记之甚详，见于《马嶰谷藏灵璧石》一文：

> 皖之灵璧山产石，色黑黝如墨。扣之，泠然有声，可作乐器。或雕琢双鱼状，悬以紫檀架，置案头，足与端砚、唐碑同供清玩。海内士夫家每搜藏之，然佳料不多觏，大率不逾尺也。明季，土人得石二，高可作屏风，厚数寸，纹致色润，罕物也。僧悟本性爱石，卓锡于洪湖之老子山。一日，渡湖西，过灵璧，闻人言石之巨，访土人，乞购。乃以数金归僧，僧买舟，运以返。度其修短，招吴中著名石工，资以来，制之为磬。其系绳处，天然有九窍，玲珑宛转，似连环。历二年，工始竣。适海潮频作，苏之阜宁、盐城间，浮出香楠无算。僧得其数段以为之架，于是称美观焉。
>
> 未几，僧死，徒不能继师志，藏物渐渐佚。惟双石作佛殿供品，有所顾忌，不敢弃也。高邮进士吴某选盱眙令，舟过老子山，遇风不得渡。下入庙瞻礼，见石，诧为奇珍，摩挲不忍释。抵任之次年，客有谈及者，辄赞叹。客谓此区区者，固不难强致之，吴默然。未逾月，客挈悟本之徒至，言寺倾圮，乞使君资助。吴应之，给以金三百。徒感谢，愿献双石为寿。吴阳拒，客再三强，始受。盖此乃客计，直以三百金购之耳。吴因运石至高邮故里，旋解组归，筑小园置之。
>
> 吴故名士，交游满天下。时世祖方定鼎，招致遗贤，就徵入都者，率道出高邮，往访吴以伸款洽，睹此双石，叹为得未曾有，争赋诗以志其盛，中以益都冯文毅公溥、合肥龚鼎孳尚书所作尤名贵，吴固喜为传物也。杭人徐章向给事于明宫，擅雕刻技，南都不守，流落江淮，吴访而致之，使以冯、龚诸作及己之赞记，摹诸石。徐乃以深钩之笔，分刻石窍中，见者惊为绝艺。远道文人，且或贻书相问讯。吴乐甚，于是遍赠拓本。既下世，其孙荷生亦宝贵之。

天下至珍至宝之物，泰半为皇家或巨富所得。吴氏双磬后归扬州马氏嶰谷、半查兄弟之小玲珑山馆，二人引盐业致大富，为群商领袖。嶰谷，名曰琯。半查，名曰璐。半查纳此双磬明为豪举，然竟与当年吴氏客之计谋，庶几同出一辙，矧知天下至珍至宝之物，泰半又为豪夺或巧取所得。嶰谷得益于其奴刘二阴使之，实谓巧取。乃叹因果之报，应于事而不爽。

马氏兄弟颜其斋小玲珑山馆，不言而喻，喜玲珑山石奇峰。嶰谷生平勤学好客，酷爱典籍，山馆内园亭明瑟，而巍然高出者，丛书楼也，迸迭十万余卷。

> 其书脑，皆以名手写宋字者数人书之，终年不辍笔。乾隆癸巳，开四库全书馆，其家所进可备采用之书七百

图 12-6 曲阜大成殿编磬

七十六种。优诏褒嘉,特赏《古今图书集成》一部。

与荣膺宸赏相比,二磬小区区,嶙谷未费寸思,而得之。赖因仆下刘二近水楼台,巧为出力,"刘二曾役于荷生家,为言双石之妙,因纳交于荷生而得之"。银子自然没少花。

嶙谷之后,双磬杳然不知所向,雅人偶一思之,耳畔响泉叠韵,袅袅不息……

本章节旨在"磬之于佛教",缘何不吝笔墨,几乎全文移录《清稗类钞》《马嶙谷藏灵璧石》一文?唯有此灵璧,可称千载难寻之宝物,贵在自然生成,又经高手乍展神技,遂将完璞未造之石,打制成史上一对体量最大、形质最美之双磬。人们于无穷无尽的想象中,赞美双磬的种种奇异,深感语言之贫乏,"妙处难与君说"。但凡天下爱磬之士,闻知此磬,莫不心神向往,不因梵宇红尘而见隔于戒墙内外。

忆此双磬得之奇巧,真冥冥之中有如天助。先有石神献此磬,后经洪涛运之以"香楠数段",以作磬架,最赏高人奏"深钩之刀",于"昆吾"难施之处,契铭石礶,竟令金石文采焕发于窦窍坎坳之中,真人间仙物也。

此一对双磬,善结佛缘。初为佛门藏磬之最伟丽者,后归文士,筑磬亭宝之,清初失佚。知此事者无不慨其虚茫无迹,不复得见。

禅理曰"有"即是"无","无"即是"有"。"菩提本无树,明镜亦非台;本来无一物,何处惹尘埃!"

摩石精舍主人毕竟入世之人,心下常思双磬,倘使留存于天壤之间,一朝得遇,响拓双钩,加之现代摄影术,录入本磬史,不知有几多精彩?又生出几多幽情?难断此念,俗念实难断,心中难放下。

当知"菩提本无树"是指一种境界,侪辈凡夫俗子终是难以悟至"万事皆空"的正觉境界。

第十三章　磬之于道教

磬学，如古之硕彦，其学，势必儒、释、道三教淹通。三教都蕴涵着深刻、丰富的可以净化世人精神世界的和谐思想。三教以中国传统文化的核心价值"和"为联系纽带，体悟道缘。磬声和谐，允称载道之器。又最以儒教相和，儒学的经典《礼记·乐记》，言之最切："地气上齐，天气下降，阴阳相摩，天地相荡，鼓之以雷霆，奋之以风雨，动之以四时，暖之以日月，而百化兴焉。如此，则乐者，天地之和也。""和也者，天下之达道也。"而儒学是中国传统文化之基础，无可置疑。由此言之，本磬史与儒教紧密关联，附会良深，贯穿始终，故乃不另再设"磬之于儒教"一章，实已尽言之。

释、道二教则辟专文以叙。《磬之于佛教》一章已概述在前。释、道二教于"和"的理念早已同一操修，互相借鉴，亦相融合。佛教认为：缘起无我，因果相续；法界缘起，重重无尽；一即一切，一切即一；理事圆融，事事无碍。佛教所言圆融无碍，即是教人克念作圣，以达和谐的究竟境界。此便无异于道家提倡的太和万物，与德相通。道教与佛教在中国差不多共同历经了两千年的发展，二者皆具鲜明的中国传统文化特色。释、道二家的庄严殿堂，氤氲着一团和气，吹拂着一股和风，磬声依依，和谐相济，同儒家之文庙，设磬、击磬重礼体仁。磬几乎成为三教共尊的通灵法物。如果我们非要推出这样的一个集形而上的"道"，形而下的"器"的载道之器，唯有磬不负众望，涵濡与共。令人不禁忆起有关儒、释、道"虎溪三笑"的典故。虎溪，这一条亘古流淌、至今不绝的山野清溪，映鉴了三教和融一气的历史画面。虎溪在江西庐山东林寺前。相传东晋高僧慧远驻锡东林寺时，来访和参拜者络绎不绝，常常宾朋满座，"口吐莲花"，谈笑之间风生水起。大家都知道，慧远有一不成文的规矩，送客至远，从不过虎溪，只有一次例外。那一天，诗人陶渊明与道士陆修静，两位儒、道的头面人物联袂来访，与高僧慧远，推谈甚惬，惜别不舍。慧远送客，仍然一路谈笑，不觉已越虎溪，破了惯例。溪边的老虎见状，也都惊奇地欢啸起来，三人大笑而别。今日虎溪，犹存三笑亭。

而磬自身蕴藉着丰富的文化内涵，多功能的用途，也曾令洋教基督，引为教堂礼尊上帝的法物。摩石精舍主人曾于2006年收藏一铁磬，磬身高、宽皆逾半米，高达57厘米，最宽处57厘米，最厚处2.3厘米，铸有花纹、铭文。花纹为凸起的西番花卉，此物便与鼓部竖分一行铭文相契合，"耶稣基督降世壹仟捌佰玖拾肆年"。耶稣降世之年为公元纪年的第一年，亦即中国古代纪元的西汉平帝元始元年。铭文壹仟捌佰玖拾肆年，正值清光绪甲午二十年（1894年）。

道教作为本土原生态的宗教，扎根于吾华沃土，重今世，最重养生，精研养生却病之道的砭术。古人发现泗滨浮磬不仅能发出优美的声音，经常抚摸泗滨浮磬和击磬大为有益于人的身心健康。在中国古代的医学典籍和道家著作中，记载了一种古人用石制工具治疗疾病的砭术。行砭术的最佳砭石为泗滨浮磬。经当代六大权威实验室的严格测定，磬石含有多种人体必需的微量元素，其放射性物质含量低于普通岩石，低于国家安全标准两个百分点。红外遥感检测证明，磬石接近人体时，人体局部红外热象表现增温现象。超声波检测表明，敲击泗滨浮磬可闻悦耳之音，还可发出频

图13-1 灵璧砭石

率在 2 万到 200 万赫兹范围的超声波。古人何其高明，在毫无科学检测手段的数千年前，即已发现泗滨浮磬是制作砭具的最佳之石，可以上溯到黄帝时代，用砭石治病，在《黄帝内经·灵枢》中有多处论述。东汉许慎在《说文解字》中释"砭"："以石刺病"。此一"刺"字，不意令后人产生误会，以为砭石是石针。实则"砭之形，一曰圆，似球非球……二曰平，似权非权……三曰直，似针非针。"（图 13-1）

当代已经研发出来的砭具形状各异，达数十种之多，皆从"圆、平、直"衍生出来，利于点之、熨之、摩之穴道经络，此乃砭术的主要功能。而砭针、砭刀在历史上也曾出现。古代医案有《史记·扁鹊仓公列传》，记述了扁鹊路过虢国，遇太子休克假死，扁鹊命学生子阳磨尖石针刺百会穴，再用热砭石熨两胁，太子起死回生。

重视养生的道教高人至少在隋唐时代即已发现砭术。《砭经》一书有《孙真人传砭记》一章，孙真人就是药王孙思邈。孙思邈不仅是隋唐时代的著名医学家、医药学家，他另一重要身份是道士、道教学者。今人每从药王庙瞻仰孙真人像，一手持盘龙针，一手持虎符状砭具，道教色彩十分浓厚。

《砭经》一书，重点推出砭之符、砭之咒。道家讲求"道法自然""天人相应"，重道亦重其术。道家"砭术"，必然会加进许多道家的秘笈元素和独特符号，很是简单实用，如"庚述符"，符面为"针龙砭虎"四字，完全符合道家左青龙，右白虎的方位定位。而"辛述咒"，亦称"砭砭咒"，朗朗上口，合辙押韵："石石石砭砭砭。正手正心先正眼。千变万变我不变，一心向往祖师面。"反复唱诵，摒绝杂念，凝思定志，一意守神，精神的作用，大可辅助治疗疾病。

1954 年，山东济南大观园出土东汉画像石，石上神医扁鹊右向侧立，一边审视手持砭石，一边口中振振有词地恭行"占脉"。

道家利用泗滨浮磬的特殊音质倡导音气六字疗法，源出于南北朝时期著名道家修炼人士，亦是中医学家陶弘景所著《养性延命录》一书。在"服气疗病"部分，首次提出"吐气六者，谓吹、呼、唏、呵、嘘、泗（此字应为呬，为彰显泗滨浮磬不可替代之意义，故用泗，下同）"。"吹以去热，呼以去风，唏以去烦，呵以下气，嘘以散滞，泗以解极。"书中还明确对症导以吐气之方"心脏病者，体有冷热，吹呼二气出之；肺脏病者，胸膈胀满，嘘气出之；脾脏病者，体上游风习习，身痒疼闷，唏气出之；肝脏病者，眼疼，愁忧不乐，呵气出之。"这些记载即后世六字诀或六字气诀的起源。

自《养性延命录》成书之后，历代皆有关于六字诀之记述。药王孙思邈最为重视此六字诀，逐渐形成孙思邈道家"六字音气养生磬"导引之法。练习吐纳调息之功，徐徐吸纳天地清气。六字依次分别对应内脏，调理肾脾胃心肝肺。

当代道家磬乐六字音气养生法，总结前人经验，充分利用磬声，配合六字诀，

击磬前以砭石疏通任督二脉及全身经络，静坐磬前，眼望磬身或半闭眼以意念望磬身。击磬一下，默念一字，字长如磬音，每分别击磬六下，分别依次默念吹、呼、唏、呵、嘘、泗六字，每周期六字循环 18 次，击磬 108 下，或往复击念 20 至 25 分钟，击磬者（挝磬人）定会有所感觉周身变化（神清气爽、百病调理）。并按吹、呼、唏、呵、嘘、泗，依次分别对应本人五脏之不适处，

多念某字或以子午流注选择穴位开合时间来练习效果更佳。注意均匀用力，轻击磬尾，磬音悠长，吐字悠长，久练此法，养生效果较佳。现代科学阐述：道家磬乐音气养生法是集呼吸疗法、经络疗法、音乐疗法、超声疗法及心理疗法于一体，具养生与疗病双重功效。

此六字诀，令摩石精舍主人想起佛教信众喃喃口称"南无阿弥陀佛"。佛教净土宗，其最主要的修行方法是念佛，"南无阿弥陀佛"，即是净土宗中称名念佛方式的表现形式。"南无阿弥陀佛"是梵文 Namas Amitabha 的音译。"南无"，亦译作"曩谟""那谟"等，有"致敬""归命"之意。阿弥陀佛是佛教"西方极乐世界"的教主，也是中国

图13-2 武当山金顶大圆磬

图 13-3　清代道教青田石八卦纹小磬

净土宗所信仰敬奉的主要对象。"南无阿弥陀佛"的含义，为"礼敬阿弥陀佛""归命阿弥陀佛"。

由是可知，佛教六字"南无阿弥陀佛"纯为礼佛敬语，念佛之人只要不停地念诵阿弥陀佛名号，就可受到接引而往生西方极乐世界。

佛教徒虔诚修为，希图来世福报。而道教珍重吹、呼、唏、呵、嘘、泗六字诀的实际功用，此一端，足可证之道教重今世、重养生的宗旨，业已融汇、泽惠于天下生民。

道观中使用之磬，多为圆磬，如湖北省武当山道宫金顶大圆磬。武当道宫玄门日诵早晚课音乐、各种道教仪式音乐场合所用各种法器及信士跪拜时均用有磬，常与其他乐器配合，交叉打出各种节奏（图 13-2），所起作用与佛门用磬规制略同。唯有一种小型盈掌手磬，为佛家所不备。道士缀于腰间，配以流苏，如古君子之佩玉。摩石精舍收藏一青田石质道家手磬，仅两寸大小，对称曲尺型，等长鼓、股端面刻八卦图案。是为道教仪式中传授《道箓》的法器，平素为道士随身敬道之信物。考手磬形制及用途，当非道教变怪谶应之物，应属"崇儒""容释"，益其"崇道"之佳器（图 13-3）。

第十四章　磬之于民俗

磬之于民俗是多层次、多方面的。即是古代社会的最高阶级，在封建王朝的宫室中，也多有磬的陈设。尤其是清朝的故宫中，用之于礼乐和清供的各式玉磬、石磬数量远超朱明前朝。

世间最高贵、典丽的宫廷艺术体系的形成，离不开民间艺术的滋养，此乃不争的事实。清宫造办处的艺人，大多来自民间，故而宫廷艺术不可凌轹民间艺术，不可数典忘祖，一言以蔽之：开国皇帝也大多起于草泽。据说李莲英给慈禧太后梳的发式很时髦，那是借鉴了京城青楼女子的发型，这便很能说明问题。磬的形状、发声及磬字之谐音"庆"，观之聆之，都很吉祥和谐。

图 14-1　汉画像石刻磬折拓片

编磬的曲尺形状像人，正君子恭敬执礼如"磬折"。在人际交往中弯腰前倾至一定角度，即今日人们互相表达敬意的"鞠躬"之礼。"磬折"一词古老而雅驯，以鞠躬之谓取而代之，不知始于何时？抑或磬折为文辞，鞠躬与之相比几欲流为俗语。乃见唐代杜甫有句"磬折辞主人，开帆驾洪涛"适为五言诗，不亦雅乎！（图 14-1）

玩磬则多摹之以云朵状，祥云绕室，更复叩击有清越之音，故而深得最讲求趋吉避邪的皇家青睐，毫不奇怪。清宫的

玉雕、木雕、瓷器、织绣、建筑之上常见磬之形。此类吉祥图案，接纳民间艺术的因素是显而易见的，要在将其精美变身，复又大为影响世俗对磬的顶礼膜拜。磬因其在中国传统礼乐文化中曾经拥有的辉煌地位及丰富的文化内涵，获得了宫廷、民间的共同重视和喜爱。广大的社会各阶层人士将磬的美好寓意无限放大，联想之丰富，颂词之吉祥，一磬之意，几欲涵括吾华"吉语大全"。"磬""庆"同音，喜庆之事多用"磬"来表示，如"击磬"即"吉庆"，"浮玉"即"富裕"，"金声玉磬"即"今生遇庆"等等（图 14-2）。

民间对磬的钟爱，几乎无所不在。

"峻宇雕墙，家徒壁立，昔人贫富，皆于墙壁间辨之"。大户人家，未进其宅，大门左右围墙壁上镶嵌砖雕图案，即见吉磬，多为曲尺形，亦有云朵状。鲤鱼的雕刻必不可少，且不可换作其他鱼种，意在讨得"鲤鱼跳龙门"的口彩，因为人们迷信，鲤鱼一旦跃过龙门便幻化为龙。富贵家族企求后代"成龙成凤"，较之平民更为热衷。图案中的磬和鱼往往下缀流苏。流苏俗名"穗"，不难理解其祥和喻义，"吉庆（磬）有余（鱼）"！"岁岁（穗）平安"！玉磬与瓷瓶之组合，昭示着"喜庆（磬）平（瓶）安"！阖府昌盛，增添兴旺之象（图 14-3）。

类此图案变化多端，奇思妙想，要在一心寄寓祥和。比如将蝙蝠、香圆、葵扇、玉磬组合起来的图案，名称唤作"福缘善庆（磬）"，可入丹青，可嵌屏风。香圆、葵扇，夏秋之际出于江南，故多见于南方士夫阔绰之家。北国之地，简简单单即可彰显吉磬之所以为名物，最宜在冬季。春节

图 14-2　浮玉磬

图 14-3　清乾隆嵌百宝岁朝吉祥图挂屏

图 14-4a　摩石精舍部分藏磬

将临，瑞雪兆丰年，农家小院喜贴窗花"吊钱儿"。巧手乡姑取大红笺纸，只需剪得一蝠一磬，雪花纷飞中，"福（蝠）庆（磬）"已然伴随春的脚步翩翩来至寻常百姓家。

无论石磬、玉磬还是其他材质的磬，早已在簪缨缙绅或名流之家登堂入室，配以名贵木材如紫檀、黄花梨、金丝楠制成的磬架，摆放于案、桌、几、架之上（图14-4a、4b）。大如毂轮的玉磬，须专门定制大型磬架，独立悬挂，气派堂皇。最为豪华吉顺的组合是以四件套形式出现，由下而上为主体磬、鱼形雕件、蝙蝠雕件、玉环，以金属链或丝绦相连缀，取次"吉庆（磬）有余（鱼）""福（蝠）在眼（环）前"之美意（图14-5）。吉庆（磬）也用于书桌、画案上（图14-6、图14-7）。

蓬门荜户的小民之家，谅无财力供磬，"家徒壁立"，也要贴上一张木版水印的年画，祈望来年"吉庆有余"！"岁岁平安"！但见画上两童相戏，一童双手举竿持鱼，一童左手持磬，下缀流苏（图14-8）。

"平安吉庆"之"吉"，则用"方天画戟"来隐喻。瓷瓶内插戟三支，其下悬磬，磬之左右两端各缀鱼形流苏，又兼吉庆有余之意（图14-9）。

图 14-4b　明代髹漆大书卷上承楠木嵌红木座屏式磬及磬架

图 14-5　明代吉庆有余、福在眼前四件套清玉磬

图 14-6　清晚期紫檀浮雕吉庆有余书桌

图 14-7　清紫檀雕吉磬画案

图14-8　清木板水印年画"吉庆有余,岁岁平安"

图14-9　平安吉庆图

文具亦可制为磬形(图14-10a、10b)。

民国年间,妇女衣饰还可常见磬之图案。贴身兜肚,绣之以曲尺形磬,再以五彩丝线织出流苏。外穿夹袄的"云肩",设计更是出神入化,索性在胸肩展开磬云一朵。美人盘头簪花,状极谐美。

老人手持长长的烟杆上挂着绣"磬"荷包烟袋。儿童颈上"平安锁",虽仿锁之形,然其上或铸或錾"吉磬图案"。儿童开蒙必读"三百千"。黎明即起,朗声唱颂《千字文》,其中有句"福缘善庆"。闻之欣然,适可一天心情大好。

概而言之,殆至民国,磬之美意,深入世间,趋吉利和。磬形、磬音之和谐,亦将有益于今日社会之方方面面,而毫无扞格之抵。磬所以为名物,且具普世价值之意义即在于此。

善悟之士,自当别有会心,一享"磬"(清)兴。

图 14-10a　红木嵌瘿木磬形文具盒

图 14-10b　清乾隆御制磬形墨

第十五章　徐州泗滨浮磬地望考

何为泗滨浮磬？其于中国礼乐文化及历代文人藏磬之重要意义，本史诸章多已写明，兹不重述。

泗滨浮磬产地究在何处？今人概念相当模糊，致有某撰文者在南方报纸副刊登发文章，网上也为之转载，以讹传讹，误之大处，是说"徐州泗滨浮磬产于山东，而非江苏"。此语误在不谙中国古代历史地理。

钱穆讲文史，一要讲究时代性，是纵的；另一具地域性，是横的。明白这两点，都要懂些历史地理，偶有不通，即会出错。于此处，古贤业曾失误，误在不明地名之迁徙。太史公司马迁不知屈原所云洞庭湖与湘江是在湖北，"人在鄂而何以会在湘水自杀？"将《楚辞·渔父篇》"宁赴湘流而葬乎江鱼腹中耳！"误改为"宁赴常流"。

我们要先知道何以称洞庭和湘江，即可知洞庭湖与湘江不独存于湖南一地。宾四先生训"洞庭"之义：

> 院子前面的叫作"庭"，是空的。洞者，通也，如称"山洞""洞箫"等。因此水相通者叫"洞庭"，所以，凡此水通彼水的均叫"洞庭"。故据说太湖也叫洞庭湖（太湖有二岛叫东、西洞庭山），"洞庭"是个通称，是普通名词。我们如去查地理，便可知长江以北亦有洞庭。
> 何谓"湘"？湘者，即相也。

不必做"湘"乃湖南省简称之想。

某所言"徐州泗滨浮磬产于山东，而非江苏"之误，只需借用唐代诗人章碣的一首七绝便可匡正一二，诗曰：

> 竹帛烟销帝业虚，关河空锁祖龙居。坑灰未冷山东乱，刘项原来不读书。

诗中第三句涉及一地理名称"山东"。此"山东"非仅指今山东省。秦一统天下，视崤、函以东之广大区域皆为"山东"，包括山东、安徽、江苏数省，通称"山东"。如某所论不及江苏，自然无错无失，"山东"此一巍然大自在之存在，遗憾其人实亦惘然不知。

徐州得名于古代徐国，徐国是西周的诸侯国之一，存国一千六百余年，共有四十四代君王，徐国的文物遗存非常丰富。郭沫若先生曾对徐国精美的青铜器做过深入细致的研究整理，并对徐国绵延一千数百年之文化所产生的汉前文明，给予高度评价，徐国传国年代之久远，竟远超周代而倍之。郭沫若说中国的真正文化时期起源于殷人所创造出来的文化。在殷商灭亡后，分两大支，一支在周人手下，在北方发展。一支在徐、楚人手下，在南方发展。徐国都城先在今山东郯城一带，后迁都至安徽、江苏等省，正是古代的"大山东"地域。若言徐州泗滨浮磬产于"山东"也无误，而其又说不在江苏，则谬之千里也。

附录:古代先贤赏磬文赋诗词摘录

《泗滨浮磬赋》 以"水中见石,可以为磬"为韵　佚名

禹别九州,磬浮泗水。为下不昧,虽深可视。或浮于涘,其滑如砥。含余音而未振,漱回流而增美。日月其逝,水石相攻。形潜水府,律与天通。值君子之深识,调圣人之大中。备六音以繁会,与四气而元同。于以布圣理,于以宣王风。配以阊阖之位,应乎夷则之宫。伊美石之潜处,隔清波而迭见。倘混众流,不逢顾盼。讵辞泗水之滨,宁受徐方之荐。安可配黄钟而备清县乎?洎大君之御宇,乃乘时而光宅。作乐以应天,象邦之成绩。设业、设虡,击石、拊石。德音横于覆载,至理彰乎损益。鸟兽以之率舞,祖考于焉来格。固宗庙之登用,岂泥沙之弃掷。夫人之度物,物无不可。制礼作乐,实忘己以爱人。漾川济深,亦披沙而求我。不以为碌碌,不以为琐琐。将使致中和,非以娱密坐。述尧心之克让,岂郑声之兴祸。当其人之未知,确乎安卑。无小无大,极幽而非隐。不击不考,含和而莫移。动符于有德,静合于无为。不然者,何以别清浊。于是,考存亡于斯,降天神,登地祇哉!夫和之至乐者,音之清者磬。天地之位辨,君臣之分定。苟失是,邪以害直,忠若于佞。故君子之所以理躬,奸声不留于听。

《玉磬赋》 唐　张仲素

客有观光于乐府,见玉磬之腾英。嗟至宝之明契,如截肪之曲成。挺十德以为美,谐八音而作程。韫椟未施,尚秘璘玢之色。在悬以和,乍闻清越之声。当其磬师来求,玉人爱格。将古乐之是备,自他人而云获。追琢既成,磨砻载白。掩凄清之琼佩,洞闲华之水碧。然后张之清庙,奏彼朱宫。悬簨虡而其容转丽,偶笙簧而其韵暂同。明半规而似月,发异彩而如虹。懿此昭质,畅矣音律。练响而鸣球可谐,还和而浮石非匹。烂鲜华之温润,含正声之缜密。惠而好我,为齐路以足珍。藏或俟时,殊泗滨之自出。至于击拊孔偕,备虞韶而克谐。清明可贵,表尼父之忘味。于以宣古风,于以荡邪气。越羽蘥之繁会,聆鬼神于仿佛。岂独质类冰凝,响与风兴。混金石之华,清光不昧;较隍池之宝,美价斯腾。是知叔之离而三代尚纪,子之击而千古攸称。则知夫乐之所属,本于化俗。方将审音以知政,岂在雕金而镂玉。丽矣哉! 荆山之珍兮,可奏洞庭之曲。

《击磬老人》 唐　王昌龄

双峰褐衣久,一磬白眉长。谁识野人意,徒看春草芳。

《泗滨得石磬》 唐　李建勋

浮磬潜清深,依依呈碧浔。出水见贞质,在悬含玉音。对此喜还叹,几秋仍到今。器古契良觌,韵和谐宿心。何为值明鉴,适得离幽沉。自兹入清庙,无复泥沙侵。

《终南精舍月中闻磬声诗》 题中用韵,六十字成 唐 吕温

月峰禅室掩,幽磬静昏氛。思入空门妙,声从觉路闻。泠泠满虚壑,杳杳出寒云。天籁疑难辨,霜钟谁可分。偶来游法界,便欲谢人群。竟夕听真响,尘心自解纷。

《范成君击洞阴磬》 唐 范传正

历历闻金奏,微微下玉京。为详家牒久,偏识洞阴名。澹伫人闲听,铿锵古曲成。何须百兽舞,自畅九天情。注目看无见,留心记未精。云霄如可托,借鹤向层城。

《夜到泗州酬崔使君》 唐 陆畅

徐城洪尽到淮头,月里山河见泗州。闻道泗滨清庙磬,雅声今在谢家楼。

《安吉天宁寺闻磬》 唐 施肩吾

玉磬敲时清夜分,老龙吟断碧天云。邻房逢见广州客,曾向罗浮山里闻。

《慈恩寺石磬歌》 唐 卢纶

灵山石磬生海西,海涛平处与山齐。长眉老僧同佛力,咒使鲛人往求得。珠穴沈成绿浪痕,天衣拂尽苍苔色。星汉徘徊山有风,禅翁静叩月明中。群仙下云龙出水,鸾鹤交飞半空里。山精木魅不可听,落叶秋砧一时起。花宫杳杳响泠泠,无数沙门昏梦醒。古廊灯下见行道,疏林池边闻诵经。徒壮洪钟秘高阁,万金费尽工雕凿。岂如全质挂青松,数叶残云一片峰。吾师宝之寿中国,愿同劫石无终极。

《斋居闻磬》 宋 朱熹

幽林滴露稀,华月流空爽。独士守寒栖,高斋绝群想。此时邻磬发,声合前山响。起对玉书文,谁知道机长。

《磬石颂并记》 元 赵荣祖

大元至元二十六年闰十月二十四日,中奉大夫、太常卿兼领侍仪司忽都于奏曰:"宗庙宫内悬编磬,杂以异石搏拊。金虽有国,泗滨浮磬在宋封域,弗克致之。我国家华夏混一,是宜复古。"用是太常集议。按《禹贡》蔡氏《书传》《寰宇记》《水经》《晋太康地记》《宋会要》,或曰在泗水县、临淮县、吕梁灵璧县,又云磬石山在下邳,今隶归德府之宿州。继以上闻,命尚书右丞相、今摄协律郎、大乐正赵荣祖,工师提领造磬石牛全,驿传径诣所指。又移文江淮等处行尚书省,下淮泗郡,属供有役牛全。虽规琢磬制,荣祖重为审谛音律,俾协者作贡,计磬二百单八段。臣荣祖等敢不率舞忻忻,百拜稽首,而献颂曰:

大圣天子,诞修文德。孝治天下,罔不述职。金声玉振,韶濩功极。亿万斯年,君临万国。

《某君见遗石磬》 明 徐渭

泗上归来动隔年,亲提浮磬兴泠然。一除梵版裁云俗,再扣哀鹍绕竹园。老去固难腰似折,贫来直到室如悬。闲窗重理当时架,数杵香残客话边。

《观邓侍郎石磬歌》 明 镏崧

侍郎讳光荐,字中甫,庐陵人。宋季,以礼部侍郎从卫王海上事,亟率妻子投海,为大军钩致不死。张元帅弘范异之,待以宾礼。尝过淮河渔父家,见盆盎上置曲石,命涤视之,有铭文焉,则磬也。渔父云:得之淮水中。公以粟易之,爱其文理精致,声极清越,宝藏之,将百年矣。丁亥春,余过公故宅,其孙谦出以示,余为之泫然以悲,因赋七言歌一首纪其事:

> 水中古磬世莫识,扣之能鸣人始惊。前朝文物最博雅,庐陵侍郎先得名。淮河东游色惆怅,忍使至宝成凋丧。苍茫何代没泥沙,憔悴当时杂盆盎。归来设虞当特悬,扣击往往遗音传。奇文漫灭蝌蚪迹,雨气缠结蛟龙涎。是时周庙朝殷昈,师襄南逾叹修阻。海门风起商声哀,万里孤臣泪如雨。凤鸟一去不可闻,宜尔孙子多才文。高堂出此坐叹息,暝色犹带崖山云。便令敬之慎勿亵,此物宜与天球列。百年隐显自有时,蕴德含和竟谁泄。呜呼贤哲今不存,对之使我伤心魂。虞廷可登兽可舞,此石不毁应能言。

《宣和玉磬歌为祠山道士作》 明 马之骏

瑶昆出水水寒腻,昆吾刻作宣和字。哀音射波龙子啼,如诉东京梦华事。殿前衮衣方羽衣,翠游黼座丹碧辉。灵素大言请群后,三山鸾鹤同鸡飞。此时宫悬俄一叩,洞庭地窄钩天漏。烟尘马浑卷地腥,不上血斑上土绣。玉质至脆石至坚,物理坚脆为寿年。峻嶒艮岳尽奇石,销锋饮镞成飞烟。古冰莹然反长久,似出宫姬配非偶。垢衫皴腕强提携,忆着安妃玉奴手。苍梧花鸟悲暮云,南枝兼失冬青坟。空山猿哭斑狸卧,时复一声裂烟破。

《石磬》 明 李昌隆

巨灵擘山见元玉,送落澄潭见潜伏。水荡沙磨不记年,万丈精光长上烛。一朝网罟出深渊,变化为金岂浪传。渔子欲分分不得,至今墨线尚依然。神物还真乃常性。形芳质重坚而莹。至宝无劳雕琢功,分明留作人间磬。

《石磬》 明 李昌隆

康济有石坚如玉,会在濒阳水底伏。江神呵护谁敢窥,夜半精灵光如烛。物之硗异叩无端,不有郡乘何有传。渔郎乍见作金取,俄顷化石亦徒然。形长五尺余五寸,不假磨砻自光莹。晦而当显本待时,自昔何人用为磬。

《声无哀乐论》 魏晋 嵇康

伯牙理琴,而钟子知其所志;隶人击磬,而子产识其心哀。

《乐论》 魏晋 阮籍

空桑子之琴,云和之瑟,孤竹之管,泗滨之磬,其物皆调和淳均者,声相宜也。

《筝赋》 梁 简文帝

洞阴之石,范女有游仙之磬。

《水仙赋》 南朝 陶弘景
　　拊洞阴之磬,张玄圃之璈。

《太常观乐器赋》 唐 奚达珣
　　或采孤筱于邹鲁,或收浮磬于泗滨。

《太常新复乐悬冬至日荐之圜丘赋》 唐 周存
　　佁儗不兴凫氏之规,惟妙上下合度,磬师之法可传。

《过乘如禅师肖居士嵩丘兰若》 唐 王维
　　食随鸣磬巢鸟下,行踏空林落叶声。

《杪秋南山西峰题准上人兰若》 唐 钱起
　　云里隔窗火,松下闻山磬。

《登思禅寺上方题修竹茂松》 唐 刘长卿
　　远磬秋山里,清猿古木中。

《青龙招提归一上人远游吴楚别诗》 唐 岑参
　　名香泛窗户,幽磬清晓夕。

《蒋山开善寺》 唐 李嘉祐
　　客寻朝磬至,僧背夕阳归。

《临海所居》 唐 顾况
　　家在双峰兰若边,一声秋磬发孤烟。

《元日早朝》 唐 王建
　　徘徊庆云中,竽磬寒铮铮。

《题崇福寺禅师院》 唐 崔峒
　　清磬渡山翠,闲云来竹房。

《同清江师月夜听坚正二上人为怀州转法华经歌》 唐 朱湾
　　清泠霜磬有时动,寂历空堂宜夜深。

《代曲江老人百韵》 唐 元稹
　　集灵撞玉磬,和鼓奏金镈。

《赠常州院僧》 唐 姚合
　　古磬声难尽,秋灯色更鲜。

《南亭夜坐，贻开元禅定二道者》 唐 许浑

　　高树有风闻夜磬，远山无月见秋灯。

《题岫上人院》 唐 许浑

　　高窗云外树，疏磬雨中山。

《送宫人入道》 唐 项斯

　　将敲碧落新斋磬，却进昭阳旧赐筝。

《宿翠微寺》 唐 马戴

　　鸟归霜磬静，僧语石楼空。

《奉和鲁望寒夜访寂上人次韵》 唐 皮日休

　　一声金磬桧烟深。

《禅林寺》 唐 僧无可

　　远泉和雪溜，幽磬带松闻。

《秋日遥和卢使君游何山寺宿敠上人房论涅槃经义》 唐 释皎然

　　古磬清霜下，寒山晓月中。

《静林精舍》 唐 释灵一

　　水击罗浮磬，山鸣于匮钟。

参考文献

著 作

1.《尚书》,四库全书本

2.《考工记》,四库全书本

3.《淮南子》,西汉,刘安等著,华龄出版社

4.《周礼注疏》,东汉,郑玄著

5.《豫章记》,南朝,雷次宗著

6.《酉阳杂俎》,唐,段成式著

7.《朝野金载》,唐,张鷟著

8.《开天传信记》,唐,郑綮著

9.《梦溪笔谈》,北宋,沈括著,时代文艺出版社,2001年11月第1版

10.《律吕精义》,明,朱载堉著

11.《味水轩日记》,明,李日华著,上海远东出版社,1996年12月第1版

12.《六研斋笔记紫桃轩杂缀》明,李日华著,凤凰出版社(原江苏古籍出版社),2010年3月第1版

13.《古今谈概》,明,冯梦龙著,天津古籍出版社,1995年11月第1版

14.《长物志》,明,文震亨著,山东画报出版社,2004年5月第1版

15.《夜航船》,明,张岱著,汕头大学出版社,2009年1月第1版

16.《陶庵梦忆》,明,张岱著,吉林文史出版社,2001年7月第1版

17.《闲情偶寄》,清,李渔著,天津古籍出版社,1996年2月第1版

18.《古今图书集成》,清,陈梦雷编

19.《纪晓岚文集·阅微草堂笔记》,清,纪晓岚著,河北教育出版社,1991年7月第1版

20.《研经室集》,清,阮元著,中华书局,1993年5月第1版

21.《清史稿》,赵尔巽主编,中华书局

22.《罗振玉学术论著集》,罗振玉著,上海古籍出版社

23.《中国音乐小史》,许之衡著,上海书店出版社

24.《中国古代音乐史稿》,杨荫浏著,人民音乐出版社2004年3月版

25.《中国古代音乐简史》,廖辅叔著,人民音乐出版社

26.《明清家具》,朱家溍主编,上海科学技术出版社商务印书馆(香港)有限公司,2002年12月版

27.《中国情怀》,余英时著,北京大学出版社,2012年4月第1版

28.《中国音乐史略》,吴钊、刘东升编著,人民音乐出版社

29.《中国古乐器》,刘东升编著,湖北美术出版社,2003年1月版

30.《中国音乐文物大系》《中国音乐文物大系Ⅱ》,《中国音乐文物大系》总编辑部编,大象出版社,1999年10月—2011年7月版

31.《考工记图说》戴吾三编著,山东画报出版社

32.《中国音乐史》喻意志编著,湖南文艺出版社

33.《文房清供》,张荣、赵丽红主编,

紫禁城出版社,2010年10月重印本

34.《故宫竹木牙角图典》，张荣、刘岳 主编,紫禁城出版社,2010年6月版

35.《古董拍卖集成·炉具家具》，廖文伟、杨华、马丽 主编,湖南美术出版社,2002年10月版

36.《古诗文名物新证合编》，扬之水 著，天津教育出版社,2012年4月第1版

论 文

36.《秦怀后磬研究》,李学勤

37.《石磬的音乐考古学断代》,王子初

38.《中国早期石磬述论》,高蕾

39.《山西出土石磬研究初探》,任宏

40.《商代磬和西周磬》,方建军

41.《编磬在汉代的转型与没落》,朱国伟

42.《磬折的起源与演变》,闻人军

43.《彭修文与石磬》,杨浚滋

44.《先秦音乐美学思想对曾侯乙钟磬发展的影响》,王安潮

45.《乾隆特磬、编磬与中和韶乐》,方建军

46.《清乾隆朝宫廷玉磬的制作与使用》,张广文

47.《两汉文化的发祥地·泗滨浮磬贡石的起源》,佚名

48.《读"砭经"悟砭道——关于"砭经"的个人见解》,于开东

49.《山西商以前及商代特磬的调查与测音分析》,项阳

50.《从早期的石磬形制看石磬的起源》,王安潮

51.《石磬的形态研究》,王安潮

52.《秦公大墓石磬文字与石鼓文、侯马盟书》,郝慧芳、郝云昌

53.《出土磬和编磬的考古类型学分析》,郑祖襄

54.《古磬溯源》,申永峰、吴磊

55.《儒释道三教合流对中国社会的影响》,吴永和

56.《陶寺遗址是夏都吗？》,陈雍

57.《南阳博物馆藏宋代铭文铜磬考》,任义玲

跋《中国磬史》

○ 高 为

应该是2013年底或是2014年初，肯定是张传伦先生散文集出版之后，一次听他兴致勃勃地谈起又写了一篇得意的文章，我不禁脱口而出：有些文章多一篇少一篇关系不大，别人也可以写，只有"磬史"才是你能写而别人写不了的。你应该抓紧先把"磬史"写出来。二十年磬的收藏及相关资料的收集整理研究，如果让别人抢了先，那就太遗憾了。张传伦莞尔一笑，非常自信：我一点不着急，别人写别人的，我要写的"磬史"，别人或许写不出，还是我写最合适。然后就没了音信。

按照《中国国家地理》执行主编单之蔷的说法，文集无系统，著作有中心。如此说来，著作比文集要难得多。文集像个筐，什么都可装，文集中多一篇少一篇差别不大；文集外多一部少一部无关宏旨。而著作要严谨得多，要尽可能面面俱到，何况著的是"史"呢？更何况是前无古人的"磬史"呢！

一晃就到了2015年3月，张传伦对我说：我准备动手写《中国磬史》了，但你们得跟我订个合同，这样对双方都是督促和约束。我说没问题。按照惯例，我们熟悉的作者只有写作意愿而一字未写，先签订一份约稿合同，待作者交了全部定稿后，再换签正式出版合同。但李勃洋社长听到《中国磬史》这个选题，一反常规，二话不说，直接就签订了出版合同。事实证明了出版者的睿目卓识，也证明了《中国磬史》的物超所值。书稿只完成了60%，就已经获得了国家出版基金专项扶持。

在认识张传伦之前，我是相信美国《独立宣言》的名言："人人生而平等。"（All men are created equal.）现在，我更相信乔治·奥威尔的警句："所有动物都平等，但有些动物比其他动物更平等。"（All animals are equal, but some animals are more equal than others.）张传伦就是上天特别眷顾之人，所谓"得天独厚"。他是散文家，出版了大散文专著《柳如是与绛云峰》（把真实人物与著名奇石糅合在一起）、散文集《铁如意》，季羡林先生主编、我社出版的《百年美文·谈艺卷》大轴之作，就是张传伦的《漫话中国历代奇石收藏》；他是收藏鉴赏家，已出版《张传伦说供石》《文玩架座欣赏》；他是书法家，日本艺文书院为他出版了《张传伦墨迹》；他是美食家，不光是纸上谈兵考证发表过《清代美食杂俎》《醉蟹》《拔丝葡萄》《炒豆芽》等文章，还屡屡指点大饭店的厨师提高技术。在熙熙攘攘的收藏爱好者中，他是擅长写作的收藏鉴赏家；在为数有限勤于动笔的收藏鉴赏家中，甚至是专业的历史学家、古音乐史学家中，也是他早早发现了唯有磬史还没人涉足，故而为此默默地准备了几十载，这如果还不算上天的厚爱，那什么才是呢？

与张传伦交往，不由自主地会有感慨：人与人的差别怎么就那么大呢？他在上述几个领域都很成功，我只是当个编辑还时时感到力不从心。对过分较真的作者，即使是朋友，也敬而远之，唯恐精力欠缺能力不足而被人埋怨落了包涵，所以退掉了钱钟书专家和郑板桥专家的两部专著。就算喜欢传主，爱读传主的著作，而且也理解作者追求完美之心，但还是不敢轻易接手稿件，就像老司机，见惯了道路上的血雨腥风，越开车胆子越小；责任心也好，恐惧感也罢，无过即为功。倘若不是张传伦先生的坚持，这部《中国磬史》我连责编都不想当：策划了，书稿到手了，可以交给其他编辑了。"臣之壮也，犹不如人；今老矣，无能为也已。"知难而退，知趣让贤。

张传伦异常勤奋，昨天厦门，今天北京，明天上海，后天杭州。因为听了朋友对甘肃天水人文地理风物民俗美食的介绍，第二天就订了机票奔赴陇上，走一路，学一路，结交朋友，满载而归。前几年他在香港报纸开有专栏，深受文化人的欢迎。二十多年前就经常在《收藏家》杂志上发论文、随笔，可以这么说，他在天津，不如在京、沪名气大；他在香港，可能比祖国大陆知音多，墙里开花墙外香。董桥先生就是先读了张传伦谈溥雪斋、王世襄等人的文字，多次写文章予以赞扬，辗转收购了张传伦出让的藏品，最后才由相知而相识。

张传伦生活习惯良好，黎明即起，不是写字，就是作文。不上歌厅，不下舞池，不进赌场，往来穿梭于中国大陆与中国香港及日本的各种拍卖会，乐此不疲。以一己并不富裕的财力，做着国家应干的抢救某些文物免于流失的事业。恪尽孝道，每周为老娘烹调佳肴，帮老爹更衣洗澡。严于律己，宽以待人，人有一技之长，必能尽其所能。张传伦结交的多是名士、专家。青少年时，受益于家族的渊源，得到了溥佐、启功、吴玉如等先生的教导和奖掖。及长，更是得到了范曾、董桥等大师及其他朋友的信任和关爱。《铁如意》付梓，董桥先生特意作序《山爱夕阳时》予以支持。《中国磬史》出版，董桥先生不但写了《题中国磬史》的文章，还用陆放翁诗句做了七言对联相赠："寄怀楚水吴山外，得意唐诗晋帖间"。并写有边跋："传伦仁棣巨著《中国磬史》付梓，欣逢花甲吉庆，聊书此联颂贺林下岁月静好。丙申芒种香岛董桥。"又书横幅"麟经磬史"。可见董桥先生对张传伦的赞赏和帮助，对《中国磬史》寄寓的期望之高。刻铜名家王少杰先生，不仅为张传伦专门镌刻"中国磬史"之印，还在铜印四周刻了百字跋文，以示衷心祝贺。

张传伦利用自己丰富的收藏，不仅出版了《张传伦说供石》，这部《中国磬史》更是填补空白之作，发三千年磬史之覆。筚路蓝缕，辛苦自知，作者既有山穷水尽探索的迷惘，亦有柳暗花明突破的喜悦。《中国磬史》，出经入史，兰台稗官，诗词笔记，皆能信手拈来，融为一炉，为我所用。写法灵活，没有把所有材料全都纳入磬史框架，而是分成磬史、古磬三十六品，磬架及磬饰赏析，磬与佛、道、民俗的关系等几部分，既有史的严谨，亦有散文小品的笔致，读来趣味横生，少有枯燥乏味之感。交稿之后，仍在不断补充、修订，精益求精，文字已经超过预期的三分之一，图片比原计划扩充了一倍以上。我打起精神，仔细审读，修改个别提法和笔误，规范标点符号的使用，芟重汰复，逐条核对引文（既依靠网络，择善而从；更信赖图书，文字、句读基本依通行版本调整），补充参考文献出处，将全稿分成"中国磬史""中国磬史余编"两大部分，使著作体例更严谨。看稿编辑过程，既是学习，也是考试。缺乏专业知识，唯靠"认真"二字支持，身心俱疲，由此可以感知作者著述时殚精竭虑之艰辛于什一。只有等书出版并通过了质量检查，才能最后松一口气。

王欣先生从寻找电分厂家、把社外电分、社内扫描的两百多幅图片分门别类，到后期与作者联系、排版、誊写修订稿等做了大量烦琐细致的工作。张森主任对本书的著作体例、章节划分、字体、字号、引文的使用都提出了具体的建设性意见。徐姗女士提供了部分引文出处。郭亚红主任反复比较斟酌，综合各方意见，设计出了大家满意的版式和封面。王文博先生按照作者要求和编辑加工不惮其烦地一次又一次增删文字，替换图片。对上述同事对本书的大力支持，在此一并致谢！

这是我策划、组稿、责编的第一部也是最后一部填补空白之专著。以后万一又碰上类似的著作，当然不会放弃，但不会再充当责任编辑。本书作者《自序》中涉及我的文字，多有溢美之词，令我严重不安羞惭。与张传伦先生商量删除那两段，但他执意不许改动，我也只好觍颜任其流传。

《中国磬史》杀青，著作人命我写跋。数辞不获已，勉为其难，聊诌数言。蝇附骥尾而致千里，与有荣焉。